»Laßt uns nun gehen, gen Bethlehem und die Geschichte sehen, die da geschehen ist«, riefen die Hirten aus, da die Engel ihnen begegnet waren und gen Himmel fuhren.

Was sich zu der Zeit begab, da ein Gebot von dem Kaiser Augustus ausging, daß alle Welt geschätzet würde, das ist seither nicht nur durch die Bibelworte des Evangelisten Lukas überliefert. Die Weihnachtsgeschichte hat in mythischen, in märchenhaften Ausformungen Anlaß gegeben zu allerlei Volks- und Kunstmärchen. In seiner ganzen Vielfalt spiegelt sich das schönste der religiösen Feste in diesen Texten.

Achtundzwanzig zauberhafte Märchen zur Weihnachtszeit, zum Lesen und Vorlesen für die ganze Adventszeit bis zum Heiligen Abend. Wer sehnt sich nicht nach dieser wundervollen Stimmung, die uns allüberall in der Weihnachtszeit umfängt? Wer möchte sich nicht von den Äußerlichkeiten abwenden und sich besinnen auf das Ursprüngliche, das Märchenhafte, das Wunderbare dieses Festes. Die *Märchen zur Weihnacht* laden dazu ein.

insel taschenbuch 1649

Märchen zur Weihnacht

MÄRCHEN ZUR WEIHNACHT

Ein Hausbuch für groß und klein

Herausgegeben von

Franz-Heinrich Hackel

Insel Verlag

Umschlagmotiv und Vignetten von Elke Dörr. Das Umschlagmotiv, ein Lebkuchen mit Zuckerguß, wurde vom Café Siefert, Michelstadt im Odenwald, gebacken und von Jochen Kramer fotografiert.

insel taschenbuch 1649
Erste Auflage 1994
Originalausgabe

Autoren- und Quellenverzeichnis am Schluß des Bandes
Vertrieb durch den Suhrkamp Taschenbuch Verlag
Umschlag nach Entwürfen von Willy Fleckhaus
Satz: Satz Offizin Hümmer, Waldbüttelbrunn
Druck: Ebner Ulm
Printed in Germany

4 5 6 7 8 9 – 06 05 04 03 02 01

Inhalt

1. ADVENT

Advent

Es treibt der Wind im Winterwalde
die Flockenherde wie ein Hirt,
und manche Tanne ahnt, wie balde
sie fromm und lichterheilig wird;
und lauscht hinaus. Den weißen Wegen
streckt sie die Zweige hin – bereit,
und wehrt dem Wind und wächst entgegen
der einen Nacht der Herrlichkeit.

Rainer Maria Rilke

Für Maria-Katharina
Maria-Laura
und Sebastian

Ein Märchen am Kamin

Die Glocken von Poppi begannen das Weihnachtsfest einzuläuten. Mit ihren warmen, feierlichen Klängen riefen sie die Gläubigen zur Christmette. Von allen Nachbarglokken wurde die Einladung freudig beantwortet. Eine Glocke schien der anderen zuzurufen: »Klinge mit mir. Es ist Weihnachten. Das Christkind ist geboren worden.« Alsbald begann wieder eine Glocke zu läuten, und noch eine, bis alle zusammen in der Runde erklangen. Die Glocken von Bibiena, von Magiena, von Camaldoli und von Picco della Verna, dazu noch die kleinen Glocken von den Kapellen. Es war ein wundersames Läuten und Klingen, das man überall in den Tälern und auf den Bergen vernahm.

Zu Farneta, einer kleinen Ortschaft, die an der Bergstraße nach Camaldoli liegt, war um diese Stunde die Familie des Bauern Marucci vollzählig in der großen Küche am Kamin versammelt, in dem ein lustiges Feuer prasselte. Ja, dieser gemütliche Kaminwinkel mußte schon recht geräumig sein, um die zahlreiche Familie, groß und klein, aufnehmen zu können. Man saß hier, eng aneinandergeschmiegt, auf einer großen Rundbank, plaudernd unter der Riesenkappe des Kamins, während in einem mächtigen Kupferkessel, der an langer Eisenkette überm Feuer hing, die Kastanien kochten.

Hier saß also am wärmsten Platz im Winkel die Großmutter Marucci, von Kindern und Kindeskindern umgeben, und weil man in der Toscana die Großmutter »Regina«, das heißt Königin, nennt, wollen auch wir ihr diesen Titel geben, während die Kleinen ihr Großmütterchen meistens »Nonna« rufen. Die Regina war schon fünfundsiebzig Jahre alt, aber noch sehr rüstig und, wie sich von selbst versteht, von der ganzen Familie wurde sie geliebt. Groß und klein begegnete ihr mit der zärtlichsten Fürsorge und Hochachtung, die man ja allen, besonders aber älteren Menschen erweisen muß. Da der alte Vater Marucci schon vor einigen Jahren gestorben war, vertrat der älteste Sohn, Maso, als Haupt der Familie seinen seligen Vater. Er führte vor allem den landwirtschaftlichen Betrieb.

Die Maruccis hatten ein Bauerngut in Pacht, mit dem nicht gar viel Reingewinn zu erzielen war, das aber die große Familie doch recht und schlecht ernähren konnte. Es kostete viel Mühe, dem etwas dürftigen Boden das Nötige zum Leben abzuringen, aber die Marucci waren bescheidene Leute, dankbar und zufrieden, wenn sie keinen Hunger leiden mußten. Und dies war nicht nötig, da es genug fleißige Hände zum Schaffen gab. Sogar die größeren Kinder halfen in den Ferien und ein wenig in der schulfreien Zeit bei den Feldarbeiten. Die alte Regina hatte fünf Söhne, die alle bis auf den jüngsten verheiratet waren. Der jüngste, Cecco mit Namen, war soeben vom Militärdienst nach Hause gekommen, und jetzt saß er neben den andern am Kamin, noch in der schmucken Uniform der Artillerie.

Da waren die Frauen der vier Brüder, brave Bäuerinnen in ihren netten, dunklen Kirchgangskleidern, über die sie Schürzen aus gestreiftem Baumwollstoff trugen. Da hockte das muntere Rudel der fünfzehn Enkelkinder und wartete darauf, daß die Kastanien bald gar sein würden. Für gewöhnlich wurden die Kinder zeitig ins Bett geschickt, weil sie schon früh am Morgen aufstehen mußten, da sie einen weiten Schulweg hatten. Am Heiligen Abend aber wurde eine Ausnahme gemacht. Da durften die Kinder aufbleiben. Den größeren wurde sogar erlaubt, mit den Erwachsenen in die Mitternachtsmesse zu gehen, während die ganz kleinen daheim bei der Großmutter blieben, die so schöne Geschichten zu erzählen wußte, die sie als Kind selbst von ihrer

Großmutter gehört hatte. Da gab es Sagen und Märchen, Legenden und Träume, die sich seit Jahrhunderten von Mund zu Mund, von Geschlecht zu Geschlecht fortpflanzten. Schön ist es, wenn die Vergangenheit wie ein freundlicher Gruß in die Gegenwart ragt und immer weitergegeben wird. Auf diese Weise entsteht der Märchenbrunnen, aus dem das Volk gern schöpft, und aus dem auch wir jetzt schöpfen werden.

Oh, wie die Kinder lauschten, wenn die Regina zu erzählen begann! Wie die Kleinen sich an sie schmiegten! Heute abend würden wahrscheinlich alle Kinder daheim bleiben, weil viel Schnee gefallen war. San Fedele, die Klosterkirche, lag noch eine gute Stunde weit, und im hohen, frisch gefallenen Schnee wäre es für die Kinder kaum möglich gewesen, vorwärts zu kommen, zumal der Weg ziemlich steil war. Noch ein wenig höher als San Fedele lag das Schloß von Poppi, das mit seinem mächtigen Rundturm in der ganzen Gegend von allen Seiten erblickt werden konnte.

Noch immer läuteten die Glocken, und am Kamin wurde erwogen, wie es wohl diesmal mit dem Kirchgang sein würde. Einige Frauen meinten, es sei beinahe zu kalt, vielleicht doch ein wenig zu unbehaglich, sich mitten in der Nacht ins Freie zu wagen. Die Kinder jedoch protestierten einstimmig: »Wenn aber doch heute das Christkind geboren ist, müssen wir hingehen, ob es draußen schneit oder nicht. Wenigstens einige von uns müssen in der Kirche sein. Wenn alle nicht gehen wollten, würde das Christkind so gut wie allein in der Krippe liegen. Wir wollen es ansehen gehen.«

»Schon recht«, entgegnete eine der Mütter, »ihr wißt wohl, daß es mit dem Ansehen allein nicht getan ist, wenn nicht das Herz selbst die Krippe ist, in dem das heilige Kind am liebsten wohnt. Ihr könnt morgen zur Messe gehen, wenn es draußen hell sein wird. Wenn es sich heute nacht recht ausschneit, haben wir vielleicht morgen klares Sonnenwetter.«

»Es ist aber auch schön, wenn die Sterne scheinen und wir mitten in der Nacht zur Kirche gehen dürften«, wagte die zwölfjährige Annina einzuwenden.

»Es ist aber nicht sternklar heute nacht.«

»Hat der liebe Gott denn nicht den Bethlehemsstern heute nach ausgehängt?« So fragte der vierjährige Michael, der freilich wohl ahnte, daß man ihn nicht mitnehmen würde, doch wollte er gerne wissen, wie es in der Weihnachtsnacht zugeht.

»Du bist ja selbst ein Sternlein, Michelino«, scherzte Gabriela, Michaels sechsjähriges Schwesterchen. Sie zog ihr Brüderlein an sich und fuhr ihm mit der Hand spielerisch in sein blondes Kraushaar.

»Sag, Mammina, ist's wahr, daß ich ein Stern bin? Bin ich denn nicht Michelino?«

»Beides bist du«, wurde ihm von allen Seiten versichert, und wie zum Beweis sangen ihm die Kinder ein kleines Weihnachtslied vor, in dem immer wieder ein Refrain vorkam, der besonders lieblich aus Kindermund erklang: »Stern, der mich den Sternen ähnlich macht.«

Als die Kinder ihr Liedlein beendet hatten, stand Maso von seinem Platz auf, um draußen vor der Haustür einmal nach dem Wetter zu sehn. Ein eisiger Wind fegte zur Küche herein, und Maso kam rasch wieder zurück.

»Der Schnee friert sogar. Mir scheint, das ist kein Wetter, um auf den Berg zu steigen. Der Schneefall hat freilich nachgelassen. Aber der Himmel ist dickgrau wie Radiergummi.« Die Kinder lachten. Für die Frauen aber war es an der Zeit, sich einig zu werden, ob man den Kirchgang wagen solle oder nicht.

Carola, so hieß die Frau des Maso, meinte resolut: »Nein,

wir Erwachsenen gehen auf alle Fälle. Soll man sich vor der Kälte fürchten, wenn man nur einmal im Jahr zur Christmette geht? Fürchten wir uns vielleicht vor der Hitze im Hochsommer, wenn es gilt, das Korn einzubringen? Wir müßten uns vor uns selber schämen, wenn wir hier sitzenbleiben wollten. Also los, beeilen wir uns! Giovanni und Pierino können mitgehen, und das kleine Gelichter bleibt bei der Nonna.« Wenn die energische Frau Carola etwas anordnete, gab es selten Widerspruch, und die jüngeren Schwägerinnen zeigten sich stets nachgiebig. In einer so großen Familie, wo eines so nahe neben dem andern ist, kann nicht jeder nach seinem eigenen Kopf handeln, vielmehr muß jeder einzelne mehr an alle als an sich selbst denken. Wie Maso die Aufsicht über die Feldarbeiten hatte, so hatte Carola die Leitung des Haushalts übernommen. Die Schwägerinnen sowie auch die vielen Kinder hatten sich der Hausordnung Frau Carolas zu fügen, die jedoch ihr Amt nie zur Herrschsucht mißbrauchte, da sie gewissenhaft auf das Wohl sämtlicher Hausgenossen bedacht war.

Während nun Carola die Kastanien vom Feuer nahm, rasch den Tisch deckte, den Kindern die Kastanien austeilte, hatten sich die andern Frauen in den ersten Stock begeben, um Tücher, Rosenkränze, Hüte und Gebetbücher zu holen. Cecco blieb in der Kaminecke sitzen, die Holzschüssel mit den Kastanien neben sich auf der Bank. Carola fragte ihn: »Nun Cecco, was ist mit dir? Willst du nicht mitkommen?«

»Nein, ich möchte hierbleiben. Ich werde morgen früh mit den Kindern in die Messe gehen. Schau, Carola, ich war so lange nicht daheim und möchte bei der Mutter bleiben, um von ihr wieder einmal die Geschichte von König Salomo und der Königin Saba zu hören.«

»Gut, mach nur, wie du willst«, entgegnete Carola.

»So, da seid ihr ja schon marschbereit. Nina, hast du mir mein dickes Tuch mitgebracht? Nun, ihr seid ja gehörig eingemummelt. Man möchte meinen, wir seien Nordländer, weil ihr euch bis an die Nasenspitze in Wolle einpackt.«

Alles lachte, während die Frauen sich noch eilig die Schürzentaschen mit warmen Kastanien anfüllten. Die Männer trugen in dieser im Winter recht rauhen Gegend große, hohe, braune Hüte, die mit dickem grünen Flanell gefüttert waren, während die Frauen schwere, befranste, an den Rändern mit bunten Blumen bedruckte Tücher trugen, die groß und lang wie Mäntel waren.

Dann endlich erfolgte der Aufbruch. »Addio, Mammina, addio, Babbo, grüßt das Christkind. Sagt ihm, wir kommen morgen. Gleitet nicht auf dem Wege aus! Kommt bald wieder! Dürfen wir aufbleiben, bis ihr zurückkommt?« So rief es durcheinander.

»Jajaja, macht, wie ihr wollt. Unterhaltet euch gut und bleibt brav. Auf Wiedersehen alle miteinander. Auf Wiedersehen.«

Cecco, dem es gefiel, jede freie Stunde neben seiner Mutter zu weilen, setzte sich neben sie, nahm zärtlich ihre welke Hand in seine beiden kräftigen Hände und sagte dann nach einer kleinen Pause: »Oh, Mammina, weißt du noch, als du meinen Geschwistern und mir zum erstenmal die Geschichte vom König Salomo erzählt hast? Damals war ich noch ein kleiner Junge. Es kommt mir vor, als wäre es gar nicht so sehr lange her. Und doch... Wieviel hat sich inzwischen geändert!«

»Das kann man wohl sagen«, entgegnete die Mutter leise seufzend, »damals lebte dein Vater noch, und die Brüder waren noch nicht verheiratet, und die vielen Kleinen waren noch nicht da. Ja, wir meinen euch, ihr kleines Volk.«

»Und wo waren wir denn, als ihr so allein wart?« erkundigte sich der kleine Michael.

»Ja, darüber wollen wir heute abend nicht sprechen, das führt ein bißchen zu weit«, gab die Nonna zurück.

»Ja, und jetzt sind wir ja auch da, und drum erzähle uns jetzt die Geschichte. Bitte, liebe gute Nonna, laß dich nur nicht zu lange bitten.«

»Bewahre, ihr habt ganz recht«, sagte die Nonna, »denn wenn ich zu spät beginne, werden wir an diesem Abend sicher nicht fertig. Ihr müßt wissen, daß es eine lange Geschichte ist. Ob sie sich buchstäblich genau so zugetragen hat, wie ich sie berichten werde, weiß ich nicht, zumal ich selbst nicht dabeigewesen bin. Nur vom Hörensagen weiß ich noch davon.«

König Salomos Zepter und die Krone der Königin von Saba

Vor vielen, vielen Jahren wurde einmal in unserer Gegend, in Montecornioli, ein Greis mit langem Haupthaar und mit einem schlohweißen Bart gesehn, der dem Manne bis zum Gürtel reichte. Bekleidet war der Fremde mit einem seidenen Kapuzenmantel, und auf dem Kopfe soll er einen recht bunten Turban aus kostbarem bunten Stoff getragen haben. Er kam geritten auf einem weißen Maulesel. Ein schwerbeladener, doch völlig mit weißem Segeltuch bedeckter Wagen folgte ihm. Dieser Wagen wurde von fünf Männern, die Lanzen trugen, begleitet, und die Lanzenträger duldeten nicht, daß jemand sich dem Wagen näherte. Dem Wagen folgte noch ein Mann, der auch einen Kapuzenmantel trug, doch war er alles in allem viel einfacher gekleidet als der Anführer des Zuges. Ihr könnt euch wohl vorstellen, wie erstaunt die Leute von Montecornioli waren, die ja ohnehin den lieben langen Tag über nicht grad viel Neues zu sehen bekommen. Leider ließen sich die wunderlichen Fremdlinge nicht ansprechen und also auch nicht nach dem Woher und Wohin befragen. Die Montecornioler konnten dem Aufzug nur höchst verdutzt nachsehen, und es hat sich nur feststellen lassen, daß die seltsame Karawane bergan strebte und in der Nähe des Gipfels, offenbar innerhalb einer Höhle, mit Wagen und Maulesel und dem ganzen Drum und Dran verschwunden war. Gut, das war das. Ja, jetzt wußten die Dorfbewohner etwas Neues und auch wiederum nicht genug Neues. Den ganzen Abend über saß man vor den Haustüren, um sich über die höchst rätselhafte Erscheinung zu unterhalten. Man hatte ja nicht die leiseste Ahnung, was das alles zu bedeuten hatte. Man zerbrach sich vergeblich den Kopf, aber das gefiel denen von Montecornioli nicht übel.

Am nächsten Morgen gingen manche sogleich vors Haus, nur um zum Berggipfel hinanzusehen. Die herrliche Sonne sahen sie freilich jeden Tag hinter den Bergen am Himmel emporsteigen, aber dieses schöne Morgenwunder war es nicht allein, das die Augen der Leute fesselte. Nein, es war noch etwas anderes. Nämlich mitten in den Strahlen der Frühsonne, genau an jener Stelle, an der tags zuvor die merkwürdige Erscheinung verschwunden war, erblickte man ein kleines Haus, ein richtiges Haus mit Fenstern, Türen, sogar mit einem Schornstein auf dem Dach, kurzum, ein Haus, und zwar eines, das niemals vorher dagewesen war. Das war hingewundert. Wie hingeträumt lag es da, und alle Leute rieben sich die Augen, kniffen sich in den Arm, gaben sich sogar gegenseitig kleine Ohrfeigen, nur um sich zu vergewissern, daß sie nicht träumten. Sie rüttelten und schüttelten sich, um sich allenfalls wach zu bekommen, aber sie waren wach und blieben wach. Und das Haus blieb sicher stehen, wo es stand. Man sah deutlich, die Läden waren geschlossen, und um das Haus herum war den ganzen Tag über kein menschliches Wesen zu erblicken. Und am nächsten Tag war es genau dieselbe Geschichte. Man versäumte viel Zeit in Montecornioli, und wer nur wenige Minuten Zeit hatte, benutzte diese sicherlich, um zum Berghaus hinanzustarren, weil man der Meinung war, es würde genau so plötzlich verschwinden, wie es entstanden war. Das Haus blieb aber stehen, wo es stand.

Das konnte nicht mit rechten Dingen zugehen. Man wagte sich nicht recht hinauf, man hatte ein bißchen Angst. Mit dem Mundwerk war man weniger ängstlich, und sehr bald hatte sich die Wundergeschichte in der ganzen Gegend verbreitet. Die Leute von Poppi und Bibiena ließen die Heuernte im Stich, um sich in Montecornioli sorglich über die näheren Umstände des Zauberhauses unterrichten zu lassen, doch wußte einer genausowenig wie der andere. Da blieb denn freilich nichts anderes übrig als hinaufzusteigen, um wenigstens das Haus einmal in der Nähe zu betrachten. Wie geplant, so ausgeführt. Vielleicht zwölf beherzte Männer und Burschen machten sich auf den Weg, doch als sie an das Haus kamen, fanden sie es verschlossen. Man klopfte bescheiden an die Tür, aber niemand rief »Herein!« Die Neugierigen legten ihr Ohr an das Schlüsselloch und glaubten, das feine Klirren von Münzen zu hören. Auch wähnte man Stimmen in einer leider unverständlichen Sprache zu vernehmen. Da man nichts in Erfahrung bringen konnte, tastete man wenigstens die Mauern des Hauses ab und stellte fest, daß es solide gebaut war wie jedes andere Haus, das zu errichten aber wenigstens einige Monate Arbeit in Anspruch genommen hätte. Ja, und dies hier war in einem Augenblick entstanden. Die Einwohner von Romena und Carvecchio kamen, die von Stia und die von Algo, aus der ganzen Umgebung kam man hinauf; doch niemandem gelang es, in das Haus zu dringen, und Gewalt anzuwenden wagte man nicht. Da man nun doch nicht hinter das Geheimnis kommen konnte, ließ man es allmählich auf sich beruhen und gewöhnte sich an den Anblick des Wunderhäuschens.

Als der Winter ins Land zog, lag das Haus, wenn auch recht eingeschneit, noch immer an gleicher Stelle. Man sprach zwar noch manchmal davon, doch war man sich darüber einig geworden, das Rätsel nicht eigenmächtig ergründen zu wollen.

Nur einen gab es im Dorf, den die Neugierde nicht zur Ruhe kommen ließ, und der für sich beschloß, der Sache auf den Grund zu gehen. Es war Turno, ein kühner Bursche von siebzehn Jahren, der einzige Sohn einer braven Witwe, der zusammen mit seiner Mutter ein bescheidenes Bauernhaus in Montecornioli bewohnte. Es braucht wohl kaum erwähnt zu werden, daß Turno seiner Mutter von seinem Vorhaben kein Sterbenswörtchen sagte. Die brave Frau wäre sicherlich nicht damit einverstanden gewesen, daß ihr Turno, noch dazu in einer mondlosen, völlig dunklen Nacht, sich zum einsamen Geisterhaus hinbegab. Nein, die Mutter, die tagsüber genug in Haus und Stall zu tun hatte, schlief fest und ruhig, als Turno leise das Haus verließ. Er hatte sich ein Laternchen, Licht und Streichhölzer mitgenommen. Um die Hüften hatte er sich ein Seil gebunden in der Annahme, er würde es brauchen können. Im Gürtel hing ihm ein großes, starkes, handfestes Krummesser. So ausgestattet, machte sich Turno auf den Weg.

Es war wahrlich kein Vergnügen, sich in stockfinsterer Nacht den Wind um die Ohren wehen zu lassen. Im Wald schlugen die dürren Zweige der entlaubten Bäume wie klappernde Knochen aneinander, aber jetzt konnte Turno es sich nicht leisten, Angst zu haben. Wer A sagt, muß auch B sagen. Das begonnene Unternehmen, sei es auch noch so ungemütlich, mußte ausgeführt werden. Als Turno nach beschwerlichem Wege endlich am Ziel war, blickte er zunächst wie alle andern mit einem Auge durchs Schlüsselloch. Die Nacht schien im Häuschen genauso finster zu sein wie draußen. Turno probierte es mit dem andern Auge, doch dieses vermochte auch nicht mehr als sein Brüderchen zu erkennen. Es kam dem Turno vor, als habe er noch nie eine so pechschwarze Nacht gesehen wie diese. Nur das Klimpern der Münzen klang ihm recht gemütlich und verführerisch in die Ohren. Da wird Geld gezählt, dachte sich Turno, und sicherlich wird es sich hier nicht nur um Rappen handeln, sondern um Franken, wenn nicht gar um Gold. Da begann Turno die Geldzähler um ihre angenehme Beschäftigung zu beneiden. Da er sich aber nicht traute, die Tür aufzubrechen, ja nicht einmal anzuklopfen wagte, schwang er sich geschickt auf das Dach des niedrigen Hauses und versuchte hier, von oben durch den Schornstein zu blicken. Er bemerkte einen schwachen Lichtschein, der nur die Asche im Kamin erhellte. Das war wenig genug. Es läßt sich leicht denken, daß es auch sonst oben auf dem Dach, wo der Wind von allen Seiten wehte, alles andere als behaglich war; aber da er es ja nicht anders gewollt hat, kann man wenig Mitleid für ihn aufbringen. Oder geht es einem von euch etwa besser? Turno kauerte sich an einer Stelle des Schornsteins nieder, wo es ihm vorkam, als bliese der Wind nicht gar so grausam, und in dieser Position gedachte er abzuwarten. Er sagte sich: »Einmal werden die Geldzähler wohl auch müde und müssen zu Bett gehen, wie es bei ordentlichen Leuten üblich ist. Sobald dies geschehen ist und sie eingeschlafen sein werden, will ich mein Seil um den Schornstein schlingen, mich durch den Kamin hinabgleiten lassen, und dann werde ich mit dem Geldzählen an der Reihe sein. Es muß gewiß eine sehr hohe Summe sein, da die Zählerei kein Ende nehmen will. Nun, man muß auch warten können, wenn man es zu etwas bringen will.«

Turno wartete und wartete, fühlte sich allmählich trotz der großen Kälte schläfrig und war schon nahe am Einnikken.

Da plötzlich wurde er von einem strahlend-hellen Licht überrascht, das von unten aus dem Schornstein heraufstieg, und beinahe in derselben Minute erschien vor Turnos erstaunten Augen eine helle Gestalt, die er des strahlenden Lichtes wegen nicht gleich erkennen konnte. Alsbald jedoch sah er die Erscheinung in der Luft schweben. Turno, starr vor Verwunderung, hielt den Atem an. Oh, so etwas Schönes hatte er in seinem ganzen Leben noch nicht gesehen! Ein Engel war es, ein wunderschöner Engel in einem schneeweißen Gewand, das aus Flor und Duft gewoben schien, während die großen Flügel vor lauter Licht in den zartesten Farben zu beben schienen. Da Turno, von diesem Anblick völlig benommen, dem herrlich schwebenden Engel nachsah, der sich in die Nacht verlor und doch die Nacht so freundlich erhellend, hatte er nicht bemerkt, wie in rascher Folge eine ganze Schar dieser wundersamen Lichtvögel aufgetaucht war, die in verschiedenen Richtungen den Dörfern zuflogen. Ein unsagbar feines, melodienreiches Klingen und Singen drang an Turnos Ohr. Es war das Hosianna der Engel, das er vernahm.

Oh, sollte man nicht annehmen, daß Turno, nachdem er so etwas Liebliches hatte erblicken dürfen, sein bedenkliches Vorhaben nunmehr aufgeben würde? Leider, leider hatte Turno gar nicht daran gedacht, daß es die Christnacht war, die er sich für sein vorwitziges Tun ausgesucht hatte. Dies zwar nicht absichtlich, aber als er die Engel sah, fiel ihm gleich die Heilige Nacht ein, in der das Christkind doch auch für Turno wie für alle Menschen einmal geboren wurde. Ja, es fiel ihm schon ein, doch verscheuchte er den Gedanken. Er wollte nicht den beschwerlichen Weg umsonst gemacht haben, wollte durchaus seine Neugierde, womöglich auch seine Habsucht, befriedigen. Er hörte nicht auf die Stimme des Gewissens, die zugleich die Stimme unseres Schutzengels ist. Wie gut wäre es gewesen, wenn er der leisen Mahnung gefolgt hätte. Er aber hörte nur auf die Verlockung des Bösen, das uns meistens viel einschmeichelnder und angenehmer klingt als das Gute, das sich nur schlicht äußert.

Nun aber, sehen wir zu, wie die Geschichte weitergeht. Kaum waren die Engel Turnos Blicken entschwunden, als er auch schon sein Seil am Schornstein festband, und bei seiner großen Geschicklichkeit war es ihm ein leichtes, in das Innere des Häuschens zu gelangen. Unten angekommen, zündete er sich zunächst sein Laternenlicht an und hielt Umschau. Er befand sich in einem erstaunlich großen Raum, dessen Weite und Breite in keinem Verhältnis zur Kleinheit des Hauses stand, wie man es von draußen sah. War das Haus nur eine Täuschung? War es nur ein Vorbau, der zu viel größeren Räumen führte? Im ersten Raum war nichts von Geld zu entdecken. Nirgends war ein Tisch oder ein Stuhl, nichts, was an eine menschliche Behausung erinnern konnte. Von der Decke herab hingen viele Eiszapfen, gleich Kristallen aneinandergereiht, doch konnte Turno nicht darüber ins klare kommen, ob dies natürliche Eiszapfen oder edle Steinkristalle waren. Der kostbare Schimmer jedoch verwirrte ihn, und ein starkes Verlangen nach Reichtum und Glanz stieg in seiner Seele auf. Dennoch versagte er sich, einen der Kristalle zu berühren, obwohl er die Herrlichkeit mit seinen Händen hätte erreichen können.

Da er zunächst die Räume zu erforschen gedachte, öffnete er eine Tür, durch die er in die eigentliche Höhle des Berges gelangte. Er durchschritt einen schönen, hell erleuchteten Saal, und es ließ sich nicht feststellen, woher das Licht kam. Weil der Saal vollkommen leer war, hielt Turno sich hier nicht auf, sondern ging weiter, durch eine zweite Tür hindurch, und kam in einen Saal, der noch heller war als der vorige. Und hier nun sah Turno auf einem Throne jenen Greis in tiefem Schlafe sitzend, der seinerzeit den seltsamen Zug von Montecornioli angeführt hatte. Turno begann an allen Gliedern zu zittern. Er befürchtete, der alte Mann könne erwachen und ihn, Turno, als einen frechen Eindringling zur Rede stellen. Turno zog daher seine Schuhe aus, um beim Gehen nur ja kein Geräusch zu verursachen. Er bemühte sich sogar, auf den Zehenspitzen zu gehen, schlich sich zu den vielen Truhen, die nebeneinander nahe den Wänden aufgestellt waren. Jede Truhe hatte einen mit schmalen Goldleisten eingefaßten Glasdeckel, so daß Turno schon von außen sehen konnte, was ungefähr die Truhen an Schätzen bergen mochten. Das war natürlich sehr angenehm, daß man sofort Überblick hatte, doch war diese Einrichtung nicht etwa Turnos wegen angebracht worden, aber das hätte ich wohl kaum zu sagen brauchen. Ja, hier krimmelte und wimmelte es nur so von Glanz und Geschmeide, und Turno mit seinen einzigen zwei Augen hatte wahrhaftig genug zu tun, diesen schier unmenschlichen Reichtum, der hier aufgestapelt war, zu bewältigen. Mein Gott, was war da alles beisammen! Die Damen von zwanzig königlichen Hochzeiten hätten sich mit diesem Schmuck zieren können und hätten dann immer noch zuviel gehabt. Da gab's Broschen mit köstlichen Steinen, die in sämtlichen Regenbogenfarben leuchteten, Ringe mit Steinen, die wie Blitze funkelten. Edelsteine, die wie Sonnen strahlten, Sonnen von unermeßlichem Werte. Halsbänder aus Türkisen und Korallen, Armbänder, die an das reine Licht des Mondes erinnerten, Perlen, die wie Tautropfen auf Blumen in der Frühsonne schimmern, kurzum, es war unbeschreiblich schön, und was die Fülle der Kleinodien anbetraf, war gar kein Ende abzusehen.

Zwei Truhen erregten die besondere Aufmerksamkeit Turnos. Die eine war mit nußgroßen Saphiren ausgelegt. An der Innenwand war in geschliffenen Türkisen der Name »Salomo« zu lesen. Auf dem Boden der Truhe lag auf dunkelrotem Sammetkissen ein Zepter aus edelstem Golde und mit den herrlichsten Edelsteinen besetzt. In der andern Truhe lag auf rosafarbenem Sammetkissen eine märchenhaft schöne Goldkrone, deren sieben hohe Zacken mit Smaragden besetzt waren. Turno stand wie geblendet vor diesem Traum von Schönheit.

Er hatte von frühester Kindheit an ein recht ärmliches Leben geführt. Er hatte, wie dies ja bei Bergbewohnern oftmals vorkommt, auch schon Hunger gelitten. Und jetzt sah der arme Bursche so viele Kostbarkeiten hier ausgebreitet, von denen vielleicht der Erlös eines Armbandes genügt hätte, um zeitlebens niemals Not zu leiden. Wenn man nur ein paar Stücke zu Geld machen könnte, so dachte Turno, wie viele arme Menschen würde man beglücken können! Turno warf einen scheuen Blick auf den schlafenden Greis, der indessen nicht im entferntesten ans Erwachen zu denken schien. Gestorben war er jedenfalls nicht, denn Turno vernahm seine tiefen, regelmäßigen Atemzüge. Da überlegte Turno es sich nicht länger, ging zu einer der Truhen, hob mühelos den Deckel empor und griff eine Handvoll Edelsteine heraus, die er in die Tasche gleiten ließ. Dann überlegte er sich, ob er noch einen zweiten Griff wagen solle, ließ es aber bei dem einen bewenden, und so ging er bei seinem Diebstahl wenigstens mit einer gewissen Bescheidenheit vor.

So, jetzt würde alle Not mit einem Schlage ihr Ende erreicht haben. Die Mutter konnte von nun an in Samt und Seide gehn, konnte einen Federhut tragen, wenn sie Verlangen danach trug, aber wir werden später sehen, ob Turnos Mutter Lust auf Federhüte und Sammetkleider hatte, die noch dazu von gestohlenem Gut herrührten. Ein paar himmelblaue Steine an einer feinen Goldkette machten Turno den Eindruck, als hätten sie nichts dagegen, mitgenommen zu werden, und drum ließ er diese, und noch ein paar Goldringe dazu, in die andere Tasche gleiten. Vielleicht, man möchte es hoffen, geschah dies weniger aus Habsucht als um das richtige Gleichgewicht auf beiden Seiten herzustellen. Dann aber verließ Turno, etwas rascher, als er gekommen war, den Saal, den tüchtigen Wächter in tiefem Schlafe zurücklassend. Da gab's natürlich kein Lebewohl und auf Wiedersehn.

Kaum war Turno auf dem Dache angelangt, als er in der Luft abermals die vielen Engel schweben sah, aber ihr zartes »Hosianna« ging ihm diesmal sehr zu Herzen. Die Engel bewegten sich fliegend auf das Häuschen zu, und am liebsten hätte Turno die geraubten Sachen wieder an Ort und Stelle gebracht. Schon begann er seine Tat zu bereuen, doch hielt ihn eine falsche Scham zurück, das Unrecht wiedergutzumachen. Er fürchtete, die Engel könnten ihn auf dem Dache bemerken, und als er das Rauschen der Flügel vernahm, sprang er eilends hinab. Er stolperte beim Hinabspringen, fiel, stand auf und fiel abermals. Er spürte eine Schwäche in den Gliedern, als sei er schwerkrank. Seine Schuhe hatte er im Saal der Kostbarkeiten vergessen, und so mußte er auf den Socken den Heimweg antreten. Eisigkalt war es ihm an den Füßen, aber noch kälter im bedrängten

Herzen. Mehr tot als lebendig kam er nach drei Uhr in der Nacht daheim an. Die Mutter hatte indessen keinen rechten Schlaf finden können, weil sie in großer Sorge um ihren Sohn war. Da sie, als sie ihn kommen hörte, ihn im Hausflur empfing, fiel ihr zwar nicht auf, daß er keine Schuhe an den Füßen trug, doch sah sie beim matten Schein des Kerzenlichtes sein verstörtes Gesicht.

»Turno, sag mir einmal, wo du heute nacht gewesen bist«, sagte die Mutter in strengem Ton.

»In der heiligen Messe«, entgegnete Turno kurz.

»Daß du nicht die Wahrheit sagst, wirst du selbst am besten wissen«, erwiderte die Mutter.

»Ich weiß nur, daß ich müde bin und schlafen muß. Laß mich in Ruh', Mutter. Gute Nacht.«

»Ja, gute Nacht, sehr gute Nacht sogar, und guten Morgen wird man dir auch gleich wünschen können.«

Darauf antwortete Turno nicht, sondern ging sofort in seine Kammer, wo er das Licht anzündete. Dann machte er sich daran, im Winkel des Zimmers einen Ziegelstein aus dem Fußboden herauszuheben, unter dem er die geraubten Kostbarkeiten verbarg. Nachdem er dies mit viel Mühe vollbracht hatte, legte er sich ins Bett. Er war zwar todmüde von der großen Anstrengung, doch ließ ihn sein unruhiges Gewissen trotzdem nicht schlafen. Einmal sagte er sich: »Ich habe eine schlechte Tat begangen«, dann wieder war eine Stimme in ihm, die ihm beschwichtigend vorgaukelte: »Nein, das ist gar nicht schlimm, was du gemacht hast. Man wird kaum merken, daß ein paar Steine fehlen, und du kannst sie brauchen. Kauf dir nur gleich nach Weihnachten ein paar flotte Schuhe, einen hellgrauen Anzug, einen eleganten Kalabreserhut und ein buntes Seidenhalstuch. Aber vorher mußt du nach Florenz gehen, um ein paar Steine zu verkaufen. Sollst mal sehen, was du für einen Haufen Geld dafür einlösen wirst.« Mit solchen Gedanken schlief er endlich ein. Im Traume aber erschienen ihm die Engel, die ihn tiefbetrübt und vorwurfsvoll ansahen.

Ihr werdet wahrscheinlich erraten können, wer am nächsten Morgen in der Kirche von Montecornioli bei keiner Messe anzutreffen war, und wer sich bis zum Nachmittag überhaupt nicht entschließen konnte, sich im Dorfe blicken zu lassen. Sollte euch das Raten schwerfallen, kann ich noch hinzufügen, daß der Betreffende keine Schuhe an den Füßen hatte, sondern am ersten Feiertag in ziemlich ausgetretenen Zoccoli (Holzpantoffeln) spazierengehen mußte. Ja, ganz recht, das war kein anderer als unser Turno, der abermals heimlich das Haus verließ, da seine Mutter sich in die Vesper begeben hatte. Sie ahnte schon, daß mit ihrem Jungen etwas Besonderes los war, doch wollte sie ihm Zeit lassen, sich auf das Rechte zu besinnen. Sie hoffte, er würde von selbst zu ihr kommen, ihr anvertrauen, wenn er etwas Schlimmes angerichtet haben sollte.

Als Turno im Begriff stand, einen Gang ins Freie zu unternehmen, begegneten ihm ein paar Kinder, die sich über das Weihnachtsfest unterhielten. Er hörte, wie sie einander erzählten, es seien in allen Häusern Engel dagewesen, die besonders den Armen reichliche Geschenke gebracht hätten. Die Engel seien von oben, vom Berge herab, gekommen, aus der Gegend, wo das Wunderhäuschen stünde. Da wußte Turno genug. Er ging schnurstracks dem Walde zu, um nur keinem Menschen zu begegnen. Oh, wie er sich schämte! Er hatte sich an den Gaben, die für die Armen bestimmt waren, vergriffen, und das tat ihm sehr leid. Wie war es nur möglich, diese böse Tat wiedergutzumachen? Und in welch üblen Ruf würde die arme Mutter kommen, wenn sein abscheuliches Unrecht bekannt wurde? Turno wagte gar nicht, sich das auszudenken, und fühlte sich doch gezwungen dazu. Bis gegen Mitternacht irrte er im Walde umher, ohne auch nur Hunger oder Durst zu empfinden.

Da er sich endlich entschloß, nach Hause zu gehen, hörte er plötzlich über sich in den Bäumen ein Rauschen wie von Flügeln. Er blickte hinauf und erstarrte fast vor Schreck, als eine ungeheuer große Fledermaus mit feurigen Augen ihm erschien und ihn ansprach: »Höre, Turno, du hast dem Teufel einen großen Dienst erwiesen, indem du die Juwelen und das Gold aus dem Häuschen gestohlen hast. Wisse denn, daß es sich um den Schatz des Königs Salomo und den der Königin von Saba handelt, unermeßliche Schätze, die bei der Zerstörung Jerusalems durch Engel und fromme Menschen gerettet worden und in Sicherheit nach Montecornioli gebracht worden sind. Die Engel durften frei über die Kostbarkeiten verfügen, doch nur unter der Bedingung, daß nichts davon entwendet wird. Nun aber, da du dieses getan hast und die Engel auf keinen Fall mehr nach Montecornioli zurückkehren können, will der Feind alles Guten dich hoch belohnen. Der Teufel selbst gestattet dir, nach Belieben in die Höhle zurückzukehren und dir anzueignen, was immer dir zu nehmen gefallen wird. Sogar das Zepter des Königs Salomo und die Krone der Königin von Saba soll dein eigen sein, wenn du fortan nur dem Bösen treu bleiben wirst.«

»Nein! Nein! Nein!« So schrie Turno laut auf, sank in die Knie und machte das Segenszeichen des Kreuzes, worauf das Ungetüm von Fledermaus, wie vom Blitz getroffen, auf die Erde fiel, die sich sofort öffnete, so daß ein tiefes Loch entstand, in dem die Fledermaus spurlos verschwand, während das tiefe Loch noch heutigentags zu sehen ist, und jedermann, der hier vorbeigeht, gibt acht, daß er nicht hineinfällt.

Als Turno zu seiner Mutter kam, war diese über sein elendes Aussehen so erschrocken, daß sie tiefes Mitleid mit ihrem Sohne empfand. Er indessen war nicht fähig, auf ihre teilnehmenden Fragen zu antworten. Er war offensichtlich schwer erkrankt. Verwirrt und fiebernd mußte er sich ins Bett legen. Die Mutter ließ sogleich den Arzt rufen. Der aber konnte ihm nicht helfen, denn der Körper war nur krank, weil vor allem Turnos Seele krank war. Doch wurde dies nicht sogleich erkannt, und so blieb der arme Turno wochenlang ohne Hilfe, nur von seiner Mutter treu gepflegt.

In dieser Zeit soll man auf dem Gipfel von Montecornioli zwei Dämonen gesehen haben, die als beflügelte Ungeheuer jeden Abend und wahrscheinlich die ganze Nacht hindurch ihr Wesen getrieben haben. Wer sich in die Nähe des Wunderhäuschens wagte, wurde durch einen widrigen Schwefelgeruch beinahe erstickt. Es ließ sich kaum mehr atmen in dieser Gegend. Die Kunde von der Erscheinung der Dämonen wurde dem Abte von Camaldoli, dem frommen Romuald, gebracht, der gemeinsam mit einigen Mönchen sich an den verrufenen Ort begab, um durch Aussegnung der ganzen Gegend den bösen Geist zu bannen. Doch alles Segnen half leider nicht viel. Es wurden Fasten und Gebete der ganzen Gemeinde auferlegt, was für die Leute eine gute Übung war, aber die Dämonen ließen sich dadurch nicht verscheuchen.

Turno lag so schwer krank, daß die Mutter ihn am Ende seines Lebens glaubte. Sie ließ daher einen Priester kommen, der ihn durch eine gute Beichte und durch die heilige Kommunion mit dem lieben Gott versöhnen sollte. Es war ein Bruder aus dem Kloster von Camaldoli, der die Gnadengabe besaß, sofort den Zustand Turnos zu erkennen. Kaum hatte Turno eine reumütige Beichte abgelegt und das geraubte Gut unter die Armen verteilt, als er auch schon völlig gesund wurde. Danach soll er eine Pilgerfahrt nach Verna gemacht haben, wo er drei Tage über unablässig im Gebete verblieb. Ferner, so erzählt man, soll er die Madonna von San Fedele besucht und danach noch einen Bußgang nach Camaldoli unternommen haben. Hier, im Kloster von Camaldoli, ist er als Laienbruder aufgenommen worden, und als solcher hat er sein ferneres Leben in großer Frömmigkeit verbracht. Einen Teil der Juwelen legte Turno zu Füßen des Altares bei der Gottesmutter von San Fedele nieder. Das Halsband und das Diadem, das Unsere Liebe Frau an hohen Festtagen schmückt, soll aus dem Schatze jenes sagenhaften Wunderhäuschens stammen. Die Dämonen hat man seit jener Zeit nie wieder gesehen, aber leider die lieben Engel auch nicht mehr, und darum sieht es auch jetzt mit den Weihnachtsgeschenken recht dürftig aus.

»Schade, wie schade!« seufzten die Kinder im Kaminwinkel, die der Erzählung gelauscht hatten.

»Ja, das ist wirklich schade«, gab die Nonna zu, »es wird sicherlich den Engeln selbst leid tun, daß sie nicht mehr kommen dürfen.«

»Sie können doch auch ohne Geschenke kommen«, meinte Michael. »Wenn ein kleiner Engel kommt, der noch spielen mag, darf ich ihm dann meinen Ball schenken? Weil doch Weihnachten ist. Ich habe zwei Bälle. Darf ich wohl einen weggeben, Nonna?«

»Gewiß, mein Liebling, aber gib ihn nur dem Nachbarskind, dem kleinen Tittino. Dann freut sich der Engel noch mehr, als wenn er ihn selbst bekäme.«

Nicola, ein pfiffiges Bürschlein von zehn Jahren, ergriff das Wort: »Nonna, du erzählst schon gut, aber ich kann doch nicht recht an deine Geschichte glauben.«

»Ich glaube auch nicht daran«, erklärte Francesca, ein fünfjähriges Mädelchen, das auf dem rechten Knie des Onkels Cecco saß, während Michael sich auf dem linken plaziert hatte.

»Warum glaubt ihr denn nicht an die Geschichte? Erzählt uns das doch einmal, warum nicht?« forschte Cecco.

»Die Engel hätten es sich einfach nicht gefallen lassen dürfen, daß die braven Kinder des schlimmen Turnos wegen nichts zu Weihnachten bekommen.«

»Ja, es ist wahr. Und jetzt sind wir das ganze Jahr artig und nicht ein einziger Engel beschenkt uns dafür.« Das war Nicolas Meinung.

»So, so ist das also?« scherzte Cecco, »das wußte ich gar nicht, daß das Bravsein bezahlt werden muß. Das könnte für Papa und Mama eine kostspielige Angelegenheit werden, und die ganz armen Eltern, die nur Brot, Milch und Polenta haben, wären ja sehr zu bedauern, wenn sie auch noch das Geld fürs Bravsein der Kinder aufzubringen hätten.«

»So meinen wir das nicht. Nein, ganz so nicht. Aber ein kleines bißchen muß das Bravsein doch bezahlt werden. Es ist auch anstrengend, manchmal.«

»Freilich. Und gib nur acht, daß es nicht deine Kräfte übersteigt.« Alle lachten.

Dann kam die Rede auf die Dämonen, an die zu glauben die Kinder auch wenig Lust bezeigten. Die schon dreizehnjährige Julia erklärte: »Man erzählt schöne Geschichten zur Unterhaltung und zur Belehrung. Es muß nicht alles buchstäblich wahr sein. Mit den Dämonen ist auch nur das Böse gemeint, daß im Menschen sein kann, und wenn er die Dämonen vor sich zu sehen glaubt, ist es vielleicht nur eine Warnung, besser auf sich achtzugeben. Wenn man betet und nichts Böses tut, geben die Engel schon acht, daß keine Dämonen kommen, nicht wahr, Nonna?«

»So ist es, Kinder. Die Engel sind um uns, auch wenn wir sie nicht sehen.«

»Gut, daß die Engel da sind«, riefen die Kinder, und in

diesem Augenblick wurde die Tür geöffnet, und die Familie kam aus der Kirche zurück.

Jede der Mütter hatte für jedes der Kinder ein Häuflein Anisplätzchen mitgebracht.

»Seht da unsere Engel«, rief Julia mit ihrer fröhlichen Stimme, indem sie ihre Mama dankbar umarmte.

»Und dies hier ist mein Engel«, jubelte der kleine Michael, sich glücklich an sein Mütterchen schmiegend, das ihrem Liebling einen Kuß gab und ihm gleich danach ein Anisplätzchen in den Mund schob.

Man saß noch ein Weilchen, sich am Feuer wärmend, plaudernd um den Kamin, den traulichen Frieden des Hauses genießend. Dann ging groß und klein schlafen, und die Kinder mögen geträumt haben von Engeln mit und ohne Flügel.

Emmy Ball-Hennings

Der Puck
Ein Eismärchen

Nach einer föhnigen ersten Dezemberwoche, die nur Kopfwehschnee gebracht hatte, Kandiszucker an den Straßenrändern, sank das Thermometer und blieb auf zehn Grad minus sitzen. Die Bise trug dazu bei, daß Teiche und Tümpel noch vor Weihnachten zufroren, so daß man bereits am Stephanstag ans Eishockeyspielen denken konnte.

Auf dem Estrich band ich mein Stockblatt mit schwarzem Isolierband ein. Die Klammerschlittschuhe hingen an einer roten Schnur im Gebälk, zwischen Zwiebeln und stiebenden Melissenstauden. Diese Angstgerüche alter Bubenverstecke: Dörrobst, Mottenkugeln und Kernseife. Leider hatte ich wieder keine Hockeystiefel bekommen. Mein Vater, der mit den Kufen über den See gelaufen war, fand, sie täten ihren Dienst noch lange. Ich mußte mit dem Winkelschlüssel beinahe die rostigen Gewinde vermurksen, bis sich die Backen bewegten, und nahm mir vor, die Eisen bei Gelegenheit geschickt zu verlieren, denn sie waren wie alles in unserem Haus gut versichert.

Alle hatten Stiefel seit Weihnachten, Luchsinger sogar rote mit Beinstützen. Im Tor konnten sie mich vielleicht dennoch gebrauchen, als Lückenbüßer. Der Puck in der Schuhschachtel: ich wog ihn in der Hand. Sollte er mit? Nein, sagte ich mir, er ging ja doch nur verloren, und dann war ich der Dumme.

Ein grauer Nachmittag. Ich gabelte meine Kufen auf, bei denen es sich nicht einmal mehr lohnte, den Hohlschliff zu erneuern, und schulterte den Stock. Stein und Bein gefroren. Die Bäume in ihren Gichtkronen sahen aus wie verhexte Nebelscheuchen. Ich hatte vor, zur Kiesgrube hinaufzugehen, denn die Lehmwassertümpel auf den Schuttkegeln unterhalb des Schmulzenkopfes waren beliebte Spielfelder. Das Eis über dem gelben Brei war zwar dünn, doch es hielt. Nur wenn man zu hart mit dem Stock schlug, kam es vor, daß einer mal einen Schuh voll Lätt herauszog. Sicher hatten die Burschen schon Mannschaften gewählt und angefangen. Spielten sie nicht in der Grube, dann freilich mußten die alten Feuerweiher auf der Hochebene zugefroren sein. Seit Jahren waren sie nicht mehr freigegeben worden.

Am Ausgang des Maschinenwäldchens verließ ich den harten Fußweg und stieg hinauf zur Straße, wo ich das ganze Kiesareal überblicken konnte. Kein Knochen weit und breit. Die graupeligen Lehmaugen wurden überragt vom Schotterturm, dessen geborstene Bretterverschalung von einer dicken, graugrünlichen Mehlschicht überzogen war. Ein Schrägaufzug mit ausgerenkter Wanne führte bis dicht unters Wellblechdach. Im Innern der abbruchreifen Bude konnte man verschmierte Bestandteile des Schwingsiebs erkennen.

Die Werkstraße führte zwischen den Kiesbergen durch und verlor sich im Abbaugebiet. Zuhinterst eine Baracke, ein festgerammter Löffelbagger. Darüber türmte sich die offene Wand des Schmulzenkopfes. Überhängende Wurzelnester. Es war so still, daß man das Regnen der Steine hörte, die über die Eisbärte auf den Geröllkegel kollerten. Die Wracks der Raupenfahrzeuge und Kamintraktoren wirkten wie Trümmer auf einem Schlachtfeld, als ob die Grubenmannschaft mit ihren ungelenken Sauriern und gezahnten Brechschaufeln unermüdlich gegen die Wand angerannt wäre, bis alle Motoren verreckten.

Die Lust zu einem Spaziergang durch die verlassene Kiesgrube war da, doch dann packte mich wieder das Spielfieber, in Gedanken kombinierte ich schon mit Luchsinger, rote Linie, blaue Linie, obwohl wir die Feldabschnitte nie markierten, dafür war bei uns der Winter zu kurz. Ich nahm den Weg durch den Bleiwald, stapfte den Bach entlang, der dumpf zwischen bizarren Eisknollen gurgelte. Weiter oben trat er aus der mannshohen Röhre, die unter dem Kehrichthügel durchführte. Man nannte den gekrümmten Tunnel Rohrnudel, und er war immer wieder Schauplatz nächtlicher Mutproben. Man konnte ihn nur bezwingen, wenn man sich, mit dem Rücken zur Wand, seitwärts Schritt für Schritt vorantastete auf dem schmalen, glitschigen Rand des Kännels. Rutschte man aus, schwemmte einen der Bach bis zum Tanzenbein hinunter.

Nach einer knappen halben Stunde stand ich oben auf der Straße, die sich schnurgerade von den Berghöfen her zwischen den beiden Weihern durchzog. Unten im Tal die Rangiergeräusche auf dem Güterbahnhof. Puffer klirrten aufeinander. Über der Hochebene lag ein bissiger Rauch von Kälte. Nur als schwache Kulisse erkannte ich den Stierenberger Wald, die Lücke mit dem grauen Reservoir.

Am großen Weiher vorbei, dessen Böschung rechterhand steil anstieg, eilte ich zum unteren, der die Form eines diagonal abgeschnittenen Ovals hatte und auf der Bösmatt lag, jener Wiese über dem Steilhang des Bleiwaldes, auf der sich die Amateurreiter der Gegend auf die Springkonkurrenzen vorbereiteten. Fragmente eines Stangenoxers im Reiffeld, zwei ausgetretene Trabkreise. Gespielt wurde auf dem unteren Teich, weil der obere des einlaufenden Baches wegen selten ganz zufror. Von weitem schon hörte ich das Knallen des Pucks und sah ich die Mützen und Pullover der Burschen durcheinanderwirbeln.

Doch keiner bemerkte mich, als ich das Bord hinunterschlitterte, durch das verharschte Schilf trat und auf Kauers Tor zuging. Es war mit zwei Steinen markiert. Das Eis dröhnte von den Kufen. Wie erwartet: alle hatten Hockeystiefel an. Luchsinger führte das große Wort. Er hatte den schnellsten Antritt und den härtesten Schuß. Den Torhüter auf der andern Seite erkannte ich nicht, es mußte ein Ersatzmann sein. Großartig, wie Luchsinger seine Gegner mit Körpertäuschungen stehen ließ. Er übersetzte links- und rechtsherum, vorwärts und rückwärts kurvend. Rot, seine Mannschaft, lag im Rückstand, wie ich bald erkannte an seiner hastigen Abwehr. Öfter als gewohnt mußte er in der Verteidigung aushelfen. Vielleicht lag es nur daran, daß die Blauen einen Mann mehr auf dem Feld hatten. Als der Puck weit neben dem Tor ins Schilf flitzte, schwenkte ich den Stock und rief: »Luchsinger, kann ich mitspielen? Ihr habt doch einen zu wenig!«

Luchsinger kurvte herbei und stoppte dicht vor mir. Eismehl stäubte auf. Er prüfte meine Schlittschuhe. »Mit diesen Großvatereisen? Kommt gar nicht in Frage. Eine Niete auf Entenfüßen hat uns gerade noch gefehlt bei diesem Resultat. Verschwinde! Auf dem Lehmweiher ist genug Platz für Anfänger.«

»Aber im Tor, Luchsinger, spielen doch die Schlittschuhe keine Rolle. Kauer könnte auf dem Feld mehr leisten.«

»Gerade dort«, rief der Captain davonschwingend zurück, »kommt es auf einen guten Stand an. Du fällst doch beim ersten Schlagschuß auf den Arsch!«

Der Puck war wieder im Spiel, Luchsinger baute den nächsten Angriff auf. Es war zum Verzweifeln! Weshalb wollte mein Vater nicht endlich einsehen, daß es ohne erstklassige Ausrüstung nicht mehr ging. Wenn ich klönte, Kauer habe Stiefel und Bertschi auch, sagte er gleichgültig: Wir sind nicht die Kauers und nicht Bertschis. Immer hieß es: wir sind nicht die andern. Und zu spüren, daß wir nicht die andern waren, bekam ich es, einzig und allein ich. Mit dem Velo war es dasselbe. Alle – oder fast alle – besaßen Halbrenner, während ich Samstag für Samstag eine schwere englische Vorkriegsmaschine auf Hochglanz polierte. Fehlte nur noch, daß sie ein Kleidernetz hatte wie die Damenräder. Radball, ja, aber dafür gab Vater den Klepper nicht her.

Ich stand hinter Kauers Tor, die Schlittschuhe immer noch über die Schulter gehängt, und trat von einem Fuß auf den andern. Eine Bärenkälte. Ich machte Fäuste in den Hosensäcken. Wir nannten den Schmerz Kuhnägeln. Er begann in den Fingerspitzen und bohrte sich durch die Hände, bis sie nichts mehr greifen konnten. Man mußte sie zu Hause unters eiskalte Wasser halten, und es fühlte sich lauwarm an.

Weshalb blieb ich da, was hatte ich auf dem Feld noch verloren? Der Augenblick war verpaßt, da man einfach abhauen konnte, als ginge einen das Spiel nichts an. Man kämpfte mit den Tränen und machte sich je länger desto lächerlicher. Die Dämmerung begann früh. »Bürgerliche Dämmerung«, hatten wir in der Geographie gelernt: solange man Zeitung lesen kann bei Tageslicht. Drüben im Rauch die tiefen Dächer der Berghöfe. In der Scheune brannte ein Licht. Das Reservoir unterhalb der Waldschneise war kaum mehr aus dem Grau herauszulesen.

Da tauchte das laubfleckige Gesicht Konrads wieder auf, sein blutender Mund. Ich erinnerte mich an die Szene nach der Schnitzeljagd. Luchsinger wollte mit dem Bau der Baumhütte beginnen. Konrad, mein Cousin, hatte die Mutprobe, die ihn zum Bandenmitglied gemacht hätte, noch nicht bestanden. Wir lungerten auf dem Flachdach des Wasserreservoirs herum. Luchsinger hatte manchmal herrische Launen. Plötzlich befahl er: Spring hinab, dann bist du dabei! Und als Konrad sich schon bereit machen wollte:

mit verbundenen Augen natürlich. Er selber band ihm das schwarze Tuch um. Konrad sprang, tief ins Gras, kaum hörte man den Aufschrei. Laut rauschte der Betonklotz. Luchsinger rannte die seitliche Böschung hinunter, wir ihm nach. Der Arm war ausgerenkt, schien sogar gebrochen zu sein. Konrad würgte und würgte, als hätte er eine Kröte im Hals. Luchsinger totenbleich: So sag doch, wo tut's dir weh, so sag doch!

Es gab eine lange Untersuchung. Konrad hatte die Sprache und den Verstand verloren. Er kam ins Spital und später in eine Heilanstalt. Luchsinger hatte Zeugen genug dafür, daß mein Cousin freiwillig gesprungen war. Er habe zur Bande gehören und an der Baumhütte mitbauen wollen. Mich überstimmten sie mit der Faust im Hosensack, bevor ich den Mund aufmachte.

Das Eishockeyspiel wurde immer ruppiger, weil die Blauen den knappen Vorsprung hielten. Wild hieb Luchsinger auf die Stöcke seiner Gegner ein, wenn sie ihm den Puck abnahmen. Die Fehlpässe häuften sich. Das Geschrei der Burschen flaute ab, die Flüche wurden gröber.

Da hörte ich deutlich das leise Summen. Es kam aus dem Weiherhäuschen und war viel leiser als das Rauschen damals, im Reservoir. Fast ein Möhnen, wie man es in Transformatorenhäusern hört. Der Betonschacht, der aus dem Grund des Teiches aufstieg, ragte als Sockel über die Eisdecke und trug die Holzkabine, die mit ihrem runden Wellblechdach einem zu kurz geratenen Güterwagen glich und von der Straße her über einen Steg zugänglich war. Eine kleine, versperrte Tür trug das Schild »Betreten strengstens verboten, Lebensgefahr«.

Auch im großen Weiher stand ein solches Häuschen, dicht am Nordufer. Keiner von uns Buben wußte genau, was drin war. Schon mancher hatte aus Neugierde versucht, die Tür aufzubrechen. Man vermutete, das Summen habe etwas mit Elektrizität zu tun, weshalb auch das Gerücht umging, man dürfe in den Weihern nicht baden, weil das Wasser elektrisch sei. Der herausgefischte Tobler, so wollte man gesehen haben, sei wie nach einem Blitzschlag verkohlt gewesen. Ich stellte mir ein System von Schalthebeln und Isolatoren vor. Doch dann hätten auch Drähte wegführen müssen. Vielleicht wurde von diesen Kabinen aus der Wasserstand reguliert: früher hatten die Teiche den Dörfern im Tal als Reservoirs gedient.

Das Summen lockte mich an. Im Sommer konnte man ohne Boot nie so nahe an den Sockel herankommen, in den eine kellerfenstergroße Öffnung eingelassen war. Ich schleifte auf das Loch zu. Womöglich konnte man durch den Holzboden in die Kabine hinaufspähen.

Plötzlich traf mich ein harter Schlag am Fuß. Ich verlor das Gleichgewicht, fiel aber nicht aufs Eis, sondern sah etwas Schwarzes von meinem Schuh weg auf die Luke zu schiefern. Einer schrie noch: »Halte ihn fest!«, doch bereits war der Puck im Loch verschwunden. Der Rist schmerzte. Aus dem Spielfeld kamen ein paar Burschen mit schlenkernden Stöcken auf mich zugefahren, Luchsinger allen voran.

»Warum hast du den Puck zum Bunker abgelenkt, Kleiner? Wohl absichtlich, damit wir das Resultat nicht mehr verbessern können.« Die Roten standen im Halbkreis um Luchsinger und mich. Er befahl mit zugekniffenen Augen:

»Eins kann ich dir flüstern: Hole sofort diesen Puck!«

Sprachlos und zitternd vor Wut blickte ich ihn an. Seine Nasenflügel blähten sich. Aus dem Pulloverausschnitt dünstete Wollgeruch und Schweiß, so nahe war er herangekommen. Ich wußte, daß ich ihm genauso ausgeliefert sein würde wie bei Konrads Fall.

»Hörst du, den Puck holen, aber sofort!«

Er fuhr dicht hinter mir her, stieß mir den Stock in die Rippen, als ich, sinnlose Bitten vorbringend, auf den Bunker zuhinkte. Keiner wußte, wie tief er war, was sich unten im Schacht befand. Noch keiner hatte sich hineingewagt. Und Luchsinger konnte so wenig als ich daran zweifeln, daß die Scheibe verloren war.

Ungeschickt, wie ich im Turnen nun einmal war, kroch ich durch die Öffnung. Es roch säuerlich. Das Summen oben in der Kabine schmerzte fast in den Ohren. Ich fand die vereisten Sprossen einer Metalleiter in der Wand und stieg so weit abwärts, daß ich noch aufs Spielfeld sehen konnte. Einen hörte ich im Davonfahren sagen: »Ohne Puck läßt ihn der Luchsi nicht mehr raus.« Die Burschen spielten weiter mit der Ersatzscheibe, er aber machte es sich bequem auf seiner Windjacke. An die Mauer lehnend, gab er seiner Mannschaft knappe Anweisungen, fluchte jeden an, der einen Fehler beging. Ich hatte es längst aufgegeben, ihn mit Versprechungen umstimmen zu wollen – ich kaufe euch einen neuen Puck, usw. –, er wollte keinen Puck, mich wollte er, und ich kauerte in den Sprossen.

So verging eine Ewigkeit. Die aufsteigende Kälte leckte mich blank. Von den Fingerspitzen her bohrte sich der brennende Schmerz durch die Hände bis in die Arme hinauf. Ich wußte nicht, war Feuer oder Eis in mir. In jedem Glied ein rostiger Nagel. Es war bereits so dunkel, daß man die Blauen und die Roten nicht mehr voneinander unterscheiden konnte. Im Schilf zogen sie, einer nach dem andern, ihre Hockeystiefel aus, hängten sie über die Stöcke und machten sich davon. Luchsinger blieb sitzen. Sein breiter Rücken ragte in die Öffnung. Er brauchte sich nur umzudrehen und auf meine Finger zu treten, dann war ich verloren. Wenn ich mich wieder nicht wehrte wie früher in ähnlichen Situationen, erfror ich oder stürzte ich ab. Kein Mensch würde mich aus diesem Schacht herausholen.

Es gab nur noch den mechanischen Gedanken, der eins war mit dem immer stärker werdenden Möhnen: Raus aus dem Loch, schlag ihn nieder! Der Gedanke wurde nicht in meinem Kopf, sondern oben in der Kabine gedacht: Schlag ihn nieder, mit dem Schlittschuh! Meine gefühllosen Finger tasteten nach der roten Schnur an der Schulter, griffen nach dem klebrigen Eisen. Ich spürte kein Gewicht. Langsam zog ich mich hoch, bis der Rücken breit vor meinen Augen flimmerte, und hieb mit der Kufe wuchtig über Luchsingers Nacken. Dumpf fuhr der Schlag zurück, pflanzte sich durch meine Glieder fort. Der Getroffene sackte in sich zusammen, kippte auf die Seite. Im Weiherhaus klickte das Summen aus, es war so still, daß ich hörte, wie ein spinnenbeiniges Knistern durch die Eisdecke lief, und dieses Knistern kitzelte mich, als wäre eine überspannte Trommelhaut zerrissen.

Ich verkrallte mich in seinem Pullover, zog mich aus dem Loch, ließ die Schlittschuhe fallen, als ich quer über den ganzen Weiher rannte. Die Böschung hinauf strauchelte ich und den Steilhang hinunter in den Bleiwald. Ich ließ mich fallen, bis ich unten am Bach vor dem Tunnel stand. Rücklings stellte ich mich an die poröse Innenwand und versuchte, den Atem anzuhalten. Es roch scharf nach Höhle. Stärker als das Rauschen des Baches war das Summen, das nun wieder da war, von weit her zu kommen schien, sich nadelfein in meinen Kopf bohrte, anschwoll, meine Ohren auseinanderriß, zu einem gräßlichen Dröhnen wurde und dann plötzlich ausklickte.

In kurzen Abständen wiederholte sich die Qual, aber so, daß ich wie in meinem alten Angsttraum unter dem Gestänge einer höllischen Rotationsmaschine lag, die ich vergebens von der Brust zu stemmen versuchte. Wie der Apparat näher und näher kam, sah ich, ahnte ich vielmehr, daß der flirrende Kessel inwendig mit Nägeln gespickt war. Und das Weißschwarze in der Trommel, das mich anstarrte, war das Gesicht meines Vaters, das kreisende Pechhaar mit dem Mittelscheitel. Abgetrennt vom Rumpf der Kopf und ringsum aufgespießt, und das Bohrgestänge rammte mich in den Boden.

Doch nun hingen meine Glieder, meine Gedanken an elektrisch geladenen Drähten, die in der Kabine über dem Weiherschacht aufgespult wurden und mich hinauszogen aus der Röhre. Ich versuchte zu überlegen: Was ist geschehen? Luchsinger bewußtlos, tot vielleicht, Genickschlag; nur nicht nach Hause, bei Verwandten übernachten, ausreißen, im Wald liegen bleiben. Doch mühelos ging es bergauf, wie an einem Skilift, und als ich oben stand, spürte ich mein Körpergewicht nicht mehr und schien zu schweben.

Die Landschaft war ein Modell, aus blendend weißem Kunststoff gegossen. Darüber gestülpt eine schwarze Kuppel. Das Bomberdröhnen im Kopf hatte nachgelassen, vielmehr war es in ein Singen übergegangen. Die Hügel und der Nachtraum tönten wie die Glocke einer Glasharfe. Und der Weiher, als ich ihn betrat, schimmerte smaragdgrün. Unten mußten Lichter brennen. Auch das Eis klang nach bei jedem Schritt. Das Landschaftsmodell drehte sich um den Mittelpunkt des Teiches. Wo Luchsinger gelegen hatte, war ein kleiner Höcker in der Smaragdfläche zu sehen. Meine Schlittschuhe fand ich nicht mehr. Die Kabine über dem Schacht war schmaler geworden und ganz durchsichtig. Die Wände bestanden aus transparenten Eisplatten. Ich starrte ins Innere: Keine Schalter, keine Isolatoren, keine Drähte, keine Räder – nichts.

Um das kristallene Singen zu durchbrechen, schrie ich in

die Kuppel hinauf: »Luchsinger, wo bist du? Ich hole dir den Puck!«

»Hole dir den Puck!« fiel das Echo aus allen Richtungen zurück, »hole dir den Puck!« Doch statt schwächer wurde es jedesmal stärker, begleitet von einem kurzen, hämischen Gelächter. Ganz nah war die Stimme, dicht unter meinen Füßen. Der Weiher mußte hohl sein. Ich folgte dem Ruf. Traumsicher stieg ich in den Schacht ein, auf dessen Grund es grünlich leuchtete. Sprosse um Sprosse kletterte ich abwärts, und immer bengalischer wurde das Licht. Zuunterst fand ich einen offenen Schieber, wie ich ihn mir vorgestellt hatte, nur viel kleiner. Ich mußte mich hindurchzwängen.

Auf der anderen Seite tat sich ein riesiger Eisdom auf, der hoch oben zur winzigen Smaragddecke zusammenwuchs, die nur noch so groß war wie das Lichtauge einer Kuppel. Der schlüpfrig braune Boden glich einem Höhlengrund mit klaffenden Spalten. Die Säulen trugen den Dom nicht, sondern standen frei als zugespitzte Stalagmiten. Einige wölbten sich zu Torbogen, als sei in diesem Raum einmal eine kleinere Kirche gestanden. Die Stimme rief: »Hole dir den Puck!«

Ich folgte ihr, indem ich auf dem Hintern über die glitschigen Buckel rutschte. Kapellenartige Nischen traten aus dem Dunkel, in die Wände waren grinsende Gesichter eingeknorpelt, Luchsingergesichter mit zwergenhaft verzerrten Zügen. Manchmal leuchtete die Grotte wie eine einzige Tropfsteinmaske. Das Echo der lockenden Stimme überschlug sich in den Apsiden zu einem japsenden Gekicher. Als ich bereits die Orientierung verloren hatte – war der Weiher noch über mir oder schon unter mir? –, geriet ich in einen violett ausgeschliffenen Kännel. In einer sausenden Schußfahrt, welche auch durch den Bachtunnel unten im Bleiwald zu führen schien, schoß ich durch ein Labyrinth von Wellen, Röhren und hochgezogenen Kurvenwänden. Der Kännel spiralte sich ein. Vielleicht schraubte ich mich aber auch nach oben.

Und als ich endlich aus der Bahn geworfen wurde, saß ich in einer niedrigen Krypta, die auf kurzstämmigen, bläulich schimmernden Säulen ruhte. Vor mir sah ich einen Eiswurzelstrunk, dessen Arme sich über den ganzen Boden verzweigten und tief unter mir in einem Wirrwarr von Knoten, Kröpfen und Ästen verloren. Die Schnittfläche des Strunkes war opalglatt, und auf diesem Tisch lag der Puck. Aus ihm kam die Stimme. Er hatte aber nicht das weiche Hartgummischwarz der Scheiben, mit denen wir spielten, sondern ein metallisches. Und die Kanten verrieten pures Gold.

Ich wußte, daß ich sofort erwachen mußte, wenn ich nach ihm griff, wie aus dem quälenden Traum mit der rotierenden Vatermaschine. Vorsichtig, als könnte er mir entgleiten, streckte ich die Hand nach dem Puck aus. Wie ich zupackte, verstummte das hämische Lachen, und die Finger krampften sich im Schmerz zusammen. Es war der Kuhnagelschmerz wie draußen an der Kälte, nur viel feuriger. Zentnerschwer wurde die Faust und zog mich nieder auf den Tisch. Ein rasendes Hämmern im ganzen Körper.

Doch dann spürte ich, wie das Gold langsam zu schmelzen begann und von den Fingerspitzen her in die Adern eindrang. Es strömte siedend durch meine Arme, den Rumpf und die Beine bis hinunter in die Zehen, und im Strömen verwandelte sich der höllische Schmerz in eine kühle Lust. Als ich goldschwer ausgegossen war, zog sich das Metall wieder zu einer kleinen Scheibe zusammen, und ich empfand eine tief sättigende Ruhe. Rund wie ein Puck lag ich da, eingelassen in die blanke Fläche des Eiswurzeltisches, eine glaziale Intarsie. So freilich hatte ich mir das Erwachen nicht vorgestellt.

Tag müßte es inzwischen geworden sein, wenn es das überhaupt noch gäbe, Tag und Nacht, und für ein menschliches Gehör wäre irgendwo, weit draußen an der Kugeloberfläche das Schaben von Schlittschuhkufen vernehmbar gewesen, dünnes Torgeschrei. Vielleicht spielen sie mit dir, hätte ich gedacht, wenn ein Puck noch hätte denken müssen, großer Eismeister.

Hermann Burger

Wie der Winter entstand

Es gab einst keinen Winter, sondern es war immer Sommer. Von den Tieren, die zur Welt kamen, starb keines, sei es nun klein oder groß, und sie vermehrten sich so sehr, daß sie die ganze Erde übervölkerten. Auch wurden sie im Laufe der Zeit groß und stark, und so wollte schließlich ein eitler Frosch eine junge Frau zur Braut haben. Sie war sehr schön und von vielen Jünglingen umworben, doch der mächtige Frosch ließ ihr keine andere Wahl. Da ging der Vater zum lieben Gott, der gerade auf der Erde wandelte, und klagte über jenen Frosch und dessen Absicht, seine Tochter zur Heirat zu zwingen. Der liebe Gott sagte darauf zu ihm: »Geh nur wieder nach Hause und sage dem Frosch, er möge all seine Artgenossen und Verwandten auf der Erde zusammenrufen und sie als Brautwerber mitbringen, wenn er um die Hand deiner Tochter anhält.«

Sogleich lief der Mann zum Frosch und sprach: »Rufe alle dir gleichen und verwandten Tiere der Erde herbei und führe sie zu mir, wenn du um meine Tochter wirbst.«

Der Frosch sprang eilig auf, und es gelang ihm, in nur kurzer Zeit unzählige Frösche, Schlangen, Eidechsen und was sonst noch alles kreucht und fleucht auf Erden zu versammeln. Bald waren es so viele, daß das ganze Feld dunkel wurde. Alle machten sich auf den Weg zu jenem schönen Mädchen. Im selben Augenblick aber sprach Gott zu dem Vater: »Öffne das Tor dort!« Und der Mann tat, wie ihm geheißen.

Es war das Tor, hinter dem zu jener Zeit die Winde und die Fröste verschlossen waren. Und kaum war es geöffnet, schon begannen starke Stürme aufzuziehen, Schnee fiel vom Himmel, und bald fegte ein dichtes Schneetreiben über die Ebene hinweg. All die Tiere, die mit dem Frosch als Brautwerber gekommen waren, flüchteten, ein jedes, wohin es nur konnte: einige schlichen in den Wald, andere krochen ins Wasser, der Rest aber, der nicht schnell genug flüchten konnte, erfror in der eisigen Kälte. Am Ende waren nur wenige übriggeblieben. Jene, die in den Wald geflüchtet waren, leben auch heute noch dort, die anderen hingegen verbringen ihr Leben seitdem im Wasser.

Seit jener Zeit also gibt es auch den Winter. Nach Gottes Willen sollte nunmehr eine Jahreshälfte Sommer sein, damit alles fruchtbar werde und sich vermehre, dann aber sollte der Winter herrschen, den nicht alle Tiere überleben. Daher können es auch nie mehr so viele werden wie zu jener frühen Zeit.

Und all dies bewirkte, man stelle es sich vor, ein eitler Frosch, der sich vor Übermut vergaß und ein junges Mädchen zur Braut haben wollte.

Ein Märchen aus Bulgarien

Der Frost

Eine Frau hatte eine Stieftochter und eine eigene Tochter. Was die eigene auch tut, für alles wird sie übers Haar gestrichen, und man sagt dazu: Klugköpfchen! Was die Stieftochter aber auch richtig und gut macht – nichts ist der Stiefmutter recht: Immer ist es nicht so, immer ist es schlecht. Und dabei muß man schon sagen, es war ein Goldmädchen – in richtigen Händen hätte sie sich gefühlt wie der Käse in der Butter, aber bei der Stiefmutter wusch sie sich jeden Tag in Tränen. Was soll man dabei machen? Wenn der Wind lärmt, verstummt er auch einmal wieder, aber wenn ein altes Weib in Schwung kommt, dann wird es nicht sobald still, immer denkt es sich was Neues aus und läßt seine Zunge laufen; die Zähne jucken ihm nur so!

So beschloß die Stiefmutter, die Stieftochter müsse fort von Hof und Haus: »Bring sie weg, bring sie weg, Alter, bring sie, wohin du willst, daß meine Augen sie nicht zu sehen brauchen, daß meine Ohren sie nicht zu hören brauchen; aber bring sie nicht zu Verwandten in die warme Hütte, bring sie ins weite Feld, in den krachenden Frost!«

Da wurde der Vater sehr traurig und weinte; aber er mußte dic Tochter in einen Schlitten setzen, wollte noch eine Pferdedecke über sie legen – wagte es aber nicht. So brachte er die Verstoßene ins weite Feld, setzte sie auf einen Schneehaufen, schlug das Kreuz über sie und fuhr dann schnell nach Hause, damit seine Augen den Tod der Tochter nicht zu sehen brauchten.

Sie blieb allein, die Arme, zitterte vor Kälte am ganzen Körper und betete still vor sich hin. Da kam der Frost, er hüpft und springt, er schaut das schöne Mädchen an: »Mädchen, Mädchen, ich bin der Frost – die rote Nase!« – »Guten Tag, lieber Frost; also hat Gott dich nach meiner sündigen Seele geschickt.« Der Frost wollte sie berühren und totfrieren; aber ihre freundlichen Worte gefielen ihm, sie tat ihm leid. Und da warf er ihr seinen Pelz zu. Sie zog den Pelz an, versteckte auch ihre Füßchen drin und sitzt ganz still da.

Wieder kam der Frost – die rote Nase, er hüpft, er springt und schaut das schöne Mädchen an: »Mädchen, Mädchen, ich bin der Frost – die rote Nase!« – »Guten Tag, lieber Frost; also hat Gott dich nach meiner sündigen Seele geschickt.« Der Frost aber war gar nicht gekommen, um ihre Seele zu holen. Er brachte dem schönen Mädchen eine hohe und schwere Truhe, voll mit der schönsten Aussteuer. So setzte sie sich denn in ihrem Pelzchen auf ihre liebe Truhe und ist dabei so fröhlich und so hübsch!

Wieder kam der Frost – die rote Nase, er hüpft, er springt und schaut das schöne Mädchen an. Sie begrüßte ihn, er aber schenkte ihr ein aus Gold und Silber gewirktes Kleid. Sie zog es an und wurde noch viel schöner, eine wahre Pracht. So sitzt sie und singt ganz fröhlich vor sich hin.

Die Stiefmutter aber bereitet das Totenmahl für die Stieftochter, hat Pfannkuchen gebacken. »Los Mann, bring die Tochter heim, wir wollen sie beerdigen.«

Der Alte fuhr. Das Hündchen aber unter dem Tisch spricht: »Wau, wau! Die Tochter des Alten bringt man in Gold und Silber, aber die Tochter der Alten sieht kein Freier an!« – »Halt's Maul, du Dummer! Da hast du einen Pfannkuchen, und dann sag: Um die Tochter der Alten drängen sich die Freier, von der Tochter des Alten aber bringt man nur die Knöchelchen!« Das Hündchen fraß den Pfannkuchen und fing sein Lied von vorne an: »Wau, wau! Die Tochter des Alten bringt man in Gold und Silber, aber die Tochter der Alten sieht kein Freier an!« Und wie viele Pfannkuchen die Alte dem Hündchen auch gab, und wieviel sie es auch schlug, es blieb bei seinem: »Die Tochter des Alten bringt man in Gold und in Silber, aber die Tochter der Alten sieht kein Freier an!«

Da knarrte das Tor, da öffnete sich die Tür, und herein wird eine hohe und schwere Truhe getragen, und hinterher schreitet die Stieftochter – strahlend wie eine vornehme Frau! Die Stiefmutter sah das und schlug die Hände über dem Kopf zusammen! »Alter, Alter, spann die Pferde an und fahr meine Tochter schnell, bring sie auf das weite Feld, genau an dieselbe Stell'!« –

Da brachte der Alte sie auf dasselbe Feld und setzte sie an dieselbe Stelle. Und es kam der Frost – die rote Nase, blickte auf den neuen Gast, er hüpfte, er sprang, aber freundliche Worte hörte er nicht. Da wurde er böse, faßte sie an und tötete sie. »Alter, spann die besten Pferde an und bring meine Tochter heim, wirf aber den Schlitten mit der hohen und schweren Truhe nicht um!« Das Hündchen aber bellt unter dem Tisch: »Wau, wau! Um die Tochter des Alten drängen sich die Freier, aber von der Tochter der Alten bringt man die Knöchelchen im Sack!« – »Du lügst! Da hast du einen Pfannkuchen, sag: Die Tochter der Alten bringt man in Gold und Silber!«

Das Tor öffnete sich, die Alte lief hinaus, um die Tochter zu empfangen, statt ihrer aber umfing sie die kalten Glieder einer Toten. Da weinte sie und klagte, aber es war zu spät!

Ein Märchen aus Rußland

Der Schneemann

»Es knackt förmlich in mir, so herrlich kalt ist es!« sagte der Schneemann. »Der Wind kann einem wirklich Leben eintreiben! Und wie die Glühende da oben glotzt!« Damit meinte er die Sonne; sie war gerade im Begriff unterzugehen. »Sie soll mich nicht zum Blinzeln bringen, ich werde meine Krumen schon festhalten!«

Er hatte nämlich statt der Augen zwei große, dreieckige Dachsteinbrocken; der Mund bestand aus einem Stück von einem alten Rechen, folglich hatte er auch Zähne.

Er war geboren unter den Jubelrufen der Knaben, war begrüßt von dem Schellengeläute und dem Peitschengeknall der Schlitten.

Die Sonne ging unter, der Vollmond ging auf, rund und groß, klar und schön in der blauen Luft.

»Da ist sie schon wieder von einer andern Seite!« sagte der Schneemann. Er glaubte, es sei die Sonne, die sich wieder blicken ließ. »Ich habe ihr das Glotzen abgewöhnt! Nun kann sie da hängen und leuchten, so daß ich mich selbst sehen kann. Wenn ich nur wüßte, wie man es anfängt, daß man sich von der Stelle bewegt! Ich würde mich so gern bewegen! Wenn ich das könnte, würde ich jetzt da unten auf dem Eise gleiten, wie ich es die Knaben habe tun sehen; aber ich verstehe mich nicht aufs Laufen.«

»Weg! Weg!« kläffte der alte Kettenhund; er war ein wenig heiser, das hatte er sich geholt, als er noch Stubenhund war und unterm Ofen lag. »Die Sonne wird dich das Laufen schon lehren! Das habe ich im vergangenen Jahr an deinem Vorgänger und an dessen Vorgänger gesehen; weg! weg! weg sind sie alle!«

»Ich verstehe dich nicht, Kamerad!« sagte der Schneemann, »die da oben soll mich laufen lehren?«

Er meinte den Mond; »ja, sie selbst lief freilich vorhin, als ich sie fest ansah; jetzt schleicht sie von einer andern Seite herbei!«

»Du weißt gar nichts!« sagte der Kettenhund, »du bist aber auch eben erst zusammengekleckst! Der, den du jetzt siehst, heißt der Mond; die, die vorhin wegging, war die Sonne, sie kommt morgen wieder, sie wird dich schon lehren, in den Wallgraben hinabzulaufen. Wir kriegen bald anderes Wetter, das kann ich an meinem linken Hinterbein merken, darin reißt es. Das Wetter schlägt um.«

»Ich verstehe ihn nicht!« sagte der Schneemann, »aber ich habe ein Gefühl, als wenn er mir etwas Unangenehmes sagt. Die, die glotzte und sich dann davon machte, und die er die Sonne nennt, ist auch nicht meine Freundin, das hab ich im Gefühl.«

»Weg! Weg!« kläffte der Kettenhund, ging dreimal um sich selbst herum, und legte sich dann in seine Hütte, um zu schlafen.

Das Wetter schlug wirklich um. Ein dichter, naßkalter Nebel legte sich gegen Morgen über die ganze Gegend; als es dämmerte, kam ein eisiger Wind auf, der Frost packte einen ordentlich, aber welch ein Anblick war es, als die Sonne aufging! Alle Bäume und Büsche standen im Reifschmuck da; es sah aus wie ein ganzer Wald aus weißen Korallen, alle Zweige waren gleichsam mit schimmernd weißen Blüten übersät. Die unendlich vielen und feinen Verzweigungen, die man im Sommer vor allen den Blättern gar nicht sehen kann, kamen nun sämtlich zum Vorschein; es war ein so glänzend weißes Spitzengewebe, daß jeder Zweig förmlich einen weißen Glanz ausströmte. Die Hängebirken bewegten sich im Winde, es war Leben darin wie zur Sommerzeit; es war eine unvergleichliche Pracht! Und als dann die Sonne schien, nein, wie funkelte dann das Ganze, als sei es mit Diamantstaub überzuckert, und auf dem Schneeteppich, der über die Erde ausgebreitet war, glitzerten die großen Diamanten, oder man konnte sich auch vorstellen, daß da unzählige, winzig kleine Lichter brannten, die noch weißer waren als der weiße Schnee.

»Das ist wunderbar schön!« sagte ein junges Mädchen, das mit einem jungen Mann in den Garten hinaustrat. Sie blieben dicht neben dem Schneemann stehen und betrachteten von hier aus die flimmernden Bäume. »Einen schönern Anblick kann man selbst im Sommer nicht haben!« sagte sie, und ihre Augen strahlten.

»Und so einen Burschen, wie den da, hat man im Sommer überhaupt nicht!« sagte der junge Mann und zeigte auf den Schneemann. »Der ist ganz famos!«

Das junge Mädchen lachte, nickte dem Schneemann zu und tanzte dann mit ihrem Freund über den Schnee hin, der unter ihnen knirschte, als gingen sie auf Stärkemehl.

»Wer waren die beiden?« fragte der Schneemann den Kettenhund; »du bist hier länger am Hause als ich, kennst du sie?«

»Freilich kenne ich sie!« sagte der Kettenhund. »Sie hat mich gestreichelt, und er hat mir einen Knochen geschenkt; die beiße ich nicht!«

»Aber was stellen sie hier vor?« fragte der Schneemann.

»Ein Liebespaar!« sagte der Kettenhund. »Sie werden in eine Hütte ziehen und zusammen an einem Knochen nagen! Weg! Weg!«

»Haben die beiden ebensoviel zu bedeuten wie du und ich?« fragte der Schneemann.

»Sie gehören ja zur Herrschaft!« sagte der Kettenhund; »man weiß ja freilich nur sehr wenig, wenn man gestern erst geboren ist, das merke ich an dir! Ich habe Alter und Kenntnisse, ich kenne alle hier im Hause, und ich habe eine Zeit gekannt, wo ich hier nicht in Kälte und an der Kette stand. Weg! Weg!«

»Die Kälte ist herrlich!« sagte der Schneemann. »Erzähle, erzähle! Aber du mußt nicht mit der Kette rasseln, denn dann knackt es in mir!«

»Weg! Weg!« kläffte der Kettenhund. »Ein junger Hund bin ich gewesen, klein und niedlich, sagten sie; damals lag ich auf einem Plüschstuhl, drinnen im Hause, lag auf dem Schoß der obersten Herrschaft, ward auf die Schnauze geküßt, und die Pfoten wurden mir mit einem gestickten Taschentuch abgewischt. Ich hieß Cheri, Cherissemäuße, aber dann wurde ich ihnen zu groß, sie verschenkten mich an die Haushälterin; ich kam in die Kelleretage! Du kannst von dort, wo du stehst, da hineinsehen; du kannst in die Kammer hineinsehen, wo ich Herrschaft gewesen bin; denn das war ich bei der Haushälterin. Es war zwar ein geringerer Ort als oben, aber es war hier gemütlicher; ich wurde nicht von den Kindern herumgeschleppt und gezerrt wie oben. Ich hatte ebenso gutes Futter wie früher und noch viel mehr! Ich hatte mein eignes Kissen, und dann war da ein Ofen, und das ist um diese Zeit das Schönste auf der Welt! Ich kroch ganz unter den Ofen, und dann war ich verschwunden. Ach, von dem Ofen träume ich noch oft! Weg! Weg!«

»Sieht denn ein Ofen so schön aus?« fragte der Schneemann; »hat er Ähnlichkeit mit mir?«

»Er ist gerade das Gegenteil von dir! Kohlschwarz ist er, er hat einen langen Hals und eine Messingtrommel. Er frißt Brennholz, daß ihm das Feuer aus dem Mund heraussteht. Man muß sich an seiner Seite halten, dicht neben ihm, ganz unter ihm, das ist eine unendliche Annehmlichkeit! Durch das Fenster mußt du ihn sehen können, von dort aus, wo du stehst!«

Und der Schneemann lugte in das Kellerfenster hinein und gewahrte wirklich einen schwarzen, blankpolierten Gegenstand mit einer Messingtrommel; das Feuer leuchtete unten daraus hervor. Dem Schneemann wurde ganz wunderlich zumute, er hatte ein Gefühl, über das er sich selbst nicht recht klar war; es kam etwas über ihn, was er nicht kannte, das aber alle Menschen kennen, wenn sie keine Schneemänner sind.

»Und warum hast du sie verlassen?« fragte der Schneemann. Er hatte eine Empfindung, daß der Ofen ein weibliches Wesen sein müsse. »Wie konntest du nur einen solchen Ort verlassen!«

»Das mußte ich wohl!« sagte der Kettenhund, »sie warfen mich hinaus und legten mich hier an die Kette. Ich hatte den jüngsten Junker ins Bein gebissen, weil er mir den Knochen wegstieß, an dem ich nagte; und Knochen um Knochen, dachte ich. Aber das nahmen sie übel, und seit der Zeit habe ich an der Kette gelegen, und habe meine klare Stimme verloren, höre nur, wie heiser ich bin: Weg! Weg! Das war das Ende vom Liede!«

Der Schneemann hörte nicht mehr zu, er sah beständig in die Kelleretage der Haushälterin, in ihre Stube hinunter, wo der Ofen auf seinen vier eisernen Beinen stand und sich in derselben Größe präsentierte, wie der Schneemann selbst.

»Es knackt so sonderbar in mir!« sagte er. »Werde ich nie dahineinkommen? Das ist doch ein unschuldiger Wunsch, und unsere unschuldigen Wünsche werden doch sicher in Erfüllung gehen. Es ist mein innigster Wunsch, mein einziger Wunsch, und es würde doch fast ungerecht sein, wenn der nicht erfüllt würde. Ich muß dahinein, ich muß mich an sie anschmiegen, und wenn ich auch ein Fenster einschlagen sollte!«

»Dahinein kommst du niemals«, sagte der Kettenhund.

»Und wenn du an den Ofen herankommst, so bist du weg! weg!«

»Ich bin so gut wie weg!« sagte der Schneemann. »Ich glaube, ich breche durch.«

Den ganzen Tag stand der Schneemann da und sah zum Fenster hinein; in der Dämmerung erschien die Stube noch einladender; aus dem Ofen leuchtete es so mild, wie weder der Mond noch die Sonne leuchten können, ja, wie nur ein Ofen leuchten kann, wenn etwas darin ist; es flammte ordentlich rot auf in dem weißen Gesicht des Schneemanns, es leuchtete förmlich rot aus seiner Brust heraus.

»Ich halte es nicht aus!« sagte er. »Wie es ihr steht, wenn sie so die Zunge heraussteckt!«

Die Nacht war sehr lang, aber dem Schneemann wurde sie nicht lang, er stand da in seine eignen, schönen Gedanken versunken, und die froren, so daß es knackte.

Am Morgen waren die Fenster der Kellerwohnung zugefroren, sie trugen die schönsten Eisblumen, die nur ein Schneemann verlangen kann, aber sie entzogen den Ofen seinen Blicken. Die Fensterscheiben wollten nicht auftauen, er konnte »sie« nicht sehen. Es knackte und krachte in ihm und um ihn, es war ein Frostwetter, wie es sich ein Schneemann nur wünschen kann, aber er war nicht zufrieden; er hätte so glücklich sein können und müssen, aber er war nicht glücklich, er hatte Ofensehnsucht.

»Das ist eine schlimme Krankheit für einen Schneemann«, sagte der Kettenhund; »ich habe auch an der Krankheit gelitten, aber ich habe sie überstanden. Weg! Weg! – Jetzt schlägt das Wetter um!«

Und das Wetter schlug um; es wurde Tauwetter.

Das Tauwetter nahm zu, der Schneemann nahm ab. Er sagte nichts, er klagte nicht, und das ist das sicherste Anzeichen.

Eines Morgens brach er zusammen. Etwas wie ein Besenstiel ragte empor, wo er gestanden hatte, um den herum hatten die Knaben ihn auch gebaut.

»Jetzt kann ich seine Sehnsucht verstehen!« sagte der Kettenhund. »Der Schneemann hat einen Ofenhaken im Leibe gehabt; der hat sich in ihm geregt! Jetzt ist das überstanden; weg! weg!«

Und bald war auch der Winter überstanden.

»Weg! Weg!« kläffte der Kettenhund; aber die kleinen Mädchen auf der Straße sangen:

»Waldmeister grün! Hervor aus dem Haus!
Weide, hänge die wollenen Fausthandschuh heraus!
Kommt, Kuckuck und Lerche! Singt hell und klar,
Der Lenz ist da! Ade Februar!
Ich singe mit euch: Kuckuck! Tirili!
Komm liebe Sonne, scheine so warm, wie noch nie!«

Und dann denkt niemand mehr an den Schneemann.

Hans Christian Andersen

Die Schneekönigin

Ein Märchen in sieben Geschichten

Erste Geschichte, die von dem Spiegel und den Scherben handelt

So! nun fangen wir an. Wenn wir am Ende der Geschichte sind, wissen wir mehr, als wir jetzt wissen, denn es war ein böser Kobold! Es war einer von den allerschlimmsten, es war »der Teufel«. Eines Tags war er so recht guter Laune, denn er hatte einen Spiegel gemacht, der die Eigenschaft besaß, daß alles Gute und Schöne, was sich darin spiegelte, zu fast nichts zusammenschwand, aber was nichts taugte und sich schlecht ausnahm, das trat so recht hervor und wurde noch ärger. Die schönsten Landschaften sahen in dem Spiegel aus wie gekochter Spinat, und die besten Menschen wurden ekelhaft und standen auf dem Kopfe ohne Bauch. Die Gesichter wurden so verzerrt, daß sie nicht zu erkennen waren, und hatte man eine Sommersprosse, so konnte man sicher sein, daß sie sich über Nase und Mund ausbreitete. Das sei höchst belustigend, sagte der Teufel. Ging ein guter, frommer Gedanke durch einen Menschen, dann gab der Spiegel ein Grinsen wieder, so daß der Teufel über seine künstliche Erfindung lachen mußte. Alle, die die Koboldschule besuchten, denn er hatte eine Koboldschule eingerichtet, erzählten weit und breit, daß ein Wunder geschehen sei; erst jetzt, meinten sie, könne man sehen, wie die Welt und die Menschen wirklich aussähen. Sie liefen mit dem Spiegel umher, und schließlich gab es kein Land und keinen Menschen mehr, die nicht verzerrt von dem Spiegel zurückgestrahlt worden wären. Nun wollten sie auch zum Himmel emporfliegen, um sich über die Engel und den lieben Gott lustig zu machen. Je höher sie mit dem Spiegel flogen, um so mehr grinste er, sie konnten ihn kaum festhalten; höher und höher flogen sie, Gott und den Engeln immer näher; da erbebte der Spiegel so schrecklich in seinem Grinsen, daß er ihren Händen entfiel und zur Erde stürzte, wo er in hundert Millionen, Billionen und noch mehr Stücke zersprang. Und nun richteten sie gerade noch viel mehr Unheil an als bisher, denn einige Stücke waren kaum so groß wie ein Sandkorn, und diese flogen ringsumher in der weiten Welt; und wo sie jemand ins Auge bekam, da blieben sie sitzen, und da sahen die Menschen alles verkehrt oder hatten nur Auge für das, was bei einer Sache verkehrt war, denn jede kleine Spiegelscheibe hatte dieselbe Kraft behalten, die der ganze Spiegel besaß; einige Menschen bekamen sogar eine kleine Spiegelscheibe ins Herz, und dann war es ganz gräßlich, das Herz ward gleichsam zu einem Klumpen Eis. Einige Stücke von dem Spiegel waren so groß, daß sie zu Fensterscheiben verwendet wurden, aber es war nicht gut, seine Freunde durch diese Scheiben zu betrachten; andere Stücke wurden in Brillen gefaßt, und wenn dann die Leute diese Brillen aufsetzten, um recht zu sehen und gerecht zu sein, so hatte das gar keine Art; und der Böse lachte, daß ihm der Bauch platzte, und das kitzelte ihn so herrlich. Draußen aber flogen noch kleine Glassplitter in der Luft umher. Nun werden wir hören!

Zweite Geschichte
Ein kleiner Knabe und ein kleines Mädchen

Drinnen in der großen Stadt, wo so viele Häuser und Menschen sind, daß nicht Platz genug zu einem kleinen Garten für alle Leute ist, und wo sich deshalb die meisten mit Blumen in Blumentöpfen begnügen müssen, waren doch zwei arme Kinder, die einen Garten hatten, der ein wenig größer war als ein Blumentopf. Sie waren nicht Bruder und Schwester, aber sie hatten sich ebenso lieb, als wenn sie es gewesen wären. Die Eltern wohnten einander gerade gegenüber in zwei Dachkammern; da wo das Dach des einen Nachbarhauses an das andere stieß und die Wasserrinne zwischen den Dächern entlang lief, da war in jedem Hause ein kleines Fenster; man brauchte nur sperrbeinig über der Rinne zu stehen, dann konnte man von dem einen Fenster zu dem andern gelangen.

Die Eltern hatten draußen jeder einen hölzernen Kasten, und darin wuchsen die Küchenkräuter, die sie gebrauchten, und ein kleiner Rosenstock; da war einer in jedem Kasten, und sie wuchsen so herrlich. Nun kamen die Eltern auf den Einfall, die Kasten quer über die Rinne zu stellen, so daß sie fast von dem einen Fenster bis an das andere reichten und ganz aussahen wie zwei Blumenwälle. Die Erbsenranken hingen über die Kasten hinab, und die Rosenstöcke schossen lange Zweige, schlängelten sich um die Fenster und neigten sich einander zu: es sah fast aus wie eine Ehrenpforte von Blumen und Grün. Da die Kasten sehr hoch waren und die Kinder wußten, daß sie da nicht hinaufkriechen durften, so erhielten sie oft Erlaubnis, zueinander hinauszusteigen und auf ihren kleinen Schemeln unter den Rosen zu sitzen; und da spielten sie dann so herrlich.

Im Winter hatte ja das Vergnügen ein Ende; die Fenster waren oft ganz zugefroren, aber dann wärmten sie Kupfermünzen im Ofen, legten die heiße Münze gegen die gefrorene Fensterscheibe, und nun entstand da ein köstliches Guckloch, so rund, so rund; dahinter lugte ein lieblich sanftes Auge hervor, eins an jedem Fenster; da war der kleine Knabe und das kleine Mädchen. Er hieß Kay, und sie hieß

Gerda. Im Sommer konnten sie mit einem Sprunge zueinander gelangen, im Winter mußten sie erst die vielen Treppen hinab- und die vielen Treppen hinaufsteigen; draußen stob der Schnee.

»Das sind die weißen Bienen, die schwärmen«, sagte die alte Großmutter.

»Haben sie auch eine Bienenkönigin?« fragte der kleine Knabe, denn er wußte, daß unter den wirklichen Bienen eine solche ist.

»Freilich haben sie die!« sagte die Großmutter. »Sie fliegt da, wo sie am dichtesten schwärmen! Sie ist die größeste von ihnen allen, und nie bleibt sie ruhig auf der Erde, sie fliegt wieder in die schwarze Wolke hinauf. Manche Winternacht fliegt sie durch die Straßen der Stadt und lugt in alle Fenster hinein, und da frieren die gar sonderbar zu, wie mit lauter Blumen bedeckt.«

»Ja, das habe ich gesehen!« sagten beide Kinder, und dann wußten sie, daß es wahr sei.

»Kann die Schneekönigin hier hereinkommen?« fragte das kleine Mädchen.

»Laß sie nur kommen!« sagte der Knabe, »dann setze ich sie auf den warmen Ofen, und dann schmilzt sie.«

Aber die Großmutter glättete sein Haar und erzählte andere Geschichten.

Am Abend, als der kleine Kay zu Hause und halb entkleidet war, kroch er auf den Stuhl am Fenster und guckte durch das kleine Loch hinaus; ein paar Schneeflocken fielen draußen, und eine davon, die allergrößte, blieb auf dem Rande des einen Blumenkastens liegen; die Schneeflocke wuchs mehr und mehr, sie ward schließlich eine ganze Dame, in den feinsten weißen Flor gekleidet, der wie aus Millionen sternenartigen Flocken zusammengesetzt war. Sie war so schön und so fein, aber aus Eis, aus blendendem, glitzerndem Eis, und doch war sie lebendig; die Augen starrten wie zwei klare Sterne, aber es war weder Ruh noch Rast in ihnen. Sie nickte nach dem Fenster hinüber und winkte mit der Hand. Der kleine Knabe erschrak und sprang vom Stuhl hinab; da war es, als wenn da draußen ein großer Vogel am Fenster vorüberflöge.

Am nächsten Tage war klarer Frost – und dann wurde es Tauwetter –, und dann kam der Frühling, die Sonne schien, das Grün sproß hervor, die Schwalben bauten Nester, die Fenster wurden geöffnet, und die kleinen Kinder saßen wieder in ihrem Garten, hoch oben in der Dachrinne über allen Stockwerken.

Die Rosen blühten in diesem Sommer ganz wundervoll; das kleine Mädchen hatte ein Lied gelernt, und darin kam etwas von Rosen vor, und bei den Rosen dachte sie an ihre eignen; und sie sang es dem kleinen Knaben vor, und der sang mit:

»Im Tal blühen die Rosen so schön,
Wir werden das Christkindlein sehn!«

Und die Kleinen hielten einander bei den Händen, küßten die Rosen und sahen in Gottes hellen Sonnenschein hinein und sprachen zu ihm, als wenn das Jesuskind dort wäre. Was waren das für herrliche Sommertage, wie schön war es, da draußen zwischen den frischen Rosenstöcken zu sitzen, die so aussahen, als wollten sie nie aufhören zu blühen.

Kay und Gerda saßen da und besahen ein Bilderbuch mit Tieren und Vögeln, da sagte Kay – die Uhr an dem großen Kirchturm schlug gerade fünf –: »Au! Es stach mich ins Herz! Und eben flog mir etwas ins Auge!«

Das kleine Mädchen schlang ihren Arm um seinen Hals; er blinzelte mit den Augen: nein, da war nichts zu sehen.

»Ich glaube, es ist weg!« sagte er, aber es war nicht weg. Es war gerade so einer von diesen Glassplittern, die vom

Spiegel abgesprungen waren, von dem Zauberspiegel, wir wissen ja noch, von dem häßlichen Glas, das alles Große und Schöne, das sich darin abspiegelte, klein und häßlich machte, während das Böse und Schlechte ordentlich hervortrat und jeder Fehler an einer Sache gleich zu erkennen war. Der arme Kay! Er hatte auch einen Splitter gerade ins Herz hinein bekommen. Das wird nun bald wie ein Eisklumpen werden. Jetzt tat es nicht mehr weh, aber der Glassplitter war da.

»Warum weinst du?« fragte er. »So siehst du häßlich aus! Mir fehlt ja gar nichts! Pfui!« rief er auf einmal, »die Rose da ist von einem Wurm angenagt! Und sieh doch, die da ist ja ganz schief! Es sind im Grunde ekelhafte Rosen! Genau so wie die Kasten, in denen sie stehen!« Und dann stieß er mit dem Fuß gegen den Kasten und riß die beiden Rosen ab.

»Kay, was machst du?« rief das kleine Mädchen, und als er ihren Schrecken sah, riß er noch eine Rose ab und lief dann in sein Fenster hinein, von der kleinen, guten Gerda weg. Wenn sie später mit dem Bilderbuch kam, sagte er, das sei für Wickelkinder; und wenn die Großmutter Geschichten erzählte, kam er immer mit einem Aber – ja, wenn er dazu gelangen konnte, ging er hinter ihr her, setzte eine Brille auf und sprach so wie sie; er machte das sehr treffend, und alle Leute lachten über ihn. Bald konnte er so gehen und so sprechen wie alle Menschen in der ganzen Straße. Alles, was eigentümlich an ihnen war und unschön, das wußte Kay nachzumachen, und dann sagten die Leute: »Der Junge hat sicher einen ausgezeichneten Kopf!« Aber es war das Glas, das er ins Auge bekommen hatte, das Glas, das im Herzen saß, deshalb neckte er selbst die kleine Gerda, die ihm von ganzem Herzen zugetan war.

Seine Spiele wurden nun ganz anders als bisher, sie waren so verständig. – An einem Wintertage, als die Schneeflocken stoben, kam er mit einem großen Brennglas, breitete seinen blauen Rockzipfel aus und ließ die Schneeflocken darauffallen.

»Sieh nun in das Glas, Gerda!« sagte er, und jede Schneeflocke wurde viel größer und sah aus wie eine prächtige Blume oder ein zehneckiger Stern; das war wunderhübsch anzusehen.

»Siehst du, wie künstlich!« sagte Kay, »das ist weit interessanter als die wirklichen Blumen! Und an diesen ist auch nicht ein einziger Fehler, sie sind ganz vollkommen, wenn sie nur nicht schmölzen!«

Nach einer Weile kam Kay mit großen Handschuhen und seinem Schlitten auf dem Rücken; er schrie Gerda in die Ohren hinein: »Ich habe Erlaubnis bekommen, auf dem großen Platz zu fahren, wo die andern spielen!« und fort war er.

Dort auf dem Platz banden die kühnsten Knaben oft ihren Schlitten an den Wagen eines Bauern, und dann fuhren sie ein gutes Stück mit. Das ging gar lustig zu. Als sie im besten Spielen waren, kam ein großer Schlitten daher; der war ganz weiß angestrichen, und darin saß jemand, in einen rauhen, weißen Pelz gehüllt und mit weißer Pelzmütze; der Schlitten fuhr zweimal um den Platz herum, und Kay band geschwind seinen kleinen Schlitten daran fest, und dann fuhr er mit. Es ging schneller und schneller, geradeswegs in die nächste Straße hinein; die Person, die fuhr, drehte den Kopf herum, nickte Kay so freundlich zu, es war, als kennten sie einander; jedesmal, wenn Kay seinen kleinen Schlitten losbinden wollte, nickte die Person wieder, und dann blieb Kay sitzen; sie fuhren gerade zum Stadttor hinaus. Da begann der Schnee so herniederzufallen, daß der Kleine nicht die Hand vor den Augen sehen konnte, während er dahinsauste; da ließ er endlich die Schnur fahren, um von dem großen Schlitten loszukommen, aber sein kleines Fuhrwerk hing fest, und es ging mit Windeseile vorwärts. Da rief er ganz laut, aber niemand hörte ihn, und der Schnee stob, und der Schlitten flog dahin; zuweilen machte er einen Sprung, es war, als führe er über Gräben und Zäune. Kay war ganz erschrocken, er wollte sein Vaterunser beten, aber er konnte sich nur des großen Einmaleins entsinnen.

Die Schneeflocken wurden größer und größer, zuletzt sahen sie aus wie zwei große, weiße Hühner; auf einmal sprangen sie zur Seite, der große Schlitten hielt, und die Person, die ihn gefahren hatte, richtete sich auf, der Pelz und die Mütze waren aus lauter Schnee; es war eine Dame, groß und schlank und schimmerndweiß, es war die Schneekönigin.

»Wir sind gut vorwärts gekommen!« sagte sie, »aber wer wird wohl frieren? Kriech in meinen Bärenpelz hinein!« Und sie setzte ihn neben sich in den Schlitten und schlug den Pelz um ihn, es war, als versänke er in einer Schneewehe.

»Friert dich noch?« fragte sie, und dann küßte sie ihn auf die Stirn. Hu! das war kälter als Eis, es ging ihm gerade bis ins Herz hinein, das ja doch schon halb ein Eisklumpen war; es war, als sollte er sterben; aber nur einen Augenblick, dann tat es ihm wohl; er spürte die Kälte rings umher nicht mehr.

»Mein Schlitten! Vergiß meinen Schlitten nicht!« das war das erste, woran er dachte; und der wurde an eins der weißen Hühner festgebunden, und das flog hinterdrein mit dem Schlitten auf dem Rücken. Die Schneekönigin küßte Kay noch einmal, und da hatte er die kleine Gerda und die Großmutter und alle daheim vergessen.

»Jetzt bekommst du keine Küsse mehr«, sagte sie, »denn sonst küsse ich dich tot!«

Kay sah sie an; sie war sehr schön; ein klügeres, schöneres

Gesicht konnte er sich nicht denken; nun erschien sie ihm nicht mehr von Eis wie damals, als sie draußen vor dem Fenster saß und ihm winkte; in seinen Augen war sie vollkommen, er hatte gar keine Angst, er erzählte ihr, daß er kopfrechnen könne, und zwar mit Brüchen, daß er die Quadratmeilen des Landes wisse und »wie viele Einwohner« es habe, und sie lächelte beständig; da meinte er, es sei doch nicht genug, was er wisse, und er sah in den großen, großen Luftraum hinauf, und sie flog mit ihm, flog hoch oben über der schwarzen Wolke, und der Sturm sauste und brauste, es war, als sänge er alte Melodien. Sie flogen über Wälder und Seen, über Gärten und Länder; tief unter ihnen sauste der kalte Wind, die Wölfe heulten, der Schnee glitzerte, die schwarzen, schreienden Krähen flogen darüber hin, aber hoch oben schien der Mond so hell, und den sah Kay die lange, lange Winternacht an; am Tage aber schlief er zu den Füßen der Schneekönigin.

Dritte Geschichte
Der Blumengarten bei der Frau, die zaubern konnte

Was aber machte die kleine Gerda, als Kay nicht mehr kam? Wo war er nur geblieben? – Niemand wußte es, niemand konnte Bescheid geben. Die andern Knaben erzählten nur, sie hätten gesehen, wie er seinen Schlitten an einen mächtig großen gebunden habe, der in die Straße hinein und zum Stadttor hinaus gefahren war. Niemand wußte, wo er war; viele Tränen flossen, die kleine Gerda weinte heiß und lange. – Dann dachte sie, er sei tot, er sei in den Fluß gefallen, der dicht an der Stadt vorüberfloß; ach, es waren gar lange, dunkle Wintertage! Dann kam der Frühling mit wärmerem Sonnenschein.

»Kay ist tot und fort«, sagte die kleine Gerda. »Das glaube ich nicht!« sagte der Sonnenschein. »Er ist tot und fort!« sagte sie zu den Schwalben. »Das glaube ich nicht!« antworteten die, und schließlich glaubte die kleine Gerda es auch nicht mehr.

»Ich will meine neuen, roten Schuhe anziehen«, sagte sie eines Morgens, »die Kay noch nie gesehen hat, und dann will ich an den Fluß hinabgehen und den fragen!«

Und es war noch ganz früh; sie küßte die alte Großmutter, die noch schlief, zog die roten Schuhe an und ging ganz allein zum Tore hinaus nach dem Fluß hinab.

»Ist es wahr, daß du mir meinen kleinen Spielgefährten weggenommen hast? Ich will dir meine roten Schuhe schenken, wenn du mir ihn wiedergeben willst!«

Und die Wellen, so schien es ihr, nickten so sonderbar; da nahm sie ihre roten Schuhe, das Liebste, was sie hatte, und warf sie alle beide in den Fluß hinein; aber sie fielen ganz dicht am Ufer nieder, und die kleinen Wellen trugen sie gleich wieder zu ihr ans Land, es war, als wolle der Fluß das Liebste, was sie besaß, nicht nehmen, da er den kleinen Kay ja nicht hatte; aber sie glaubte, daß sie die Schuhe nicht weit genug hinausgeworfen hätte, und da kroch sie denn in ein Boot, das im Röhricht lag, sie ging ganz an das äußerste Ende und warf die Schuhe ins Wasser; aber das Boot war nicht festgebunden, und bei der Bewegung, die sie machte, glitt es vom Lande ab; sie bemerkte es und beeilte sich, herauszukommen, aber ehe sie noch zurückkletterte, war das Boot über eine Elle vom Ufer entfernt, und nun glitt es schneller von dannen.

Da erschrak die kleine Gerda sehr und fing an zu weinen, aber es hörte sie niemand außer den Spatzen, und die konnten sie nicht ans Land tragen, aber sie flogen am Ufer entlang und sangen, als wollten sie sie trösten: »Hier sind wir! Hier sind wir!« Das Boot trieb mit dem Strom; die kleine Gerda saß ganz still in ihren Strümpfen da; die kleinen, roten Schuhe schwammen hinterdrein, aber sie konnten das Boot nicht erreichen, das trieb immer schneller.

Hübsch war es an beiden Ufern, schöne Blumen, alte Bäume und Abhänge mit Schafen und Kühen, aber nirgends war ein Mensch zu sehen.

»Vielleicht trägt mich der Fluß zu dem kleinen Kay hin«, dachte Gerda, und dann war sie nicht mehr so traurig, sie richtete sich auf und sah viele Stunden lang die grünen Ufer an; dann kam sie an einen großen Kirschengarten, in dem ein kleines Haus mit wunderlichen roten und blauen Fenstern lag, übrigens mit einem Strohdach und zwei hölzernen Soldaten davor, die vor den Vorübergehenden das Gewehr schulterten.

Gerda rief sie an; sie glaubte, sie seien lebendig, aber sie antworteten natürlich nicht, sie kam ihnen ganz nahe, der Fluß trieb das Boot gerade auf das Ufer zu.

Gerda rief noch lauter, und da kam eine alte, alte Frau aus dem Hause heraus, die sich auf einen Krückstock stützte; sie hatte einen großen Schutzhut auf, und der war mit den schönsten Blumen bemalt. »Du armes, kleines Kind!« sagte die alte Frau; »wie bist du nur auf den großen, reißenden Strom gekommen und so weit in die Welt hinausgetrieben?« Und dann ging die alte Frau ganz in das Wasser hinein, erfaßte mit ihrem Krückstock das Boot, zog es ans Land und hob die kleine Gerda heraus.

Und Gerda war froh, wieder auf das Trockene zu gelangen, aber sie fürchtete sich doch ein wenig vor der fremden, alten Frau.

»Komm doch und erzähle mir, wer du bist und wie du hierher kommst!« sagte sie.

Und Gerda erzählte ihr alles; und die Alte schüttelte den Kopf und sagte: »Hm! hm!« Und als Gerda ihr alles gesagt und sie gefragt hatte, ob sie nicht den kleinen Kay gesehen hätte, sagte die Frau, er sei nicht vorbeigekommen, aber er würde schon kommen, sie sollte nur nicht traurig sein, sondern ihre Kirschen kosten und ihre Blumen besehen, die seien schöner als irgendein Bilderbuch, die könnten jede eine ganze Geschichte erzählen. Dann nahm sie Gerda bei der Hand, sie gingen in das kleine Haus, und die alte Frau schloß die Tür zu. Die Fenster saßen ganz hoch oben, und die Scheiben waren rot, blau und gelb; das Tageslicht schien so wunderlich dahinein in allen Farben, aber auf dem Tisch standen die schönsten Kirschen, und Gerda aß so viele, wie sie nur wollte, denn das durfte sie. Und während sie aß, kämmte ihr die alte Frau das Haar mit einem goldenen Kamm, und das Haar lockte sich und umschimmerte so herrlich goldblond das kleine, freundliche Gesicht, das so rund war und wie eine Rose aussah.

»Nach so einem süßen kleinen Mädchen habe ich mich schon lange gesehnt«, sagte die Alte. »Nun sollst du einmal sehen, wie gut wir uns vertragen werden!« Und während sie das Haar der kleinen Gerda kämmte, vergaß diese ihren Pflegebruder Kay mehr und mehr; denn die alte Frau konnte zaubern, aber eine böse Hexe war sie nicht, sie zauberte nur ein klein wenig zu ihrem eignen Vergnügen, und sie wollte die kleine Gerda so gern behalten. Darum ging sie in den Garten hinaus und streckte ihren Krückstock nach allen Rosenstöcken aus: wie schön sie auch blühten, sanken sie doch alle in die schwarze Erde hinab, und man konnte nicht sehen, wo sie gestanden hatten. Der Alten war bange, daß, wenn Gerda die Rosen sähe, sie an ihre eigenen denken und sich dann des kleinen Kay erinnern und davonlaufen würde.

Dann führte sie Gerda in den Blumengarten hinaus. – Nein! war das ein Duft und eine Herrlichkeit! Alle nur denkbaren Blumen, und zwar für jede Jahreszeit, standen hier in der prächtigsten Blüte; kein Bilderbuch konnte bunter und schöner sein. Gerda hüpfte vor Freude und spielte, bis die Sonne hinter den hohen Kirschbäumen unterging; dann bekam sie ein schönes Bett mit roten, seidenen Kissen, die waren mit blauen Veilchen gestopft, und sie schlief und träumte da so herrlich wie eine Königin an ihrem Hochzeitstag.

Am nächsten Tage konnte sie wieder mit den Blumen im warmen Sonnenschein spielen – so vergingen viele Tage. Gerda kannte jede Blume, aber wie viele auch da waren, so fand sie doch, daß da eine fehlte, aber welche, das wußte sie nicht. Da saß sie eines Tages und betrachtete den Schutzhut der alten Frau mit den gemalten Blumen, aber gerade die allerschönste darunter war eine Rose. Die Alte hatte vergessen, sie vom Hut zu entfernen, als sie die andern in die Erde bannte. Aber so geht es, wenn man die Gedanken nicht beisammen hat. – »Was!« sagte Gerda, »sind hier denn keine Rosen?« Und sie sprang zwischen die Beete, suchte und suchte, aber da war keine zu finden; da setzte sie sich hin und weinte, aber ihre heißen Tränen fielen gerade auf die Stelle, wo ein Rosenbaum versunken war, und als die warmen Tränen die Erde netzten, schoß der Baum auf einmal empor, so blühend, wie er versunken war, und Gerda umarmte ihn, küßte die Rosen, und dann mußte sie an die schönen Rosen daheim denken und mit ihnen auch an den kleinen Kay und sein Davonlaufen.

»O, wie bin ich doch aufgehalten worden!« sagte das kleine Mädchen. »Ich wollte Kay ja suchen! – Wißt ihr nicht, wo er ist?« fragte sie die Rosen. »Glaubt ihr, daß er tot und fort ist?«

»Tot ist er nicht«, sagten die Rosen. »Wir sind ja in der Erde gewesen, da sind alle die Toten, aber Kay war nicht da.«

»Habt vielen Dank!« sagte die kleine Gerda, und sie ging zu den andern Blumen hin, sah in ihre Kelche hinein und fragte: »Wißt ihr nicht, wo der kleine Kay ist?«

Aber jede Blume stand in der Sonne und träumte ihr eignes Märchen oder ihre Geschichte, davon bekam die kleine Gerda so viele, viele zu hören, aber keine wußte etwas von Kay.

Und was sagte denn die Feuerlilie?

»Hörst du die Trommel: bum! bum! Es sind nur zwei Töne, immer bum! bum! Höre der Frauen Trauergesang, höre der Priester Ruf! – In ihrem langen, roten Gewand steht das Hinduweib auf dem Scheiterhaufen, die Flammen lodern um sie und ihren toten Mann empor; aber das Hinduweib denkt an den Lebenden hier im Kreise, an ihn, dessen Augen heißer brennen als die Flammen, an ihn, dessen Feuer ihr Herz heißer berührt als die Flammen, die bald ihren Leib zu Asche sengen. Kann die Flamme des Herzens in den Flammen des Scheiterhaufens sterben?«

»Das verstehe ich gar nicht!« sagte die kleine Gerda.

»Das ist mein Märchen!« sagte die Feuerlilie.

Was sagte die Winde?

»Über den schmalen Gebirgspfad hinaus hängt eine alte Ritterburg. Dichtes Immergrün wächst an den alten, roten Mauern empor; Blatt an Blatt umrankt den Altan, und dort steht ein schönes Mädchen, sie beugt sich über das Gitterwerk und sieht den Weg hinab. Keine Rose hängt frischer am Zweige als sie; keine Apfelblüte, wenn sie der Wind dem Baume entführt, schwebt leichter als sie; wie rauscht das prächtige, seidene Gewand! ›Kommt er denn nicht?‹«

»Meinst du Kay?« fragte die kleine Gerda.

»Ich spreche nur von meinem Märchen, meinem Traum«, antwortete die Winde.

Was sagte das kleine Schneeglöckchen?

»Zwischen den Bäumen hängt an Seilen das lange Brett; das ist eine Schaukel; zwei niedliche, kleine Mädchen – die Kleider sind weiß wie Schnee, lange, grüne seidene Bänder flattern von den Hüten – sitzen und schaukeln sich; der Bruder, der größer ist als sie, steht aufrecht in der Schaukel; er hat den Arm um das Seil geschlungen, um sich zu halten, denn in der einen Hand hält er eine kleine Schale, in der andern eine Tonpfeife, er macht Seifenblasen; die Schaukel geht, und die Seifenblasen fliegen mit wunderbar wechselnden Farben; die letzte hängt noch am Pfeifenstiel und biegt sich im Winde; die Schaukel geht; der kleine, schwarze Hund, leicht wie die Seifenblasen, richtet sich auf den Hinterbeinen auf und will mit in die Schaukel hinein; sie fliegt, der Hund fällt, bellt und ist wütend; er wird geneckt, die Blasen zerspringen – ein schaukelndes Brett, ein zerspringendes Schaumbild ist mein Lied!«

»Es mag schon sein, daß es hübsch ist, was du da erzählst, aber du sagst es so traurig und erwähnst Kay gar nicht.«

Was sagten die Hyazinthen?

»Es waren einmal drei wunderschöne Schwestern, so durchsichtig und fein; das Kleid der einen war rot, das der andern war blau, und die dritte hatte ein ganz weißes; Hand in Hand tanzten sie an dem stillen See im hellen Mondschein. Es waren keine Elfen, es waren Menschenkinder. Es duftete so süß, und die Mädchen verschwanden im Walde; der Duft wurde stärker; – drei Särge, darin lagen die schönen Mädchen, glitten aus dem Dickicht des Waldes über den See hin; Johanniswürmchen flogen schimmernd ringsumher wie kleine, schwebende Lichter. Schlafen die tanzenden Mädchen, oder sind sie tot? – Der Blumenduft sagt, sie sind Leichen; die Abendglocke läutet ihnen den Grabgesang!«

»Du machst mich ganz traurig!« sagte die kleine Gerda. »Du duftest so stark, ich muß an die toten Mädchen denken: ach, ist der kleine Kay denn wirklich tot? Die Rosen sind unten in der Erde gewesen, und die sagen nein!«

»Kling, klang!« läuteten die Hyazinthenglocken. »Wir läuten nicht für den kleinen Kay, den kennen wir nicht! Wir singen nur unser Lied, das einzige, das wir kennen.«

Und Gerda ging zur Butterblume hin, die zwischen den glänzenden, grünen Blättern hervorschimmerte.

»Du bist eine kleine, helle Sonne!« sagte Gerda. »Sage mir, ob du weißt, wo ich meinen Spielgefährten finden kann.«

Und die Butterblume schien so schön und sah Gerda wieder an. Welches Lied konnte die Butterblume wohl singen? Von Kay handelte es auch nicht.

»In einem kleinen Hof schien die liebe Gottessonne an dem ersten Frühlingstag so warm; die Strahlen glitten an der weißen Wand des Nachbars herab, dicht daran wuchsen die ersten gelben Blumen, schimmerndes Gold in den warmen Sonnenstrahlen; die alte Großmutter saß draußen in ihrem Stuhl, die Enkelin, das arme, schöne Dienstmädchen, kam nach Hause auf einen kurzen Besuch; sie küßte die Großmutter. Es war Gold, Herzensgold in dem liebevollen Kuß! Gold auf dem Munde, Gold auf dem Grunde, Gold in der Morgenstunde! Sieh, das ist meine kleine Geschichte!« sagte die Butterblume.

»Meine arme alte Großmutter!« seufzte Gerda. »Ja, sie sehnt sich gewiß nach mir und grämt sich um mich sowie um den kleinen Kay. Aber ich kehre bald wieder heim, und dann bringe ich Kay mit. – Es nützt nichts, daß ich die Blumen frage, die kennen nur ihr eignes Lied, die sagen mir nicht Bescheid!« Und dann schürzte sie ihr kleines Kleid, damit sie schneller laufen könne; aber die Narzisse schlug sie über das Bein, als sie über sie hinwegsprang; da blieb sie stehen, sah die lange Blume an und fragte: »Weißt du am Ende was?« Und sie beugte sich zu ihr hinab. Und was sagte die?

»Ich kann mich selbst sehen! Ich kann mich selbst sehen!« sagte die Narzisse. »O, o, wie ich dufte! – Oben in dem kleinen Mansardenstübchen steht halb angekleidet eine kleine Tänzerin, sie steht bald auf einem Bein, bald auf zweien, sie tritt die ganze Welt mit Füßen, sie ist nichts als Augenverblendung. Sie gießt Wasser aus dem Teekessel auf ein Kleidungsstück, das sie in der Hand hält; das ist ihr Schnürleib; – Reinlichkeit ist eine schöne Sache! Das weiße Kleid hängt am Haken, das ist auch im Teekessel gewaschen und auf dem Dach getrocknet! Das zieht sie an, das safrangelbe Tuch um den Hals, dann schimmert das Kleid noch weißer. Das Bein in die Höhe! Sieh, wie aufrecht sie auf einem Stengel steht! Ich kann mich selbst sehen! Ich kann mich selbst sehen!«

»Das ist mir ganz einerlei!« sagte Gerda, »das brauchst du mir gar nicht zu erzählen!« Und dann lief sie an das äußerste Ende des Gartens.

Die Tür war verschlossen, aber sie rüttelte an dem verrosteten Riegel, bis er losging und die Tür aufsprang, und dann lief die kleine Gerda auf bloßen Füßen in die weite Welt hinaus. Sie sah sich dreimal um, aber niemand kam hinter ihr drein; schließlich konnte sie nicht mehr laufen, da setzte sie sich auf einen großen Stein, und als sie sich umsah, war der Sommer vorüber, es war Spätherbst, das konnte man gar nicht merken da drinnen in dem großen Garten, wo alles Sonnenschein war und wo immer die Blumen aller Jahreszeiten blühten.

»Lieber Gott, wie habe ich mich verspätet!« sagte die kleine Gerda. »Es ist ja Herbst geworden! Da darf ich nicht ruhen!« Und sie stand auf, um zu gehen.

O, wie waren ihre kleinen Füße wund und müde, und ringsumher sah es kalt und rauh aus; die langen Weidenblätter waren ganz gelb, und der Nebel tropfte als Wasser von ihnen herab, ein Blatt nach dem andern fiel ab, nur der Schlehdorn stand voller Früchte da, so herben, sie zogen den Mund zusammen. O, wie war es so grau und schwer in der weiten Welt!

Vierte Geschichte
Prinz und Prinzessin

Gerda mußte wieder ausruhen! da hüpfte dort auf dem Schnee, dem Platz, auf dem sie saß, gerade gegenüber, eine große Krähe; sie hatte stillgesessen, sie angesehen und mit dem Kopfe gewackelt; nun sagte sie: »Kra! Kra! – Gu' Tag! Gu' Tag!« Besser konnte sie es nicht sagen, aber sie meinte es so gut mit dem kleinen Mädchen und fragte, wohin sie so allein in die weite Welt hinausginge. Das Wort ›allein‹ verstand Gerda sehr wohl und fühlte so recht, wieviel darin lag, und dann erzählte sie der Krähe ihr ganzes Leben und ihre Erlebnisse und fragte, ob sie Kay nicht gesehen hätte.

Und die Krähe nickte ganz bedächtig und sagte: »Das könnte wohl sein! Das könnte wohl sein!«

»Wie? Meinst du wirklich?« fragte das kleine Mädchen und hätte beinahe die Krähe totgedrückt, so küßte sie sie.

»Ruhig! ruhig!« sagte die Krähe. »Ich glaube, es könnte wohl der kleine Kay sein! Aber nun hat er dich gewiß längst über der Prinzessin vergessen!«

»Wohnt er bei einer Prinzessin?« fragte Gerda.

»Ja, höre!« sagte die Krähe. »Aber es wird mir so schwer,

deine Sprache zu reden. Verstehst du die Krähensprache? Dann kann ich besser erzählen.«

»Nein, die habe ich nicht gelernt!« sagte Gerda, »aber die Großmutter konnte sie, und die Erbsensprache auch. Hätte ich sie nur gelernt!«

»Tut nichts!« sagte die Krähe. »Ich werde erzählen, so gut ich kann, aber schlecht wird es darum doch.« Und dann erzählte sie, was sie wußte.

»In dem Königreich, in dem wir jetzt sitzen, wohnt eine Prinzessin, die ist so ungeheuer klug, aber sie hat auch alle Zeitungen gelesen, die es auf der ganzen Welt gibt, und sie wieder vergessen, so klug ist sie. Neulich sitzt sie auf dem Thron, und das ist gar nicht so ergötzlich, sagt man, da fängt sie an, ein Lied zu singen, und zwar das: ›Warum sollt ich mich denn nicht vermählen?‹ ›Wahrhaftig‹, sagt sie, ›darin ist ja Sinn und Verstand!‹ Und nun wollte sie sich verheiraten, aber sie wollte einen Mann haben, der zu antworten verstand, wenn man mit ihm sprach, der nicht nur dastand und vornehm aussah, denn das ist so langweilig. Nun ließ sie alle Hofdamen zusammentrommeln, und als sie hörten, was sie wollte, wurden sie sehr vergnügt. ›Das gefällt mir ausnehmend!‹ sagten sie, ›das habe ich neulich auch schon gedacht!‹ — — Du kannst mir glauben, jedes Wort, das ich sage, ist wahr!« sagte die Krähe. »Ich habe eine zahme Braut, die geht frei im Schloß umher, und die hat mir alles erzählt!«

Seine Braut war natürlich auch eine Krähe, denn Art läßt nicht von Art.

»Die Zeitungen erschienen sogleich mit einer Umrandung aus Herzen und dem Namenszug der Prinzessin; da konnte man lesen, daß es jedem jungen Manne, der gut aussähe, freistände, aufs Schloß zu kommen und mit der Prinzessin zu reden, und der, der so spräche, daß man hören könnte, daß er in dem, was er sagte, zu Hause wäre, und der am besten spräche, den wollte die Prinzessin zum Manne nehmen. – Ja, ja«, sagte die Krähe, »du kannst mir glauben, das ist so gewiß, wie ich hier sitze; die Leute strömten herbei, das war ein Gedränge und ein Gelaufe, aber es glückte keinem weder am ersten noch am zweiten Tage. Sie konnten alle zusammen gut sprechen, wenn sie draußen auf der Straße waren, aber wenn sie zum Schloßtor hereinkamen und die Garde in Silber sahen und auf den Treppen die Lakaien in Gold und die großen, erleuchteten Säle, dann wurden sie ganz verwirrt; und standen sie vor dem Thron, auf dem die Prinzessin saß, wußten sie nichts weiter zu sagen als das letzte Wort, was sie gesagt hatte, und sie machte sich nichts daraus, das noch einmal zu hören. Es war, als wenn sie alle dadrinnen Schnupftabak auf den Magen bekommen hätten und eingeschlummert wären, bis sie wieder auf die Straße hinauskamen, ja, dann konnten sie reden! Da stand eine Reihe vom Stadttor bis zum Schlosse hin. Ich war selbst drinnen, um es zu sehen!« sagte die Krähe. »Sie wurden hungrig und durstig, aber im Schlosse bekamen sie nicht einmal ein Glas lauwarmes Wasser. Freilich hatten einige von den Klügsten Butterbrot mitgenommen, aber sie teilten nicht mit ihrem Nachbar; sie dachten auch: ›Laß ihn nur hungrig aussehen, dann nimmt die Prinzessin ihn nicht!‹«

»Aber Kay, der kleine Kay?!« fragte Gerda. »Wann kam der denn? War er unter den vielen?«

»Immer ruhig, ruhig! Nun kommen wir gleich zu ihm! Es war am dritten Tage, da kam ein kleiner Bursche ohne Pferd und Wagen ganz unbefangen gerade auf das Schloß zumarschiert; seine Augen glänzten ganz so wie die deinen, er hatte wunderschönes, langes Haar, aber sonst ärmliche Kleider.«

»Das war Kay!« jubelte Gerda. »Ach, nun habe ich ihn gefunden!« Und sie klatschte in die Hände.

»Er hatte einen kleinen Ranzen auf dem Rücken«, sagte die Krähe.

»Nein, das war wohl sein Schlitten!« sagte Gerda. »Denn mit dem Schlitten ging er weg!«

»Das kann wohl sein!« sagte die Krähe, »so genau habe ich nicht hingesehen! Aber das weiß ich von meiner zahmen Braut, daß er, als er durch das Schloßtor kam und die Leibgarde in Silber und auf den Treppen Lakaien in Gold sah, nicht im geringsten verwirrt wurde, er nickte ihnen zu und sagte: ›Es muß langweilig sein, auf der Treppe zu stehen, ich gehe lieber hinein.‹ Da schimmerten Säle von Lichtern, Geheimräte und Exzellenzen gingen auf bloßen Füßen und trugen goldene Schüsseln; einem konnte wohl feierlich zumute werden! Seine Stiefel knarrten so schrecklich, aber bange wurde ihm darum doch nicht!«

»Das ist ganz gewiß Kay!« sagte Gerda. »Ich weiß, er hatte neue Stiefel an, ich habe sie in Großmutters Stube knarren hören!«

»Ja, knarren taten sie!« sagte die Krähe. »Und ganz unbefangen ging er gerade auf die Prinzessin zu, die auf einer Perle saß, die so groß war wie ein Spinnrad; und alle Hofdamen mit ihren Zofen und den Zofen ihrer Zofen und alle Kavaliere mit ihren Dienern und den Dienern ihrer Diener, die wieder einen Burschen halten, standen ringsumher aufgestellt; und je näher sie nach der Tür zu standen, um so stolzer sahen sie aus. Den Burschen von des Dieners Diener, der immer in Pantoffeln geht, darf man kaum ansehen, so stolz steht er in der Tür!«

»Das muß gräßlich sein!« sagte die kleine Gerda. »Und Kay hat doch die Prinzessin gekriegt?«

»Wäre ich keine Krähe gewesen, so hätte ich sie genommen, und zwar obwohl ich verlobt bin. Er soll genau so gut geredet haben, wie ich rede, wenn ich die Krähensprache spreche, das weiß ich von meiner zahmen Braut. Er war unbefangen und allerliebst, er war gar nicht gekommen, um zu freien, war einzig und allein gekommen, um die Klugheit der Prinzessin zu hören, und die fand er gut, und sie ihrerseits fand ihn gut.«

»Ja, ganz sicher, das war Kay!« sagte Gerda. »Er war so klug, er konnte kopfrechnen mit Brüchen! – Ach, willst du mich nicht im Schlosse einführen?«

»Ja, das ist leicht gesagt!« meinte die Krähe. »Aber wie machen wir das nur? Ich werde es mit meiner zahmen Braut bereden; sie kann uns gewiß raten; denn das will ich dir nur sagen, so ein kleines Mädchen wie du bekommt nie die Erlaubnis, ordnungsmäßig hineinzukommen.«

»Doch, die bekomme ich!« sagte Gerda. »Wenn Kay hört, daß ich hier bin, kommt er gleich und holt mich!«

»Erwarte mich dort an der Gitterpforte!« sagte die Krähe, wackelte mit dem Kopf und flog davon.

Erst als es dunkler Abend war, kam die Krähe wieder zurück. »Rar! rar!« sagte sie. »Ich soll dich vielmals von ihr grüßen, und hier ist ein Brötchen für dich, das hat sie in der Küche weggenommen, da ist Brot genug, und du bist gewiß hungrig! – Es ist ganz unmöglich, daß du ins Schloß hineinkommst, du bist ja barfuß; die Garde in Silber und die Lakaien in Gold würden es nicht erlauben; aber weine nicht, du sollst schon hinkommen. Meine Braut weiß eine kleine Hintertreppe, die nach dem Schlafgemach führt, und sie weiß, wo sie den Schlüssel bekommen kann.«

Und sie gingen in den Garten hinein, in die große Allee, wo ein Blatt nach dem andern abfiel; und als im Schloß die Lichter ausgelöscht wurden eins nach dem andern, führte wie Krähe die kleine Gerda an eine Hintertür, die angelehnt war.

O, wie Gerdas Herz vor Angst und Sehnsucht pochte! Es war geradeso, als ob sie etwas Böses tun wollte, und sie wollte ja doch nur wissen, ob es der kleine Kay wäre: ja, er mußte es sein; sie dachte so lebhaft an seine klugen Augen, sein langes Haar; sie konnte ordentlich sehen, wie er lächelte so wie damals, als sie daheim unter den Rosen saßen. Er würde sich gewiß freuen, wenn er sie sah und hörte, was für einen langen Weg sie um seinetwillen gegangen war, wenn er erfuhr, wie betrübt sie alle daheim gewesen waren, als er nicht wiederkam. O, das war eine Angst und eine Freude!

Nun waren sie auf der Treppe, da brannte eine kleine Lampe auf einem Schrank; mitten auf dem Fußboden stand die zahme Krähe und drehte den Kopf nach allen Seiten und betrachtete Gerda, die einen Knicks machte, so wie die Großmutter es sie gelehrt hatte.

»Mein Verlobter hat mir so viel Gutes von Ihnen erzählt, mein liebes, kleines Fräulein«, sagte die zahme Krähe. »Ihre Vita, wie man es nennt, ist auch sehr rührend! – Wollen Sie die Lampe nehmen, dann will ich vorangehen. Wir gehen hier geradeaus, denn da treffen wir niemand.«

»Mir deucht, da kommt jemand dicht hinter uns her«, sagte Gerda, und es sauste an ihr vorüber; es war, als wenn Schatten an der Wand entlang glitten, Pferde mit flatternden Mähnen und dünnen Beinen, Jägerburschen, Herren und Damen zu Pferd.

»Das sind nur Träume!« sagte die Krähe, »die kommen und holen die Gedanken der hohen Herrschaft zur Jagd ab, das ist gut, denn dann können Sie sie besser im Bett betrachten. Aber eins erwarte ich von Ihnen, wenn Sie zu Ehren und Würde gelangen, müssen Sie ein dankbares Herz zeigen.«

»Das ist doch ganz selbstverständlich!« sagte die Krähe aus dem Walde.

Nun kamen sie in den ersten Saal hinein, der war aus rosenrotem Atlas mit künstlichen Blumen an den Wänden; hier sausten schon die Träume an ihnen vorüber, aber sie flogen so schnell, daß Gerda die hohen Herrschaften nicht zu sehen bekam. Ein Saal war immer prächtiger als der andre; ja, man konnte wohl staunen! Und nun waren sie im Schlafgemach. Die Decke hier drinnen glich einer großen Palme mit Blättern aus Glas, kostbarem Glas, und mitten im Zimmer hingen an einem dicken Stengel aus Gold zwei Betten, von denen jedes aussah wie eine Lilie: die eine war weiß, darin lag die Prinzessin; die andere war rot, und darin sollte Gerda den kleinen Kay suchen; sie bog eins der roten Blätter zurück, und da sah sie einen braunen Nacken. Ja, das war Kay! – Sie rief ganz laut seinen Namen, hielt die Lampe dicht an ihn heran – die Träume sausten zu Pferd wieder in die Stube herein – er erwachte, wandte den Kopf um, und – – es war nicht der kleine Kay.

Der Prinz sah ihm nur im Nacken ähnlich, aber jung und schön war er. Und aus dem weißen Lilienbett guckte die Prinzessin heraus und fragte, was da los sei. Da weinte die kleine Gerda und erzählte ihre Geschichte und alles, was die Krähen für sie getan hatten.

»Die arme Kleine!« sagten der Prinz und die Prinzessin, und sie lobten die Krähen und sagten, sie seien gar nicht böse auf sie, aber sie sollten es doch lieber nicht wieder tun. Diesmal sollten sie eine Belohnung haben.

»Wollt ihr frei umher fliegen?« fragte die Prinzessin, »oder wollt ihr eine feste Anstellung als Hofkrähen haben, mit allem, was in der Küche abfällt?«

Und beide Krähen machten einen tiefen Knicks und baten um feste Anstellung; denn sie dachten an ihr Alter und sagten: »Es ist so gut, etwas für seine alten Tage zu haben!«

Und der Prinz stand aus seinem Bett auf und ließ Gerda darin schlafen, und mehr konnte er wirklich nicht tun. Sie faltete ihre kleinen Hände und dachte: »Wie gut doch die Menschen und die Tiere sind«, und dann schloß sie ihre Augen und schlief so herrlich. Alle Träume kamen wieder hereingeflogen, und sie sahen aus wie Engel Gottes, und sie zogen einen kleinen Schlitten, und darauf saß Kay und nickte ihr zu; aber das Ganze war nur ein Traum, und darum war es auch wieder verschwunden, sobald sie erwachte.

Am nächsten Tag wurde sie von Kopf bis zu Fuß in Samt und Seide gekleidet; ihr wurde angeboten, auf dem Schlosse zu bleiben und gute Tage zu haben, aber sie bat nur um einen kleinen Wagen mit einem Pferd davor und um ein Paar kleine Stiefel, dann wollte sie wieder in die weite Welt hinausfahren und Kay suchen.

Und sie bekam Stiefel und Muff; sie wurde aufs niedlichste gekleidet, und als sie wegwollte, hielt eine neue Kutsche aus purem Golde vor der Tür; das Wappen des Prinzen und der Prinzessin leuchtete wie ein Stern daran; Kutscher, Diener und Vorreiter, denn Vorreiter waren auch da, saßen mit goldenen Kronen da. Der Prinz und die Prinzessin halfen ihr selbst in den Wagen und wünschten ihr alles Glück. Die Waldkrähe, die nun verheiratet war, begleitete sie die ersten drei Meilen; sie saß neben ihr, denn sie konnte das Rückwärtsfahren nicht vertragen; die andere Krähe stand in der Haustür und schlug mit den Flügeln, sie kam nicht mit, denn sie litt an Kopfschmerzen, seit sie die feste Anstellung hatte und so viel zu essen bekam. Inwendig war die Kutsche mit Zuckerkringeln gefüttert, und im Sitz waren Früchte und Pfeffernüsse.

»Leb wohl! Leb wohl!« riefen der Prinz und die Prinzessin, und die kleine Gerda weinte, und die Krähe weinte; – so ging es die ersten Meilen; dann sagte auch die Krähe lebewohl, und das war der schwerste Abschied! Sie flog in einen Baum hinauf und schlug mit ihren schwarzen Flügeln, solange sie den Wagen sehen konnte, der wie der helle Sonnenschein glänzte.

Fünfte Geschichte
Das kleine Räubermädchen

Sie fuhren durch den dunklen Wald, aber die Kutsche leuchtete wie eine Fackel; das stach den Räubern in die Augen, das konnten sie nicht ertragen.

»Das ist Gold! Das ist Gold!« riefen sie, stürzten hervor, fielen den Pferden in den Zaum, schlugen die kleinen Jockeis, den Kutscher und den Diener tot und zogen die kleine Gerda aus dem Wagen.

»Sie ist fett, sie ist niedlich, sie ist mit Nußkernen gefüttert!« sagte das alte Räuberweib, das einen langen, struppigen Bart hatte und Augenbrauen, die ihr über die Augen hinabhingen. »Ja, die ist so gut wie ein kleines fettes Lamm, ja, die soll schmecken!« Und dabei zog sie ihr blankes Messer heraus, und das blitzte, daß es gräßlich war.

»Au!« sagte die Alte auf einmal; ihre eigene kleine Tochter, die auf ihrem Rücken hing, so wild und unartig, daß es eine Lust war, hatte sie ins Ohr gebissen. »Du infamer Balg!« sagte die Mutter und hatte keine Zeit, Gerda zu schlachten.

»Sie soll mit mir spielen!« sagte das kleine Räubermädchen. »Sie soll mir ihren Muff und ihr schönes Kleid geben und soll bei mir im Bett schlafen!« Und dann biß sie mehrmals zu, so daß das Räuberweib in die Höhe sprang und sich rundherum drehte, und alle Räuber lachten und sagten: »Seht, wie sie mit ihrem Balg tanzt!«

»Ich will in die Kutsche hinein!« sagte das kleine Räubermädchen, und es wollte und mußte seinen Willen haben, denn es war so verhätschelt und so eigensinnig. Es setzte sich neben Gerda in den Wagen, und dann fuhren sie über Stock und Stein immer tiefer in den Wald hinein. Das kleine Räubermädchen war so groß wie Gerda, aber kräftiger, breitschultriger und von dunklerer Haut. Die Augen waren ganz schwarz, sie sahen fast traurig aus. Sie schlang ihren Arm um die kleine Gerda und sagte: »Sie sollen dich nicht schlachten, solange ich nicht böse auf dich werde! Du bist wohl eine Prinzessin?«

»Nein«, sagte die kleine Gerda und erzählte ihr alles, was sie erlebt hatte und wie lieb sie den kleinen Kay hatte.

Das Räubermädchen sah sie ganz ernsthaft an, nickte ein klein wenig mit dem Kopf und sagte: »Sie sollen dich nicht schlachten, wenn ich auch böse auf dich werde; dann will ich es schon selbst tun!« Und dann trocknete sie Gerdas Augen und steckte die beiden Hände in den schönen Muff, der so weich und so warm war.

Nun hielt die Kutsche still; sie waren mitten auf dem Hofe einer alten Räuberburg, die war von oben bis unten geborsten, Raben und Krähen flogen aus den offenen Löchern heraus, und die großen Bullenbeißer, die so aussahen, als könne jeder einen Menschen verschlingen, sprangen hoch in die Höhe, aber sie bellten nicht, denn das war verboten.

In dem großen, alten, rußgeschwärzten Saal brannte mitten auf dem steinernen Fußboden ein großes Feuer; der Rauch zog unter der Decke hin und mußte sich selbst einen Ausweg suchen; ein großer Braukessel mit Suppe kochte, und Hasen und Kaninchen wurden an Spießen gebraten.

»Du sollst über Nacht mit allen meinen kleinen Tieren hier bei mir schlafen!« sagte das Räubermädchen. Sie bekamen zu essen und zu trinken und gingen dann in eine Ecke, wo Stroh und Teppiche lagen. Hoch oben über dem Lager saßen auf Latten und Stäben fast hundert Tauben, die alle zu schlafen schienen, sich aber ein klein wenig drehten, als die beiden kleinen Mädchen kamen.

»Sie gehören mir alle zusammen!« sagte das kleine Räubermädchen und ergriff schnell eine der zunächst sitzenden, sie hielt sie an den Beinen und schüttelte sie, so daß sie mit den Flügeln schlug. »Küsse sie!« rief sie und schlug Gerda mit dem Vogel ins Gesicht. »Da sitzen die Waldkanaillen!« fuhr sie fort und zeigte hinter eine Anzahl von Stäben, die vor ein Loch hoch oben in der Mauer geschlagen waren. »Das sind Waldkanaillen, die beiden! Die fliegen weg, sobald man sie nicht ordentlich verschlossen hält; und hier steht mein alter geliebter Bä!« Und sie zog ein Rentier am Horn hervor, es hatte einen blanken Kupferring um den Hals und war angebunden. »Den müssen wir auch in der Klemme halten, sonst läuft er uns auch weg. Jeden Abend kitzle ich ihn mit meinem scharfen Messer am Halse, davor hat er Angst!« Und das kleine Mädchen zog ein langes Messer aus einem Spalt in der Mauer und ließ es über den Hals des Rentiers gleiten; das arme Tier schlug mit den Beinen hinten aus, und das Räubermädchen lachte und zog dann Gerda mit sich in das Bett hinein.

»Willst du das Messer bei dir behalten, wenn du schläfst?« fragte Gerda und sah ein wenig furchtsam danach hin.

»Ich schlafe immer mit einem Messer!« sagte das kleine Räubermädchen. »Man weiß nie, was kommen kann. Aber erzähle mir jetzt noch einmal, was du vorher von dem kleinen Kay erzähltest, und warum du in die weite Welt hinausgegangen bist.« Und Gerda erzählte von vorne an, und die Waldtauben da oben im Bauer gurrten, die andern Tauben schliefen. Das kleine Räubermädchen schlang seinen Arm um Gerdas Hals, hielt das Messer in der andern Hand und schlief, so daß man es hören konnte; aber Gerda konnte ihre Augen gar nicht schließen, sie wußte nicht, ob sie leben oder sterben würde. Die Räuber saßen rings um das Feuer herum, sangen und tranken, und das Räuberweib schlug Purzelbäume. Es war ganz gräßlich für das kleine Mädchen, das mit anzusehen. Da sagten die Waldtauben: »Gurre! Gurre! Wir haben den kleinen Kay gesehen. Ein weißes Huhn trug seinen Schlitten, er saß in der Schneekönigin Wagen, die dicht über dem Walde dahinflog, als wir in unserm Nest lagen; sie blies uns Jungen an, und außer uns beiden starben sie alle. Gurre! Gurre!«

»Was sagt ihr da oben?« rief Gerda. »Wo reiste die Schneekönigin hin? Wißt ihr etwas davon?«

»Sie ist wohl nach Lappland gereist, denn da ist immer Schnee und Eis! Frage du nur das Rentier, das an dem Strick angebunden steht.«

»Da ist Eis und Schnee, da ist es schön und gut!« sagte das Rentier; »da springt man frei umher in den großen, schimmernden Tälern! Da hat die Schneekönigin ihr Sommerzelt, aber ihr festes Schloß ist oben nach dem Nordpol zu auf einer Insel, die Spitzbergen heißt!«

»Ach Kay, lieber Kay!« seufzte Gerda.

»Jetzt mußt du ganz still liegen!« sagte das Räubermädchen, »sonst jage ich dir das Messer in den Leib!«

Am Morgen erzählte ihr Gerda alles, was die Waldtauben gesagt hatten, und das kleine Räubermädchen sah ganz ernsthaft aus, nickte aber mit dem Kopf und sagte: »Es hilft nichts! Es hilft nichts! – Weißt du, wo Lappland liegt?« fragte sie das Rentier.

»Wer sollte das wohl besser wissen als ich«, sagte das Tier, und die Augen glänzten ihm im Kopf. »Da bin ich geboren und aufgewachsen, da bin ich auf den Feldern herumgesprungen.«

»Höre einmal!« sagte das Räubermädchen zu Gerda. »Du siehst, daß alle unsere Mannsleute weg sind, aber Mutter ist noch hier, und die bleibt; aber späterhin am Morgen trinkt sie aus der großen Flasche und macht darauf ein Schläfchen; dann will ich etwas für dich tun!« Sie sprang aus dem Bett heraus, fiel der Mutter um den Hals, zupfte sie am Bart und sagte: »Mein herzenssüßer Ziegenbock, guten Morgen!« Und die Mutter gab ihr einen Nasenstüber, so daß die Nase rot und blau wurde, aber das geschah alles aus lauter Liebe.

Als die Mutter dann aus ihrer Flasche getrunken hatte und ein kleines Schläfchen machte, ging das Räubermädchen zu dem Rentier und sagte: »Ich hätte wohl schrecklich Lust, dich noch manch liebes Mal mit dem scharfen Messer zu kitzeln, denn dann bist du so possierlich, aber es hilft nichts, ich will deine Schnur lösen und dir hinaushelfen, damit du nach Lappland laufen kannst, aber du darfst deine Beine nicht schonen und mußt mir dies kleine Mädchen nach dem Schloß der Schneekönigin bringen, wo ihr Spielgefährte ist. Du hast wohl gehört, was sie erzählt hat, denn sie sprach laut genug, und du hast gehorcht!«

Das Rentier sprang hoch auf vor Freude. Das Räubermädchen hob die kleine Gerda hinauf und beobachtete die Vorsicht, sie festzubinden, ja sogar ein kleines Kissen gab sie ihr, auf dem sie sitzen sollte. »Es hilft nichts«, sagte sie, »da hast du deine Pelzstiefel wieder, denn es wird kalt, aber den Muff behalte ich, der ist zu niedlich! Aber frieren sollst du darum doch nicht. Hier hast du die großen Fausthandschuhe meiner Mutter, die reichen dir bis an den Ellbogen;

krieche hinein! – Nun siehst du an den Händen geradeso aus wie meine greuliche Mutter!«

Und Gerda weinte vor Freude.

»Ich kann es nicht leiden, daß du heulst!« sagte das kleine Räubermädchen. »Jetzt solltest du doch gerade vergnügt aussehen! Und da hast du zwei Brote und einen Schinken, dann kannst du nicht hungern.« Beides wurde hinten auf das Rentier gebunden; das kleine Räubermädchen öffnete die Tür, lockte all die großen Hunde herein, und dann schnitt es den Strick mit seinem Messer durch und sagte zu dem Renntier: »Nun lauf, aber gib acht auf das kleine Mädchen.«

Und Gerda streckte die Hände mit den großen Fausthandschuhen nach dem kleinen Räubermädchen aus und sagte lebewohl, und dann flog das Rentier dahin über Stock und Stein, durch den großen Wald über Moore und Steppen, so schnell es nur konnte. Die Wölfe heulten, und die Raben krächzten. »Fut! Fut!« sagte es am Himmel. Es war, als niese es rot.

»Das sind meine alten Nordlichter!« sagte das Rentier, »sieh nur, wie sie leuchten!« Und dann lief es noch schneller von dannen Tag und Nacht; die Brote wurden verzehrt, der Schinken auch, und dann waren sie in Lappland.

Sechste Geschichte
Die Lappin und die Finnin

Bei einem kleinen Haus machten sie Halt; es war höchst jammervoll; das Dach ging bis an die Erde hinunter, und die Tür war so niedrig, daß die Familie auf dem Bauche kriechen mußte, wenn sie heraus oder hinein wollte. Es war niemand zu Hause außer einer alten Lappin, die dastand und bei einer Tranlampe Fisch kochte; und das Rentier erzählte Gerdas ganze Geschichte, zuerst aber seine eigene, denn die, fand es, war weit wichtiger, und Gerda war so mitgenommen von der Kälte, daß sie gar nicht sprechen konnte.

»Ach, ihr Ärmsten!« sagte die Lappin, »da habt ihr noch weit zu laufen! Ihr müßt über hundert Meilen nach Finnmarken hinein, denn dort ist die Schneekönigin in der Sommerfrische und brennt jeden Abend bengalische Flammen ab. Ich will ein paar Worte auf einen gedörrten Stockfisch schreiben, Papier habe ich nicht, die will ich euch für die Finnin da oben mitgeben, die kann euch bessern Bescheid sagen als ich!«

Und als Gerda nun erwärmt war und zu essen und zu trinken bekommen hatte, schrieb die Lappin ein paar Worte auf einen gedörrten Stockfisch, hieß Gerda, gut acht darauf geben, band sie wieder auf das Rentier fest, und das sprang mit ihr davon. »Fut! Fut!« sagte es oben in der Luft, die ganze Nacht brannten die schönsten blauen Nordlichter; – und dann kamen sie nach Finnmarken und klopften an den Schornstein der Finnin an, denn die hatte nicht einmal eine Tür.

Es war eine solche Hitze dadrinnen, daß die Finnin selbst fast ganz nackend ging; klein war sie und ganz schmutzig; sie löste der kleinen Gerda gleich die Kleider und zog ihr die

Fausthandschuhe und die Stiefel aus, denn sonst wäre es ihr zu heiß geworden, legte dem Rentier ein Stück Eis auf den Kopf und las dann, was auf dem Stockfisch geschrieben stand; sie las es dreimal, und dann wußte sie es auswendig und warf den Fisch in den Kochtopf, denn er konnte ja gegessen werden, und sie ließ nichts umkommen.

Nun erzählte das Rentier erst seine Geschichte und dann die der kleinen Gerda, und die Finnin blinzelte mit den klugen Augen, sagte aber nichts.

»Du bist so klug«, sagte das Rentier, »ich weiß, du kannst alle Winde der Welt mit einem Zwirnsfaden zusammenbinden; wenn der Schiffer den einen Knoten löst, bekommt er guten Wind, löst er den zweiten, so weht es scharf, und wenn er den dritten und vierten löst, da stürmt es, daß die Wälder umfallen. Willst du dem kleinen Mädchen nicht einen Trunk geben, daß sie Zwölf-Männer-Kraft erhält und die Schneekönigin überwindet?«

»Zwölf-Männer-Kraft?« sagte die Finnin. »Ja, was würde das wohl nützen!« Und dann ging sie an ein Bord, nahm ein großes, zusammengerolltes Fell herunter und rollte es auseinander; es waren wunderliche Buchstaben darauf geschrieben, und die Finnin las, so daß ihr das Wasser von der Stirn herabtroff.

Aber das Rentier bat wieder so sehr für die kleine Gerda, und Gerda sah die Finnin mit so flehenden Augen voller Tränen an, daß diese wieder mit den ihren zu blinzeln begann und das Rentier in eine Ecke zog, wo sie ihm etwas zuflüsterte, während es frisches Eis auf den Kopf bekam:

»Der kleine Kay ist allerdings bei der Schneekönigin und findet dort alles nach Gefallen und Wunsch und glaubt, daß es der beste Ort auf der Welt ist, aber das kommt daher, weil er einen kleinen Glassplitter ins Herz und ein Glaskörnchen ins Auge bekommen hat; die müssen erst heraus, sonst wird er nie wieder ein Mensch, und die Schneekönigin wird die Gewalt über ihn behalten.«

»Aber kannst du der kleinen Gerda nicht etwas eingeben, damit sie die Macht in die Hand bekommt?«

»Ich kann ihr keine größere Macht verleihen, als sie schon hat! Siehst du denn nicht, wie groß die ist? Siehst du nicht, wie Menschen und Tiere ihr dienen müssen, wie sie auf nackten Füßen so gut durch die Welt gekommen ist? Sie soll nicht denken, daß sie ihre Macht von uns erhalten hat, die sitzt in ihrem Herzen, die hat ihren Ursprung darin, daß sie ein liebes, unschuldiges Kind ist. Kann sie nicht selbst zur Schneekönigin hineinkommen und den kleinen Kay von den Glassplittern befreien, so können wir nicht helfen! Zwei Meilen von hier entfernt beginnt der Garten der Schneekönigin, dahin kannst du das kleine Mädchen tragen; setze sie bei dem großen Busch ab, der voll roter Beeren mitten im Schnee steht, halte keinen langen Gevatterklatsch ab, sondern spute dich, daß du hierher zurückkommst!« Und dann hob die Finnin die kleine Gerda auf den Rücken des Rentiers, und das lief, so schnell es konnte.

»Ach, ich habe meine Stiefel nicht mitbekommen, ich habe meine Fausthandschuhe nicht an!« rief die kleine Gerda; das merkte sie an der schneidenden Kälte, aber das Rentier wagte nicht stillzustehen, es lief, bis es an den großen Busch mit den roten Beeren kam; da setzte es Gerda ab, küßte sie auf den Mund, und an den Wangen des Tieres liefen große, blanke Tränen herab, und dann lief es zurück so schnell, wie seine Füße es tragen wollten. Da stand nun die kleine Gerda ohne Schuhe, ohne Handschuhe mitten in dem fürchterlich eiskalten Finnmarken.

Sie lief, so schnell sie konnte; da kam ein ganzes Regiment Schneeflocken; aber die fielen nicht vom Himmel herab, der war ganz klar und schimmernd von den Nordlichtern; die

Schneeflocken liefen gerade über die Erde hin, und je näher sie kamen, um so größer wurden sie. Gerda erinnerte sich noch, wie groß und künstlich die Schneeflocken damals ausgesehen hatten, als sie sie durch das Brennglas sah, aber hier waren sie noch weit größer und fürchterlicher, sie waren lebend, sie bildeten die Vorposten der Schneekönigin; sie hatten die wunderlichsten Gestalten; einige sahen aus wie häßliche, große Stachelschweine, andere wie ganze Knoten aus Schlangen, die die Köpfe hervorstreckten, und wieder andere wie kleine, dicke Bären, deren Haare sich sträubten, alle waren schimmerndweiß, alle waren lebendige Schneeflocken.

Da betete die kleine Gerda ihr Vaterunser; und die Kälte war so groß, daß sie ihren eigenen Atem sehen konnte, wie Rauch strömte er ihr aus dem Munde; der Atem wurde dichter und dichter, und er gestaltete sich zu kleinen, hellen Engeln, die mehr und mehr wuchsen, je näher sie der Erde kamen; und alle hatten sie Helme auf dem Kopfe und Spieße und Schilde in den Händen; es wurden immer mehr, und als Gerda ihr Vaterunser beendet hatte, stand eine ganze Legion um sie herum; sie hieben mit ihren Spießen nach den abscheulichen Schneeflocken, so daß sie in hundert Stücke zersprangen, und die kleine Gerda schritt ganz sicher und unverzagt von dannen. Die Engel streichelten ihre Füße und ihre Hände, und da fühlte sie gar nicht, wie kalt es war, und schnell ging sie auf das Schloß der Schneekönigin zu.

Aber nun wollen wir erst sehen, wie es Kay erging. Er dachte freilich nicht mehr an die kleine Gerda, und am allerwenigsten daran, daß sie draußen vor dem Schlosse stand.

Siebente Geschichte
Was im Schlosse der Schneekönigin geschah, und was sich dort später zutrug

Die Wände des Schlosses waren aus treibendem Schnee und die Fenster und Türen aus schneidenden Winden; da waren über hundert Säle, je nachdem der Schnee stob; der größeste erstreckte sich viele Meilen lang, das stärkste Nordlicht erleuchtete sie alle, und sie waren so groß, so leer, so eisig kalt und so glitzernd. Niemals herrschte hier Frohsinn, nicht einmal ein kleiner Bärenball fand hier statt, zu dem der Sturm hätte aufblasen und wo die Eisbären hätten auf den Hinterbeinen gehen und feine Manieren zeigen können; nie war da eine kleine Spielgesellschaft mit Maulklapp und Tatzenschlag, nie ein klein wenig Kaffeeklatsch von den weißen Fuchsdamen; leer, groß und kalt war es in den Sälen der Schneekönigin. Die Nordlichter flammten so präzise, daß man zählen konnte, wann sie sich auf dem Höhepunkt befanden und wann sie am niedrigsten standen. Mitten drinnen in dem leeren, unendlichen Schneesaal lag ein gefrorener See, der war in tausend Stücke zersprungen, aber jedes Stück war genau wie das andere, es war ein förmliches Kunststück; und mitten auf diesem See saß die Schneekönigin, wenn sie zu Hause war, und dann sagte sie, daß sie im Spiegel des Verstandes sitze, und das sei das Einzige und das Beste auf dieser Welt.

Der kleine Kay war ganz blau vor Kälte, ja fast schwarz war er, aber er merkte es gar nicht, denn sie hatte ihm ja die Frostschauer weggeküßt, und sein Herz war so gut wie ein Eisklumpen. Er schleppte einige flache, scharfe Eisstücke hin und her, die er auf alle mögliche Weise zusammenlegte, denn er wollte etwas da herausbringen, geradeso, als wenn wir kleine Holzplatten haben und diese zu Figuren zusammenlegen, was das chinesische Spiel heißt. Auch Kay legte Figuren, die allerkünstlichsten, es war das Eisspiel des Verstandes; in seinen Augen waren die Figuren ganz ausgezeichnet und von allerhöchster Wichtigkeit; das machte das Glaskorn, das ihm im Auge saß! Er legte ganze Figuren, die ein geschriebenes Wort bildeten, nie aber konnte er das Wort herausbringen, was er gerade legen wollte, das Wort: Ewigkeit; und die Schneekönigin hatte gesagt: »Kannst du mir die Figur ausfindig machen, dann sollst du dein eigner Herr sein, und ich schenke dir die ganze Welt und ein Paar neue Schlittschuhe.« Aber er konnte es nicht.

»Nun sause ich fort nach den warmen Ländern!« sagte die Schneekönigin, »ich will da einmal in die schwarzen Kochtöpfe hineinsehen!« – Das waren die feuerspeienden Berge Ätna und Vesuv, wie man sie nennt. – »Ich werde sie ein wenig weiß machen! Das gehört mit dazu, das tut gut nach all den Zitronen und Weintrauben!« Und dann flog die Schneekönigin davon, und Kay saß ganz allein in dem meilengroßen Eissaal und sah die Eisstücke an und dachte und dachte, so daß es in ihm knackte; ganz steif und still saß er da, man hätte glauben können, er sei erfroren.

Da geschah es, daß die kleine Gerda durch das große Tor in das Schloß hineintrat; dort wehten schneidende Winde, aber sie betete ein Abendgebet, und da legten die Winde sich, als wollten sie schlafen, und sie trat in die großen, leeren, kalten Säle ein. Da sah sie Kay, sie erkannte ihn, sie flog ihm um den Hals, hielt ihn ganz fest und rief: »Kay! lieber, süßer Kay! So habe ich dich denn endlich gefunden!«

Aber er saß ganz still, steif und kalt da. – Da weinte die kleine Gerda heiße Tränen, die fielen auf seine Brust, die drangen in sein Herz hinein, sie tauten den Eisklumpen auf und verzehrten den kleinen Spiegelsplitter dadrinnen; er sah sie an, und sie sang das Lied:

»Im Tal blühen die Rosen so schön;
Wir werden das Christkindlein sehn!«

Da brach Kay in Tränen aus, und das Spiegelkörnchen floß ihm aus den Augen heraus, er erkannte sie wieder und jubelte: »Gerda! liebe, kleine Gerda! – Wo bist du denn so lange gewesen? Und wo bin ich nur gewesen?« Und er sah sich ringsumher um. »Wie kalt ist es hier! Wie groß und leer ist es hier!« Und er klammerte sich an Gerda fest, und sie lachte und weinte vor Freude; das war so herrlich, daß selbst die Eisstücke vor Freude rund herumtanzten; und als sie müde waren und sich hinlegten, bildeten sie gerade die Buchstaben, von denen die Schneekönigin gesagt hatte, daß, wenn er sie fände, er sein eigner Herr sein sollte und daß sie ihm die ganze Welt und ein Paar neue Schlittschuhe schenken wollte. Und Gerda küßte seine Wangen, und sie wurden blühend; sie küßte seine Augen, und sie leuchteten wie die ihren, sie küßte seine Hände und Füße, und sie wurden gesund und stark. Die Schneekönigin konnte jetzt getrost nach Hause kommen, sein Freibrief stand da mit schimmernden Eisstücken geschrieben.

Und sie faßten einander bei den Händen und wanderten aus dem großen Schloß hinaus, sie sprachen von der Großmutter und von den Rosen oben auf dem Dach; und wo sie gingen, legten sich die Winde ganz still zur Ruhe, und die Sonne brach hervor; und als sie an den Busch mit den roten Beeren kamen, stand das Rentier da und wartete; es hatte ein anderes junges Rentier bei sich, dessen Euter voll waren, und das gab den Kindern seine warme Milch und küßte sie auf den Mund. Dann trugen sie Gerda und Kay zuerst zu der Finnin, wo sie sich in der heißen Stube erwärmten und Bescheid über die Heimreise erhielten, und dann zu der Lappin, die ihnen neue Kleider genäht und den Schlitten instand gesetzt hatte.

Und das Rentier und das Junge sprangen neben dem Schlitten her und gaben ihnen das Geleite bis an die Grenze des Landes; dort lugte das erste Grün hervor; da nahmen sie Abschied von dem Rentier und auch von der Lappin. »Lebt wohl!« sagten sie alle. Und die ersten kleinen Vögel fingen an zu zwitschern, der Wald hatte grüne Knospen, und daraus herausgeritten kam auf einem prächtigen Pferde, das Gerda kannte – es war vor die goldene Kutsche gespannt gewesen –, ein junges Mädchen mit einer leuchtendroten Mütze auf dem Kopf und mit Pistolen im Halfter; es war das kleine Räubermädchen, das es satt hatte, zu Hause zu sein, und nun erst nach dem Norden wollte und dann nach einer andern Richtung, falls es ihr da nicht gefiel. Sie erkannte Gerda sogleich, und Gerda erkannte sie, das war eine Freude.

»Du bist ein netter Junge, daß du dich so herumtreibst!« sagte sie zu dem kleinen Kay; »ich möchte wohl wissen, ob du es verdienst, daß man um deinetwillen bis ans Ende der Welt läuft!«

Aber Gerda streichelte ihr die Wange und fragte nach dem Prinzen und der Prinzessin.

»Die sind in fremde Länder gereist!« sagte das Räubermädchen.

»Aber die Krähe?« fragte die kleine Gerda.

»Ja, die Krähe, die ist tot!« antwortete sie. »Die zahme Braut ist Witwe geworden und geht mit einem Ende schwarzer Wolle um das Bein; sie klagt ganz jämmerlich, und das Ganze ist ein großes Gefasel! – Aber erzähle du mir jetzt, wie es dir ergangen ist und wie du ihn gekriegt hast!«

Und Gerda und Kay erzählten beide.

»Und schnipp – schnapp, schnurre – basselurre!« sagte das Räubermädchen, faßte sie beide bei den Händen und versprach, daß, wenn sie einmal durch ihre Stadt käme, sie hinaufkommen und sie besuchen wolle, und dann ritt sie in die weite Welt hinaus; aber Kay und Gerda gingen Hand in Hand, und wie sie so gingen, war es herrlicher Frühling mit Blumen und Grün; die Kirchenglocken läuteten, und sie erkannten die hohen Türme, die große Stadt, es war die, in der sie wohnten, und sie gingen in die Stadt hinein und bis an Großmutters Tür und die Treppe hinauf in die Stube hinein, wo alles auf demselben Fleck wie früher stand, und die Uhr sagte: Tick! Tack! und die Zeiger drehten sich; aber als sie durch die Tür gingen, merkten sie, daß sie erwachsene Menschen geworden waren. Die Rosen in der Dachrinne blühten zu den geöffneten Fenstern herein, und da standen die kleinen Kinderstühle, und Kay und Gerda setzten sich jedes auf den seinen und faßten sich bei den Händen; die kalte, leere Herrlichkeit bei der Schneekönigin hatten sie wie einen bösen Traum vergessen. Die Großmutter saß in Gottes hellem Sonnenschein und las aus der Bibel vor: »Wenn ihr nicht werdet wie die Kindlein, so werdet ihr das Reich Gottes nicht ererben!«

Und Kay und Gerda sahen sich in die Augen, und sie verstanden auf einmal den alten Gesang:

»Im Tal blühen die Rosen so schön,
Wir werden das Christkindlein sehn!«

Da saßen sie beide, erwachsen und doch Kinder, Kinder im Herzen, und es war Sommer, warmer, herrlicher Sommer.

Hans Christian Andersen

Der Tannenbaum

Draußen im Walde stand ein niedlicher, kleiner Tannenbaum; er hatte einen guten Platz, Sonne konnte er bekommen, Luft war genug da, und ringsumher wuchsen viele größere Kameraden, Tannen und auch Fichten; aber der kleine Tannenbaum war nur darauf erpicht zu wachsen; er dachte nicht an die warme Sonne und an die frische Luft, er machte sich nichts aus den Dorfkindern, die um ihn herumliefen und plauderten, wenn sie da draußen waren, um Erdbeeren oder Himbeeren zu sammeln; oft kamen sie mit einem ganzen Topf voll, oder sie hatten Erdbeeren auf einen Strohhalm gereiht, und dann setzten sie sich neben den kleinen Baum und sagten: »Nein, wie reizend klein der ist!« Das mochte der Baum gar nicht hören.

Im nächsten Jahr war er ein ganzes Ende größer, und im Jahr darauf war er noch viel größer, denn bei einem Tannenbaum kann man immer an den vielen Ansätzen, die er hat, sehen, wieviel Jahre er gewachsen ist.

»Ach, wäre ich doch solch großer Baum wie die andern!« seufzte der kleine Baum, »dann könnte ich meine Zweige weit um mich ausbreiten und mit der Spitze in die weite Welt hinaussehen! Die Vögel würden Nester zwischen meinen Zweigen bauen, und wenn es wehte, könnte ich so vornehm nicken, geradeso wie die andern da!«

Er hatte gar keine Freude an dem Sonnenschein, an den Vögeln oder an den roten Wolken, die des Morgens und des Abends über ihn hinsegelten.

Wenn es Winter war und der Schnee ringsumher schimmerndweiß lag, dann kam oft ein Hase gesprungen und setzte gerade über den kleinen Baum hinweg – o, das war so ärgerlich! – Aber zwei Winter vergingen, und im dritten war der Baum so groß, daß der Hase um ihn herumlaufen mußte. »Ach, wachsen, wachsen, groß und alt werden, das ist doch das einzig Schöne in dieser Welt«, dachte der Baum.

Im Herbst kamen immer Holzhauer und fällten einige von den größten Bäumen, das geschah jedes Jahr, und der junge Tannenbaum, der jetzt schon ganz hübsch groß war, erschauerte, denn die großen, prächtigen Bäume fielen mit einem Krachen und Knacken zu Boden; ihre Zweige wurden abgehauen, sie sahen ganz nackt, lang und schmal aus; sie waren beinahe nicht wiederzuerkennen, aber dann wurden sie auf Wagen geladen, und Pferde zogen sie fort, aus dem Walde hinaus.

Wo sollten sie hin? Was stand ihnen bevor?

Im Frühling, als die Schwalbe und der Storch kamen, fragte der Baum sie. »Wißt ihr, wo sie hingebracht worden sind? Seid ihr ihnen begegnet?«

Die Schwalbe wußte nichts, aber der Storch sah nachdenklich aus, nickte mit dem Kopf und sagte: »Ja, ich glaube, ich weiß es! ich begegnete vielen neuen Schiffen, als ich von Ägypten geflogen kam; auf den Schiffen waren prächtige Mastbäume; ich möchte sagen, daß sie es waren, sie rochen nach Tannen; ich kann vielmals grüßen, sie ragen so stolz, so stolz empor!«

»Ach, wäre ich doch auch groß genug, um über das Meer hinzufliegen! Wie ist es eigentlich, dies Meer, und wie sieht es aus?«

»Ja, das ist so umständlich zu erklären«, sagte der Storch, und dann ging er fort.

»Freue du dich deiner Jugend!« sagten die Sonnenstrahlen; »freue dich auch deines frischen Wachstums, des jungen Lebens, das in dir ist!«

Und der Wind küßte den Baum, und der Tau weinte Tränen über ihn, aber das verstand der Tannenbaum nicht.

Wenn die Weihnachtszeit herankam, wurden ganz junge Bäume gefällt, Bäume, die oft nicht einmal so groß oder so alt waren wie dieser Tannenbaum, der weder Rast noch Ruhe hatte, sondern immer von dannen wollte; diese jungen Bäume – und es waren gerade die allerschönsten – behielten immer ihre Zweige, sie wurden auf Wagen gelegt, und Pferde zogen sie von dannen, aus dem Walde hinaus.

»Wo sollen sie hin?« fragte der Tannenbaum. »Sie sind nicht größer als ich, da war sogar einer, der noch viel kleiner war; warum haben sie alle ihre Zweige behalten? Wo fahren sie hin?«

»Das wissen wir! das wissen wir!« zwitscherten die Spatzen. »Wir haben unten in der Stadt in die Fenster hineingeguckt! Wir wissen, wo sie hinfahren! O, sie gelangen zur größten Pracht und Herrlichkeit, die man sich nur denken kann! Wir haben in die Fenster hineingeguckt und gesehen, wie sie mitten in die warme Stube gepflanzt und mit den schönsten Sachen geschmückt wurden, mit vergoldeten Äpfeln und Honigkuchen, mit Spielzeug und mit vielen Hunderten von Lichtern!«

»Und dann –?« fragte der Tannenbaum und zitterte an allen Zweigen. »Und dann? Was geschieht dann?«

»Ja, mehr haben wir nicht gesehen! Das war wunderbar!«

»Ob ich wohl erschaffen bin, um diesen strahlenden Weg zu gehen?« jubelte der Baum. »Das ist noch besser, als über das Meer zu fahren! Wie mich die Sehnsucht quält! Wäre es doch erst Weihnachten! Jetzt bin ich groß und breit wie die andern, die im vorigen Jahr weggeführt wurden! – Ach, wäre ich doch erst auf dem Wagen! Wäre ich doch in der warmen Stube mit all der Pracht und Herrlichkeit! und dann –? Ja, dann kommt noch etwas viel Besseres, viel Schöneres, warum sollten sie mich sonst wohl so schmücken! da muß noch etwas viel Größeres, viel Herrlicheres kommen –! aber was? O, ich leide, ich sehne mich! ich weiß selbst nicht, wie mir zumute ist!«

»Freue dich über mich!« sagte die Luft, sagte der Sonnenschein; »freue dich deiner frischen Jugend da draußen im Freien.«

Aber er freute sich gar nicht; er wuchs und wuchs, im Winter und im Sommer stand er grün da; dunkelgrün stand er da; Leute, die ihn sahen, sagten: »Das ist ein wunderhübscher Baum«; und zur Weihnachtszeit wurde er vor allen zuerst gefällt. Die Axt hieb tief durch das Mark, der Baum fiel mit einem Seufzer an die Erde, er empfand einen Schmerz, eine Ohnmacht, er konnte gar nicht an sein Glück denken, er war betrübt, von der Heimat scheiden zu müssen, von dem Fleck, wo er emporgesprossen war; er wußte ja, daß er niemals die lieben alten Kameraden, die kleinen Büsche und Blumen ringsumher, ja, vielleicht nicht einmal die Vögel, wiedersehen würde. Die Abreise war gar nicht so angenehm. Der Baum kam erst wieder zu sich, als er im Hofe mit den andern Bäumen abgeladen worden war und einen Mann sagen hörte: »Der ist wunderhübsch! Wir brauchen nur den allein!«

Dann kamen zwei Diener in vollem Staat und trugen den Tannenbaum in einen großen, schönen Saal. Ringsumher an den Wänden hingen Ölgemälde, und neben dem großen Kachelofen standen chinesische Vasen mit Löwen auf den Deckeln; da gab es Schaukelstühle, seidene Sofas, große Tische, voll von Bilderbüchern und Spielzeug für hundertmal hundert Taler – wenigstens sagten die Kinder das. Und der Tannenbaum wurde in ein großes, mit Sand gefülltes Faß gestellt, aber niemand konnte sehen, daß es ein Faß war, denn es wurde grüner Stoff ringsherum gehängt, und es stand auf einem großen, bunten Teppich. O, wie der Baum bebte! Was wird wohl nun geschehen? Diener, wie auch junge Damen gingen umher und schmückten ihn. An die Zweige hängten sie kleine, aus buntem Papier ausgeschnittene Netze; jedes Netz war mit Zuckerwerk gefüllt; vergoldete Äpfel und Walnüsse hingen dazwischen, als seien sie festgewachsen, und über hundert rote, blaue und weiße kleine Kerzen wurden an den Zweigen befestigt. Puppen, die leibhaftig wie Menschen aussahen – der Baum hatte noch niemals solche gesehen –, schwebten in dem Grün, und ganz oben auf die Spitze wurde ein großer Stern aus Flittergold gesteckt, das war prachtvoll, ganz wunderbar prachtvoll.

»Heute abend«, sagten sie alle zusammen, »heute abend soll er strahlen!«

»Ach«, dachte der Baum, »wäre es doch erst Abend! wären doch die Lichter nur erst angezündet! und was dann wohl geschieht? Ob wohl Bäume aus dem Walde kommen, um mich zu besehen? Ob die Spatzen an die Fensterscheiben fliegen? Ob ich hier festwachse und Winter und Sommer geschmückt dastehen soll?«

Ja, er wußte gut Bescheid; aber er hatte förmlich Rindenweh vor lauter Sehnsucht, und Rindenweh ist für einen Baum ebenso schlimm wie Kopfschmerzen für uns andere.

Nun wurden die Lichter angezündet. Welch ein Glanz, welch eine Pracht! Der Baum erbebte dabei an allen Zweigen, so daß eins der Lichter das Grün anzündete; es brannte ordentlich.

»Gott bewahre uns!« schrien die jungen Damen und löschten es schnell aus.

Jetzt wagte der Baum nicht einmal zu beben! O, war das ein Graus! Er war so bange, etwas von seinem Schmuck zu verlieren, er war ganz verwirrt von all dem Glanz, – – und nun gingen beide Flügeltüren auf, und eine Menge Kinder stürzten herein, als wollten sie den ganzen Baum umreißen; die älteren Leute kamen bedächtig hinterdrein; die Kleinen standen ganz stumm da, – aber nur einen Augenblick, dann jubelten sie wieder, daß es nur so schallte; sie tanzten rund um den Baum herum, und ein Geschenk nach dem andern wurde abgepflückt.

»Was machen sie nur?« dachte der Baum. »Was wird jetzt noch geschehen?« Und die Lichter brannten bis auf die Zweige herunter, und sobald eins niedergebrannt war, wurde es ausgelöscht, und dann bekamen die Kinder Erlaubnis, den Baum zu plündern. O, sie stürzten auf ihn ein, so daß er in allen Zweigen krachte; wäre er nicht mit der Spitze und mit dem goldenen Stern an die Decke festgebunden gewesen, so wäre er umgestürzt.

Die Kinder tanzten mit ihrem herrlichen Spielzeug herum, niemand sah den Baum an außer dem alten Kindermädchen, das umherging und zwischen die Zweige guckte, aber das tat sie nur, um zu sehen, ob da nicht noch eine Feige oder ein Apfel vergessen war.

»Eine Geschichte! eine Geschichte!« riefen die Kinder und zogen einen kleinen dicken Mann nach dem Baum hin, und der setzte sich gerade unter ihn, »denn dann sind wir im Grünen«, sagte er, »und dem Baum kann es ganz besonders guttun, mit zuzuhören; aber ich erzähle nur Eine Geschichte. Wollt ihr die von Ivede-Avede hören, oder die von Klumpe-Dumpe, der die Treppe hinunterfiel und doch auf den Ehrenplatz kam und die Prinzessin kriegte?« »Ivede-Avede!« schrien einige, »Klumpe-Dumpe!« schrien andere; da gab es ein Rufen und Schreien, nur der Tannenbaum schwieg ganz still und dachte: »Soll ich gar nicht mit dabei sein, soll ich gar nichts dabei zu tun haben!« Er war ja mit dabei gewesen, hatte getan, was er tun sollte.

Und der Mann erzählte von Klumpe-Dumpe, der die Treppe hinunterfiel und doch auf den Ehrenplatz kam und die Prinzessin kriegte.

Und die Kinder klatschten in die Hände und riefen: »Erzähle! erzähle!« Sie wollten auch »Ivede-Avede« hören, aber sie bekamen nur die Geschichte von »Klumpe-Dumpe« erzählt. Der Tannenbaum stand ganz still und nachdenklich da, nie hatten die Vögel draußen im Walde so etwas erzählt. »Klumpe-Dumpe fiel die Treppe hinab und kriegte doch die Prinzessin! Ja, ja, so geht es zu in der Welt!« dachte der Tannenbaum und glaubte, daß es wirklich wahr sei, weil es ein so netter Mann war, der es erzählte. »Ja, ja, wer kann es wissen! vielleicht falle ich auch die Treppe hinunter und kriege eine Prinzessin!« Und er freute sich darauf, am nächsten Tag wieder mit Lichtern und Spielzeug und Gold und Früchten aufgeputzt zu werden.

»Morgen will ich nicht zittern!« dachte er. »Ich will mich so recht all meiner Herrlichkeit freuen. Morgen werde ich wieder die Geschichte von ›Klumpe-Dumpe‹ hören und vielleicht auch die von ›Ivede-Avede‹.« Und der Baum stand die ganze Nacht still und gedankenvoll da.

Am Morgen kamen die Diener und das Mädchen herein.

»Nun beginnt die Pracht von neuem!« dachte der Baum, aber sie schleppten ihn aus der Stube hinaus, die Treppe hinauf auf den Boden, und da, in einer dunklen Ecke, wo kein Tag hineinschien, stellten sie ihn hin. »Was soll das bedeuten?« dachte der Baum. »Was soll ich hier wohl machen? Was werde ich hier wohl zu hören bekommen?« Und er lehnte sich an die Wand und dachte und dachte. – – Und Zeit genug hatte er, denn es vergingen Tage und Nächte; niemand kam hinauf, und als endlich jemand kam, da geschah es nur, um ein paar große Kisten in die Ecke zu stellen; der Baum stand ganz versteckt, man sollte glauben, daß er ganz und gar vergessen war.

»Jetzt ist es Winter da draußen!« dachte der Baum. »Die Erde ist hart und mit Schnee bedeckt, die Menschen könnten mich nicht einpflanzen; darum muß ich hier noch bis zum Frühling im Schutz stehen! Wie wohl bedacht das ist! Wie gut doch die Menschen sind!«

»Wäre es hier nur nicht so dunkel und so schrecklich einsam! – Nicht einmal ein kleiner Hase! – Das war doch so vergnüglich da draußen im Walde, wenn Schnee lag und der Hase vorübersprang; ja, selbst als er über mich hinwegsprang, aber das mochte ich damals gar nicht. Hier oben ist es doch schrecklich einsam!«

»Piep, piep!« sagte im selben Augenblick eine kleine Maus und schlüpfte hervor, und dann kam noch eine kleine dazu. Sie beschnupperten den Tannenbaum und huschten in seinen Zweigen herum.

»Es ist eine greuliche Kälte!« sagten die kleinen Mäuse. »Sonst ist es hier ja herrlich! Nicht wahr, du alter Tannenbaum?«

»Ich bin gar nicht alt!« sagte der Tannenbaum, »es gibt viele, die viel älter sind als ich!«

»Wo kommst du her?« fragten die Mäuse, »und was weißt du?« Die waren nun einmal so schrecklich neugierig. »Erzähle uns doch von dem schönsten Ort auf der Welt! Bist du dort gewesen? Bist du in der Speisekammer gewesen, wo Käse auf den Borden liegen und Schinken unter der Decke hängen, wo man auf Talglichten tanzt und mager hineingeht und fett herauskommt?«

»Den Ort kenne ich nicht«, sagte der Baum, »aber den Wald kenne ich, wo die Sonne scheint und wo die Vögel singen!« und dann erzählte er alles aus seiner Jugend, und die kleinen Mäuse hatten noch nie so was gehört, und sie hörten aufmerksam zu und sagten: »Nein, wie viel du gesehen hast! wie glücklich du gewesen bist!«

»Ich!« sagte der Tannenbaum und dachte über das nach, was er selbst erzählte; »ja, es waren im Grunde ganz vergnügliche Zeiten!« – aber dann erzählte er von dem Weihnachtsabend, wo er mit Kuchen und Lichtern geschmückt war.

»Ach!« sagten die kleinen Mäuse, »wie glücklich du gewesen bist, du alter Tannenbaum!«

»Ich bin gar nicht alt!« sagte der Tannenbaum, »ich bin ja erst diesen Winter aus dem Walde gekommen! ich bin in meinem allerbesten Alter, ich bin nur im Wachstum zurückgeblieben!«

»Wie schön du erzählen kannst!« sagten die kleinen Mäuse, und in der nächsten Nacht kamen sie mit vier andern kleinen Mäusen, die den Baum erzählen hören sollten, und je mehr er erzählte, desto deutlicher erinnerte er sich all seiner Erlebnisse und meinte: »Es waren doch ganz vergnügliche Zeiten! aber es kann noch kommen, es kann noch kommen! Klumpe-Dumpe fiel die Treppe hinunter und kriegte doch die Prinzessin, vielleicht kriege ich auch eine Prinzessin«, und dabei dachte der Tannenbaum an eine kleine niedliche Birke, die da draußen im Walde wuch, das war für den Tannenbaum eine wirkliche, schöne Prinzessin.

»Was ist Klumpe-Dumpe?« fragten die kleinen Mäuse. Und dann erzählte der Tannenbaum das ganze Märchen, er konnte sich jedes einzelnen Wortes entsinnen; und die kleinen Mäuse waren nahe daran, vor lauter Freude bis an die Spitze des Baumes zu springen. In der nächsten Nacht kamen noch viel mehr Mäuse, und am Sonntag kamen sogar zwei Ratten; aber die meinten, die Geschichte wäre nicht amüsant, und das betrübte die kleinen Mäuse, denn jetzt gefiel sie ihnen auch lange nicht mehr so gut.

»Wissen Sie nur die eine Geschichte?« fragten die Ratten.

»Nur die eine!« antwortete der Baum. »Die hörte ich an meinem glücklichsten Abend, aber damals dachte ich nicht daran, wie glücklich ich war!«

»Das ist eine außerordentlich mäßige Geschichte! Wissen Sie keine von Speck oder Talglichten? Keine Speisekammergeschichte?«

»Nein!« sagte der Baum.

»Ja, dann bedanken wir uns vielmals!« sagten die Ratten und gingen wieder dahin, woher sie gekommen waren.

Die kleinen Mäuse blieben schließlich auch weg, und da seufzte der Baum: »Es war doch ganz nett, als sie um mich herumsaßen, die muntern kleinen Mäuse, und zuhörten, wenn ich erzählte! Nun ist auch das vorbei! – aber ich werde daran denken, mich zu freuen, wenn ich nun wieder hervorgeholt werde!«

Aber wann geschah das? – Ja, in einer Morgenstunde kamen Leute und kramten auf dem Boden herum. Kisten wurden weggesetzt, der Baum wurde hervorgezogen; sie warfen ihn freilich ein wenig hart auf den Fußboden, aber gleich darauf schleppte ihn ein Diener nach der Treppe hin, wo der Tag hereinschien.

»Jetzt fängt das Leben wieder an«, dachte der Baum; er fühlte die frische Luft, den ersten Sonnenstrahl – und nun war er draußen auf dem Hof. Alles ging so geschwind, der Baum vergaß ganz, sich selbst zu betrachten, ringsumher war so vieles zu sehen. Der Hof stieß an einen Garten, und darin blühte alles; die Rosen hingen so frisch und duftend über das kleine Gitter herüber, die Lindenbäume blühten, und die Schwalben flogen umher und sagten: »Quivi-wie-wie-vit, mein Mann ist gekommen!« aber den Tannenbaum meinten sie nicht.

»Jetzt will ich leben!« jubelte er und breitete seine Zweige weit aus; ach, sie waren alle vertrocknet und gelb; und er lag in der Ecke zwischen Unkraut und Nesseln. Der Stern aus Goldpapier saß noch oben an der Spitze und glitzerte im hellen Sonnenschein.

Auf dem Hofe spielten ein paar von den lustigen Kindern, die zur Weihnachtszeit um den Baum herumgetanzt und sich so über ihn gefreut hatten. Eins von den kleinsten lief hin und riß den goldenen Stern ab.

»Seht, was da noch an dem ekligen alten Tannenbaum sitzt!« sagte der Junge und trampelte auf den Zweigen herum, so daß sie unter seinen Stiefeln krachten.

Und der Baum sah hinüber zu all der Blumenpracht und Frische im Garten, er sah sich selbst an und wünschte, daß er in seinem dunkeln Winkel oben auf dem Boden geblieben wäre; er dachte an seine frische Jugend im Walde, an den lustigen Weihnachtsabend und an die kleinen Mäuse, die so vergnügt die Geschichte von Klumpe-Dumpe angehört hatten.

»Vorbei, vorbei!« sagte der arme Baum. »Hätte ich mich doch gefreut, als ich es noch konnte. Vorbei! vorbei!«

Und der Knecht kam und hieb den Baum in kleine Stücke, ein ganzes Bündel lag da; herrlich flammte es auf unter dem großen Braukessel; und er seufzte so tief, jeder Seufzer war wie ein kleiner Schuß; deshalb liefen die Kinder, die da draußen spielten, herzu und setzten sich vor das Feuer, sahen in die Flammen und riefen: »Piff! Paff!« aber bei jedem Knall, der ein tiefer Seufzer war, dachte der Baum an einen Sommertag im Walde, an eine Winternacht da draußen, wenn die Sterne glitzerten; er dachte an den Weihnachtsabend und an Klumpe-Dumpe, das einzige Märchen, das er gehört hatte und erzählen konnte – und dann war der Baum verbrannt.

Die Knaben spielten auf dem Hofe, und der kleinste hatte den goldenen Stern an der Brust, den der Baum an seinem glücklichsten Abend getragen hatte; das war jetzt vorbei, und mit dem Baum war es vorbei und mit der Geschichte auch; vorbei, vorbei, und so geht es mit allen Geschichten!

Hans Christian Andersen

2. ADVENT

Knecht Ruprecht

»Von drauß' vom Walde komm ich her,
Ich muß euch sagen, es weihnachtet sehr.
Allüberall auf den Tannenspitzen
Sah ich goldene Lichtlein sitzen.
Und droben aus dem Himmelstor
Sah mit großen Augen das Christkind hervor.
Und wie ich so strolcht durch den dichten Tann,
Da rief's mich mit heller Stimme an;
›Knecht Ruprecht‹, rief es, ›alter Gesell,
Hebe die Beine und spute dich schnell!
Die Kerzen fangen zu brennen an,
Das Himmelstor ist aufgetan,
Alt' und Junge sollen nun
Von der Jagd des Lebens einmal ruhn;
Und morgen flieg ich hinab zur Erden,
Denn es soll wieder Weihnachten werden!‹
Ich sprach: ›O lieber Herre Christ,
Meine Reise fast zu Ende ist;
Ich soll nur noch in diese Stadt,
Wo's eitel brave Kinder hat.‹
›Hast denn das Säcklein auch bei dir?‹
Ich sprach: ›Das Säcklein, das ist hier;
Denn Apfel, Nuß und Mandelkern
Fressen fromme Kinder gern!‹
›Hast denn die Rute auch bei dir?‹
Ich sprach: ›Die Rute, die ist hier!
Doch für die Kinder nur, die schlechten,

Die trifft sie auf den Teil, den rechten!‹
Christkindlein sprach: ›So ist es recht,
So geh mit Gott, mein treuer Knecht!‹
Von drauß' vom Walde komm ich her;
Ich muß euch sagen, es weihnachtet sehr!
Nun sprecht, wie ich's hierinnen find?
Sind's gute Kind, sind's böse Kind?

Theodor Storm

Sankt Nikolaus in Not

Es fielen noch ein paar mollige Flocken aus der wegziehenden Schneewolke, und da stand auf einmal auch schon der runde Mond leuchtend über dem weißen Turm.

Die beschneite Stadt wurde eine silberne Stadt.

Es war ein Abend von flaumweicher Stille und lilienreiner Friedsamkeit. Und wären die flimmernden Sterne herniedergesunken, um als Heilige in goldenen Meßgewändern durch die Straßen zu wandeln – niemand hätte sich gewundert.

Es war ein Abend, wie geschaffen für Wunder und Mirakel. Aber keiner sah die begnadete Schönheit des alten Städtchens unter dem mondbeschienenen Schnee.

Die Menschen schliefen.

Nur der Dichter Remoldus Keersmaeckers, der in allem das Schöne sah und darum lange Haare trug, saß noch bei Kerzenschein und Pfeifenrauch und reimte ein Gedicht auf die Götter des Olymp und die Herrlichkeit des griechischen Himmels, die er so innig auf Holzschnitten bewundert hatte.

Der Nachtwächter Dries Andijvel, der auf dem Turm die Wache hielt, huschte alle Viertelstunde hinaus, blies eilig drei Töne in die vier Windrichtungen, kroch dann zurück in die warme, holzgetäfelte Kammer zum bullernden Kanonenöfchen und las weiter in seinem Liederbüchlein: »Der flämische Barde, hundert Lieder für fünf Groschen.« War eins dabei, von dem er die Weise kannte, dann kratzte er die auf einer alten Geige und sang das Lied durch seinen weißen Bart, daß es bis hoch ins rabenschwarze Gerüst des Turmes schallte. Ein kühles Gläschen Bier schmierte ihm jedesmal zur Belohnung die Kehle.

Trinchen Mutser aus dem »Verzuckerten Nasenflügel«

saß in der Küche und sah traurig durch das Kreuzfensterchen in ihren Laden.

Ihr Herz war in einen Dornbusch gefallen. Trinchen Mutsers Herz war ganz durchstochen und durchbohrt, nicht weil all ihr Zuckerzeug heute am Sankt-Nikolausabend ausverkauft war – ach nein! weil das große Schokoladenschiff stehengeblieben war. Einen halben Meter war es hoch und so lang wie von hier bis dort! Wie wunderschön stand es da hinter den flaschengrünen Scheiben ihres Lädchens, lustig mit Silberpapier beklebt, verziert mit rosa Zuckerrosetten, mit Leiterchen aus weißem Zucker und mit Rauch in den Schornsteinen. Der Rauch war weiße Watte.

Das ganze Stück kostete so viel wie all die kleinen Leckereien, die Pfefferkuchenhähne mit einem Federchen am Hintern, die Knusperchen, die Schaumflocken, die Zuckerbohnen und die Schokoladenplätzchen zusammen. Und wenn das Stück, das Schiff aus Schokolade, das sich in rosa Zuckerbuchstaben als die »Kongo« auswies, nicht verkauft wurde, dann lag ihr ganzer Verdienst im Wasser, und sie verlor noch Geld obendrein.

Warum hat sie das auch kaufen müssen? Wo hat sie nur ihre Gedanken gehabt! So ein kostbares Stück für ihren bescheidenen kleinen Laden! Wohl waren alle gekommen, um es sich anzusehen, Mütter und Kinder, sie hatte dadurch verkauft wie noch nie. Aber kein Mensch fragte nach dem Preis, und so blieb es stehen und rauchte immer noch seine weiße Watte, stumm wie ein toter Fisch.

Als Frau Doktor Vaes gekommen war, um Varenbergsche Hustenbonbons zu holen, da hatte Trinchen gesagt: »Sehen Sie nur mal, Frau Doktor Vaes, was für ein schönes Schiff! Wenn ich Sie wäre, dann würde ich Ihren Kindern nichts anderes zum Sankt Nikolaus schenken als dieses Schiff. Sie werden selig sein, wie im Himmel.«

»Ach«, sagte Frau Vaes abwehrend, »Sankt Nikolaus ist ein armer Mann. Die Kinder werden schon viel zu sehr verwöhnt, und außerdem gehen die Geschäfte von dem Herrn Doktor viel zu schlecht. Wissen Sie wohl, Trinchen, daß es in diesem Winter fast keine Kranken gibt? Wenn das nicht besser wird, weiß ich gar nicht, was wir anfangen sollen.« Und sie kaufte zwei Pfefferkuchenhähne auf einem Stäbchen und ließ sich tagelang nicht mehr sehen.

Und heute war Nikolausabend; aller Kleinkram war verkauft, nur die »Kongo« stand noch da in ihrer braunen Kongofarbe und rauchte einsam und verlassen ihre weiße Watte. Zwanzig Franken Verlust! Der ganze Horizont war schwarz wie die Kongo selber. Vielleicht könnte man sie stückweise verkaufen oder verlosen? Ach nein, das brachte noch nicht fünf Franken ein, und sie konnte das Ding doch nicht auf die Kommode stellen neben die anderen Nippsachen.

Ihr Herz war in einen Dornbusch gefallen. Sie zündete eine Kerze an für den heiligen Antonius und eine für Sankt Nikolaus und betete einen Rosenkranz, auf daß der Himmel sich des Schiffes annehmen möge und Gnade tauen. Sie wartete und wartete. Die Stille wanderte auf und ab.

Um zehn Uhr machte sie die Fensterläden zu und konnte in ihrem Bett vor Kummer nicht schlafen.

Und es gab noch ein viertes Wesen in dem verschneiten Städtchen, das nicht schlief. Das war ein kleines Kind, Cäcilie; es hatte ein seidig blondes Lockenköpfchen und war so arm, daß es sich nie mit Seife waschen konnte, und ein Hemdchen trug es, das nur noch einen Ärmel hatte und am Saum ausgefranst war wie Eiszapfen an der Dachrinne.

Die kleine Cäcilie saß, während ihre Eltern oben schliefen, unter dem Kamin und wartete, bis Sankt Nikolaus das Schokoladenschiff von Trinchen Mutser durch den Schornstein herunterwerfen würde. Sie wußte, es würde ihr gebracht werden; sie hatte es jede Nacht geträumt, und nun saß sie da und wartete voller Zuversicht und Geduld darauf; und weil sie fürchtete, das Schiff könne beim Fallen kaputtgehen, hatte sie sich ihr Kopfkissen auf den Arm gelegt, damit es weich wie eine Feder darauf niedersinken könnte.

Und während nun die vier wachenden Menschen im Städtchen: der Dichter, der Turmwächter, Trinchen Mutser und Cäcilie, ein jedes mit seiner Freude, seinem Kummer oder seiner Sehnsucht beschäftigt, nichts sahen von der Nacht, die war wie ein Palast, öffnete sich der Mond wie ein runder Ofen mit silberner runder Tür, und es stürzte aus der Mondhöhle eine solche strahlende Klarheit hernieder, daß sie sich auch mit goldener Feder nicht beschreiben ließe.

Einen Augenblick lang fiel das echte Licht aus dem wirklichen Himmel auf die Erde. Das geschah, um Sankt Nikolaus auf seinem weißen, schwer beladenen Eselchen und den schwarzen Knecht Ruprecht durchzulassen.

Aber wie kamen sie nun auf die Erde? Ganz einfach. Das Eselchen stellte sich auf einen Mondstrahl, stemmte die Beine steif und glitschte nur so hinunter, wie auf einer schrägen Eisbahn. Und der schlaue Knecht Ruprecht faßte den Schwanz vom Eselchen und ließ sich ganz behaglich mitziehen, auf den Fersen hockend. So kamen sie ins Städtchen, mitten auf den beschneiten Großen Markt.

In Körben, die zu beiden Seiten des Eselchens hingen, dufteten die bunten Leckereien, die Knecht Ruprecht unter der Aufsicht von Sankt Nikolaus in der Konditorei des Himmels gebacken hatte. Und als man sah, daß es nicht reichte und der Zucker zu Ende ging, da hatte Knecht Ruprecht sich in Zivil geworfen, um unerkannt in den Läden, auch bei

Trinchen Mutser, Süßigkeiten zu kaufen, von dem Geld aus den Sankt Nikolausopferstöcken, die er alle Jahre einmal in den Kirchen ausleeren durfte. Mit all den Leckereien war er an einem Mondstrahl in den schönen Himmel hinaufgeklettert, und nun mußte das alles verteilt werden an die kleinen Freunde von Sankt Nikolaus.

Sankt Nikolaus ritt durch die Straßen, und bei jedem Haus, in dem ein Kind wohnte, gab er je nach der Artigkeit des Kindes dem Knecht Ruprecht Leckereien, welche dieser, mit Katzengeschmeidigkeit an Regenkandeln und Dachrinnen entlang kletternd und über die Ziegel krabbelnd, zum Schornstein brachte; da ließ er sie dann vorsichtig hinunterfallen durch das kalte zugige Kaminloch, gerade auf einen Teller oder in einen Holzschuh hinein, ohne die zerbrechlichen Köstlichkeiten auch nur etwas zu bestoßen oder zu schrammen.

Knecht Ruprecht verstand sich auf seine Sache, und Sankt Nikolaus liebte ihn wie seinen Augapfel.

So bearbeiteten sie das ganze Städtchen, warfen herab, wo zu werfen war, sogar hier und da eine harte Rute für rechte Taugenichtse.

»Da wären wir bis zum nächsten Jahr wieder mal fertig«, sagte der Knecht Ruprecht, als er die leeren Körbe sah. Er steckte sich ein Pfeifchen an und stieß einen erleichterten Seufzer aus, weil die Arbeit nun getan war.

»Was?« fragte Sankt Nikolaus beunruhigt, »ist nichts mehr drin? Und die kleine Cäcilie? die brave kleine Cäcilie? schscht!«

Sankt Nikolaus sah auf einmal, daß sie vor Cäciliens Haus standen, und legte mahnend den Finger auf den Mund. Doch das Kind hatte die warme, brummende Stimme gehört wie Hummelgesumm, machte große Augen unter dem goldenen Lockenkopf, glitt ans Fenster, schob das Gardinchen weg und sah Sankt Nikolaus, den wirklichen Sankt Nikolaus.

Das Kind stand mit offenem Munde staunend da. Und während es sich gar nicht fassen konnte über den goldenen Bischofsmantel, der funkelte von bunten Edelsteinen wie ein Garten, über die Pracht der Mitra, worauf ein diamantenes Kreuz Licht in die Nacht hineinschnitt wie mit Messern, über den Reichtum der Ornamente am Krummstab, wo ein silberner Pelikan das Rubinenblut pickte für seine Jungen, während sie die feine Spitze besah, die über den purpurnen Mantel schleierte, während sie Gefallen fand an dem guten weißen Eselchen, und während sie lachen mußte über die Grimassen von dem drolligen schwarzen Knecht, der die weißen Augen herumrollte, als ob sie lose wie Taubeneier in seinem Kopf lägen, während alledem hörte sie die zwei Männer also miteinander reden:

»Ist gar nichts mehr in den Körben, lieber Ruprecht?«

»Nein, heiliger Herr, so wenig wie in meinem Geldsäkkel.«

»Sieh doch noch einmal nach, Ruprecht.«

»Ja, heiliger Herr, und wenn ich die Körbe auch ausquetsche, so kommt doch nicht soviel heraus wie eine Stecknadel.«

Sankt Nikolaus strich kummervoll über seinen schneeweißen Lockenbart und zwinkerte mit seinen honiggelben Augen.

»Ach«, sagte der schwarze Knecht, »da ist doch nichts mehr zu machen, heiliger Herr. Schreib der kleinen Cäcilie, daß sie im kommenden Jahr doppelt und dreimal so viel kriegen soll.«

»Niemals! Ruprecht! Ich, der ich im Himmel wohnen darf, weil ich drei Kinder, die schon zerschnitten und eingepökelt waren, wieder zum Leben gebracht und ihrer Mutter zurückgegeben habe, ich sollte nun diese kleine Cäcilie, das bravste Kind der ganzen Welt, leer ausgehen lassen und ihm eine schlechte Meinung von mir beibringen? Nie, Ruprecht! Nie!«

Knecht Ruprecht rauchte heftig, das brachte auf gute Gedanken, und sagte plötzlich: »Aber heiliger Herr, nun hört mal zu! Wir haben keine Zeit mehr, um noch einmal zum Himmel zurückzugehen, Ihr wißt, für Sankt Peter ist der Himmel kein Taubenschlag. Und außerdem, der Backofen ist kalt und der Zucker zu Ende. Und hier in der Stadt schläft alles, und es ist Euch sowohl wie mir verboten, Menschen zu wecken, und zudem sind auch alle Läden ausverkauft.«

Sankt Nikolaus strich nachdenklich über seine von vier Falten durchzogene Stirn, neben der schon Löckchen glänzten, denn sein Bart begann dicht unter dem Rande seines schönen Hutes.

Ich brauche euch nicht zu erzählen, wie Cäcilie langsam immer bekümmerter wurde von all den Worten. Das reiche Schiff sollte nicht bei ihr stranden! Und auf einmal schoß es leuchtend durch ihr Köpfchen. Sie machte die Tür auf und stand in ihrem zerschlissenen Hemdchen auf der Schwelle. Sankt Nikolaus und Knecht Ruprecht fuhren zusammen wie die Kaninchen. Doch Cäcilie schlug ehrerbietig ein Kreuz, stapfte mit ihren bloßen Füßchen in den Schnee und ging zu dem heiligen Kinderfreund. »Guten Tag, lieber Sankt Nikolaus«, stammelte das Kind. »Alles ist noch nicht ausverkauft... bei Trinchen Mutser steht noch ein großes Schokoladenschiff vom Kongo... wie sie die Läden vorgehängt hat, stand es noch da. Ich hab es gesehn!«

Von seinem Schreck sich erholend, rief Sankt Nikolaus erfreut: »Siehst du wohl, es ist noch nicht alles ausverkauft! Auf zu Trinchen Mutser! Zu Trinchen... aber ach!« ...und seine Stimme zitterte verzweifelt, »wir dürfen niemand wecken.«

»Ich auch nicht, Sankt Nikolaus?« fragte das Kind.

»Bravo!« rief der Heilige, »wir sind gerettet, kommt!«

Und sie gingen mitten auf der Straße, die kleine Cäcilie mit ihren bloßen Füßen voran, gerade nach der Eierwaffelstraße, wo Trinchen Mutser wohnte. In der Süßrahmbutterstraße wurde ihr Blick auf ein erleuchtetes Fenster gelenkt. Auf dem heruntergelassenen Vorhang sahen sie den Schatten von einem dürren, langhaarigen Menschen, der mit einem Büchlein und einer Pfeife in der Hand große Gebärden machte, und sein Mund ging dabei auf und zu. »Ein Dichter«, sagte Sankt Nikolaus und lächelte.

Sie kamen vor Trinchen Mutsers Haus. Im Mondlicht konnten sie gut das Aushängeschild erkennen: »Zum verzuckerten Nasenflügel«.

»Weck sie rasch auf«, sagte Sankt Nikolaus. Und das Kindchen lehnte sich mit dem Rücken an die Tür und klopfte mit der Ferse gegen das Holz. Aber das klang leise wie ein Samthämmerchen. »Stärker«, sagte der schwarze Knecht.

»Wenn ich noch stärker klopfe, wird's noch weniger gehen, denn mein Fuß tut mir weh«, sagte das Kind. »Mit den Fäusten«, sagte Knecht Ruprecht. Doch die Fäustchen waren noch leiser als die Fersen.

»Wart, ich werde meinen Schuh ausziehen, dann kannst du damit klopfen«, sagte Knecht Ruprecht.

»Nein«, gebot Sankt Nikolaus, »kein Drehn und Deuteln! Gott ist heller um uns als dieser Mondschein und duldet keine Advokatenkniffe.« Und doch hätte der gute Mann sich gern einen Finger abgebissen, um Cäcilie befriedigen zu können.

»Ach! Aber den Kerl mit den Affenhaaren auf dem Vorhang!« rief Knecht Ruprecht erfreut, »den darf ich rufen, der schläft nicht!«

»Der Dichter! der Dichter!« lachte Sankt Nikolaus. Und nun gingen sie alle drei schnell zu dem Dichter Remoldus Keersmaeckers.

Und kurzerhand machte Knecht Ruprecht kleine Schneebälle, die er ans Fenster warf. Der Schatten stand still, das Fenster ging auf, und das lange Gestell des Dichters, der Verse von den Göttern und Göttinnen des Olymps hersagte, wurde im Mondschein sichtbar und fragte von oben: »Welche Muse kommt, um mir Heldengesänge zu diktieren?«

»Du sollst Trinchen Mutser für uns wecken«, rief Sankt Nikolaus, und er erzählte seine Not.

»Ja, bist du denn der wirkliche Sankt Nikolaus?« fragte Remoldus.

»Der bin ich!« Und darauf kam der Dichter erfreut herunter, jätete allen Dialekt aus seiner Sprache, machte Verbeugungen und redete von Dante, Beatrice, Bondel, Milton und anderen Dichtergestalten, die er im Himmel glaubte. Dann stand er ihnen zu Diensten.

Sie kamen zu Trinchen Mutser, und der Dichter stampfte und rammelte mit so viel Temperament an der Tür, daß das Frauenzimmer holterdiepolter aus dem Bett stürmte und erschrocken das Fenster öffnete.

»Geht die Welt unter?«

»Wir kommen wegen dem großen Schokoladenschiff«, sagte Sankt Nikolaus, weiter konnte er ihr nichts erklären, denn sie war schon weg und kam wieder in ihrer lächerlichen Nachtkleidung, mit einem bloßen Fuß und einem Strumpf in der Hand, und machte die Türe auf. Sie steckte die Lampe an und ging sofort hinter den Ladentisch, um zu bedienen. Sie dachte, es müsse der Bischof von Mecheln sein.

»Herr Bischof«, sagte sie stotternd, »hier ist das Schiff aus bester Schokolade, und es kostet fünfundzwanzig Franken.« Der Preis war nur zwanzig Franken, aber ein Bischof kann ja gern fünf Franken mehr bezahlen.

Aber nun platzte die Bombe! Geld! Sankt Nikolaus hatte kein Geld, das hat man im Himmel nun einmal nicht nötig. Knecht Ruprecht hatte auch kein Geld, das Kind hatte nur ein zerschlissenes Hemdchen an, und der Dichter kaute an seinem langen Haupt- und Barthaar vor Hunger – er war vier Wochen Miete schuldig.

Niedergeschlagen sahen sie einander an.

»Es ist Gott zuliebe«, sagte Sankt Nikolaus. Gerne hätte er seine Mitra gegeben, aber alles das war ihm vom Himmel geliehen, und es wäre Heiligenschändung gewesen, es wegzugeben.

Trinchen Mutser rührte sich nicht und betrachtete sie finster.

»Tu es dem Himmel zuliebe«, sagte Knecht Ruprecht.

»Nächstes Jahr will ich auch deinen ganzen Laden aufkaufen.«

»Tu es aus lauter Poesie«, sagte der Dichter theatralisch.

Aber Trinchen rührte sich nicht, sie fing an zu glauben, weil sie kein Geld hatten, daß es verkleidete Diebe seien.

»Schert euch raus! Hilfe! Hilfe!« schrie sie auf einmal. »Schert euch raus! Heiliger Antonius und Sankt Nikolaus, steht mir bei!«

»Aber ich bin doch selbst Sankt Nikolaus«, sagte der Heilige.

»So siehst du aus! Du hast nicht mal einen roten Heller aufzuweisen!«

»Ach, das Geld, das alle Bruderliebe vergiftet!« seufzte Sankt Nikolaus.

»Das Geld, das die edle Poesie verpfuscht!« seufzte der Dichter Keersmaeckers.

»Und die armen Leute arm macht«, schoß es der kleinen Cäcilie durch den Kopf.

»Und ein Schornsteinfegerherz doch nicht weiß machen kann«, lachte Knecht Ruprecht. Und sie gingen hinaus.

In der Mondnacht, die still war von Frostesklarheit und Schnee, tönte das »Schlafet ruhig« hart und hell vom Turm.

»Noch einer, der nicht schläft«, rief Sankt Nikolaus erfreut, und sogleich steckte Knecht Ruprecht auch schon den Fuß zwischen die Tür, die Trinchen wütend zuschlagen wollte.

»Haltet ihr mir die Frau wach«, sagte der schwarze Knecht, »ich komme sofort zurück!« Und damit stieß er die Tür wieder auf, und zwar so heftig, daß Trinchen sich plötzlich in einem Korb voll Zwiebeln wiederfand.

Und während die andern aufs neue hineingingen, sprang Knecht Ruprecht auf das Eselchen, sauste wie ein Sensenstrich durch die Straßen, hielt vor dem Turm, kletterte an Zinnen, Vorsprüngen und Zieraten, Schiefern und Heiligenbildern den Turm hinauf bis zu Dries Andijvel, der gerade »Es wollt ein Jäger früh aufstehn« auf seiner Geige kratzte.

Der Mann ließ Geige und Lied fallen, aber Knecht Ruprecht erzählte ihm alles.

»Erst sehen und dann glauben!« sagte Dries. Knecht Ruprecht kriegte ihn am Ende doch noch mit hinunter, und zu zweit rasten sie auf dem Eselchen durch die Straßen nach dem »verzuckerten Nasenflügel«.

Sankt Nikolaus fiel vor dem Nachtwächter auf die Kniee und flehte ihn an, doch die fünfundzwanzig Franken zu bezahlen, dann solle ihm auch alles Glück der Welt werden.

Der Mann war gerührt und sagte zu dem ungläubigen, hartherzigen Trinchen: »Ich weiß nicht, ob er lügt, aber so sieht Sankt Nikolaus doch aus in den Bilderbüchern von unsern Kindern und im Kirchenfenster über dem Taufstein. Und wenn ers nun wirklich ist! Gib ihm doch das Schiff! Morgen werde ich dirs bezahlen!...

Trinchen hatte großes Vertrauen zu dem Nachtwächter, der aus ihrer Nachbarschaft war. Und Sankt Nikolaus bekam das Schiff.

»Jetzt geh nur schnell nach Hause und leg dich schlafen«, sagte Sankt Nikolaus zu Cäcilie. »Wir bringen gleich das Schiff.«

Das Kind ging nach Hause, aber es schlief nicht, es saß am Kamin mit dem Kissen auf den Ärmchen und wartete auf das Niedersinken des Schiffes.

Der Mond sah gerade in das armselig-traurige Kämmerchen.

Ach, was sah Cäcilie da auf einmal! Dort auf einem glitzernden Mondstrahl kletterte das Eselchen in die Höhe mit Sankt Nikolaus auf seinem Rücken, und Knecht Ruprecht hielt sich am Schwanz fest und ließ sich mitschleifen. Der Mond öffnete sich; ein sanftes, großes Licht fiel in funkelnden Regenbogenfarben über die beschneite Welt. Sankt Nikolaus grüßte die Erde, trat hinein, und wieder war da das gewöhnliche grüne Mondenlicht.

Die kleine Cäcilie wollte weinen. Knecht Ruprecht oder der gute Heilige hatten das Schiff nicht gebracht, es lag nicht auf dem Kissen.

Aber siehe! was für ein Glück, das Schiff, die »Kongo« stand ja da, in der kalten Asche, ohne Delle, ohne Bruch, strahlend von Silber, und rauchte für mindestens zwei Groschen weiße Watte aus beiden Schornsteinen! Wie war das möglich? Wie konnte das so in aller Stille geschehen...?

Ja, das weiß nun niemand, das ist die Findigkeit und die große Geschicklichkeit vom Knecht Ruprecht, und die gibt er niemand preis.

Felix Timmermans

Von der Heiligen Jungfrau Maria

Als die Hl. Maria, die später unsern Herrn Jesus Christus gebären sollte, noch ein kleines Mädchen war, ging sie in die Schule, um nähen zu lernen. Sie mußte weit übers Gebirge wandern, bis sie in die Schule kam, dort lernte sie den ganzen Tag, und gegen Abend wanderte sie wieder heim.

Als sie so einige Zeit in der Schule war, nähte sie ein wunderschönes Tuch. ›Das soll einmal eine Windel für mein Kindchen werden!‹ dachte sie bei sich. Sie packte das schön gestickte und verzierte Tüchlein in ihr Körbchen und machte sich auf den Heimweg. Mitten im Gebirge begegnete sie einem Edelmann, das war der Teufel, aber die kleine Maria erkannte ihn nicht. »Woher kommst du und wohin gehst du?« fragte der Edelmann. »Ich komme von der Schule und gehe heim«, erwiderte das Mädchen. »Was hast du denn in dem Körbchen?« – »Da habe ich ein gesticktes Tuch.« – »Zeig doch einmal her!« – »Hier!« Und die Heilige Jungfrau nahm es heraus und entfaltete es. »Das ist aber wunderschön! Willst du es mir nicht verkaufen?« – »Nein, ich brauche es selbst.« – »Auch nicht, wenn ich dir einen Beutel voll goldener Münzen gebe?« Aber Maria packte das Tüchlein wieder ein und lief heim.

Es verging einige Zeit. Die kleine Heilige Maria hatte in der Schule nun eine reichverzierte Capa gestickt, aus Seide und mit Goldborten verziert. Die packte sie wieder in ihren Korb und machte sich auf den Heimweg. Mitten im Gebirge begegnete sie wieder jenem Edelmann. »Ach, mein Kind«, sagte der, »zeig doch her, was du diesmal Schönes genäht hast!« – »Hier!« – »Herrlich! Willst du mir die Capa nicht verkaufen?« – »Nein«, antwortete die Heilige Jungfrau, »ich brauche sie für meinen Sohn.« – »Wie?« lachte der

Teufel. »Du bist noch ein kleines Schulmädchen und denkst schon an Kinder? Pfui, was hast du für Gedanken! Gib her! Ich will dir zwei große Beutel voll goldener Münzen geben!« – »Nein!« sagte Maria, und damit lief sie davon. Daheim aber legte sie die Capa in eine Truhe.

Es dauerte einige Monate, und als die kleine Maria ihre Lehrzeit in der Schule beendet hatte, hatte sie ein kostbares Leichentuch aus Brokat gemacht. Das verpackte sie seufzend in ihren Korb. »Auch das ist für unsern Herrn Jesus Christus.« Und sie machte sich wieder auf den Heimweg. An der gewohnten Stelle stand schon der Edelmann. »Guten Tag, Kleine! Was hast du heute dabei?« – »Hier, seht!« Und sie entrollte das Leichentuch. »Das gefällt mir, das gefällt mir!« rief der Teufel. »Verkaufe es mir, und ich will dir drei riesengroße Säcke voll goldener Münzen dafür geben!« – »Nein«, sagte Maria, »ich brauche es selbst.« Und damit faltete sie das Tuch, steckte es in den Korb und wollte weitergehen. Da sah sie, daß der Fremde ganz plötzlich verschwunden war. Er hatte sich in eine Schlange verwandelt und ringelte sich zu Füßen des Mädchens, und ehe es sich versehen hatte, biß die Schlange zu. Die Heilige Maria verspürte einen heftigen Schmerz im Fuß, und als sie weitergehen wollte, merkte sie, daß sie hinkte. ›Ach‹, dachte sie bei sich, ›wie soll ich da heimkommen aus diesem verlassenen Gebirge, wenn ich nicht mehr recht gehen kann.‹ Doch während sie unter Schmerzen dahinwankte, sah sie einen schönen, lichten Jüngling stehen, das war der Erzengel Michael. »Heilige Jungfrau«, sagte er, »ich weiß schon, was dir zugestoßen ist. Habe keine Angst, denn deine Schmerzen werden gleich zu Ende sein.« Und damit berührte er die wunde Stelle am Fuße der kleinen Maria mit einer Pflanze – man sagt, es sei eine Blume aus dem Paradies gewesen –, und sogleich verschwand der Schmerz, und die Reinste konnte wieder gehen wie früher. Sie bedankte sich bei dem Jüngling, den sie nicht erkannt hatte, und er sagte zu ihr: »Wenn wir uns wiedersehen werden, dann komme ich, um dich zum Throne des himmlischen Vaters zu führen.«

Ein Märchen aus Mallorca

Das kleine Mädchen mit den Schwefelhölzern

Es war so schrecklich kalt; es schneite, und es fing schon an, ganz dunkel zu werden; es war auch der letzte Abend im Jahr, der Silvesterabend. In dieser Kälte und in dieser Dunkelheit ging ein armes kleines Mädchen barhäuptig und mit bloßen Füßen auf der Straße; sie hatte ja freilich Pantoffel angehabt, als sie von Hause wegging, aber was konnte das nützen! es waren sehr große Pantoffel, die Mutter hatte sie zuletzt benutzt, so groß waren sie, und die verlor die Kleine, als sie über die Straße eilte, weil zwei Wagen so furchtbar schnell vorüberrollten; der eine Pantoffel war nicht wiederzufinden, und mit dem andern lief ein Junge weg, er sagte, er könnte ihn als Wiege gebrauchen, wenn er selbst Kinder bekäme.

Da ging nun das kleine Mädchen auf den bloßen, kleinen Füßen, die rot und blau vor Kälte waren; in einer alten Schürze trug sie eine Menge Schwefelhölzer, und ein Bund hielt sie in der Hand; den ganzen Tag hindurch hatte ihr niemand etwas abgekauft! niemand hatte ihr auch nur einen Schilling geschenkt! hungrig und erfroren ging sie umher und sah so eingeschüchtert aus, die arme Kleine! Die Schneeflocken fielen in ihr langes, blondes Haar, das sich im Nacken so hübsch lockte, aber an den Schmuck dachte sie freilich nicht. Aus allen Fenstern strahlte der Lichterglanz, und dann roch es auf der Straße so herrlich nach Gänsebraten; es war ja Silvesterabend, ja daran dachte sie.

In einem Winkel zwischen zwei Häusern, von denen das eine ein wenig mehr vorsprang als das andere, setzte sie sich hin und kauerte sich ganz zusammen; die kleinen Beine hatte sie unter sich in die Höhe gezogen, aber es fror sie nur noch mehr, und nach Hause zu gehen, wagte sie nicht, sie hatte ja keine Schwefelhölzer verkauft, hatte nicht einen einzigen Schilling bekommen, ihr Vater würde sie schlagen, und kalt war es zu Hause auch, sie hatten nur das Dach gerade über sich, und dadurch pfiff der Wind hinein, obwohl die ärgsten Spalten mit Stroh und Lumpen zugestopft waren.

Ihre kleinen Hände waren fast ganz abgestorben vor Kälte. Ach, ein kleines Streichhölzchen würde gut tun! Wenn sie nur den Mut hätte, ein einziges aus dem Bunde herauszuziehen, es an der Wand anzustreichen und die Finger daran zu erwärmen! Ratsch! wie es sprühte, wie es brannte! Es war eine warme, helle Flamme, ganz wie ein kleines Licht, als sie die Hände darüber hielt; es war ein wunderliches Licht, dem kleinen Mädchen war es, als säße es vor einem großen eisernen Ofen mit blanken Messingkugeln und Messingtrommeln; das Feuer brannte so herrlich und wärmte so gut; nein, was war denn das? – Die Kleine streckte schon die Füße aus, um auch die zu wärmen – da erlosch die Flamme. Der Ofen verschwand, sie saß mit einem kleinen Überrest des abgebrannten Schwefelholzes in der Hand da.

Ein zweites wurde angestrichen, es brannte, es leuchtete, und wo der Schein auf die Mauer fiel, ward sie durchsichtig wie Flor; sie sah gerade in das Zimmer hinein, wo der Tisch gedeckt stand. Ein schimmerndweißes Tischtuch war darüber ausgebreitet, darauf stand feines Porzellan, und herrlich dampfte die gebratene Gans, die mit Äpfeln und Zwetschen gefüllt war; und was noch prächtiger war, die Gans sprang von der Schüssel herunter und watschelte, ein Messer und eine Gabel im Rücken, durch das Zimmer; direkt auf das arme Mädchen kam sie zu; da erlosch das Streichholz, und es war nur noch die dicke, kalte Mauer zu sehen.

Sie zündete ein neues Streichholz an. Da saß sie unter dem

schönsten Christbaum, der war noch größer und noch reicher geschmückt, als wie sie ihn am letzten Weihnachtsfeste bei dem reichen Kaufmann durch die Glastür gesehen hatte; tausend Lichter brannten an den grünen Zweigen, und bunte Bilder, wie sie in den Schaufenstern ausgestellt waren, sahen zu ihr herab. Die Kleine streckte beide Hände aus – da erlosch das Streichholz; die vielen Weihnachtslichter stiegen höher und höher, sie sah, daß sie jetzt die hellen Sterne am Himmel waren, ein Stern fiel nieder und bildete einen langen Feuerstreifen am Himmel.

»Jetzt stirbt jemand!« sagte das kleine Mädchen, denn die alte Großmutter, die einzige, die gut gegen sie gewesen, die jetzt aber gestorben war, hatte ihr erzählt: Wenn ein Stern vom Himmel fällt, fliegt eine Seele zu Gott empor.

Sie strich nochmals ein Hölzchen an der Wand an, es leuchtete ringsumher, und in dem Glanze stand die alte Großmutter so klar und schimmernd, so mild und liebevoll.

»Großmutter«, rief die Kleine, »ach, nimm mich mit! Ich weiß, du bist wieder weg, sobald das Streichholz erlischt, weg wie der warme Ofen, der schöne Gänsebraten und der große, schöne Weihnachtsbaum!« – und schnell strich sie den ganzen Rest Streichhölzer an, die noch im Bund waren, sie wollte Großmutter so recht lange festhalten, und die Streichhölzer leuchteten mit einem solchen Glanz, daß es heller war als am hellen Tage. Die Großmutter war noch nie so schön und so groß gewesen. Sie nahm das kleine Mädchen auf ihre Arme, und sie flogen in Glanz und Freude so hoch, so hoch, und da oben war weder Kälte noch Hunger oder Angst – sie waren bei Gott.

Aber im Winkel am Hause saß in der kalten Morgenstunde das kleine Mädchen mit roten Wangen und mit einem Lächeln um den Mund – tot, erfroren am letzten

Abend im alten Jahr. Die Neujahrssonne ging über der kleinen Leiche auf, sie saß mit den Streichhölzern da, von denen ein Bund fast abgebrannt war. »Sie hat sich erwärmen wollen«, sagte man; niemand wußte, was sie Schönes gesehen hatte, in welchen Glanz sie mit der Großmutter zur Neujahrsfreude eingegangen war.

Hans Christian Andersen

Hildur, die Königin der Elben

Es war einmal ein Bauer, der auf seinem Hof oben zwischen den Bergen lebte. Eine Frau hatte er nicht, aber eine Haushälterin, die Hildur hieß. Von ihrer Familie aber wußte man nichts. Sie war eine fleißige Frau, kümmerte sich um den Hausstand, wie es nicht besser sein konnte, und sie war auch immer zu allen freundlich. Und deshalb hatten die Leute auf dem Hof sie sehr gern. Und auch der Bauer mochte sie.

Die Wirtschaft des Bauern war sehr gut, und er konnte damit zufrieden sein, wenn die Sache nicht mit den Hirten gewesen wäre. Er hatte es nämlich schwer, für einen Schafhirten, wenn der gestorben war, immer einen Nachfolger zu bekommen. Da er aber ein wohlhabender Schafbauer war und seine Herde überaus groß, konnte er auf einen Hirten nicht verzichten.

Doch die Schwierigkeiten, die der Bauer mit seinen Hirten hatte, waren sehr merkwürdig; denn hatte er wieder einmal einen neuen in seinen Dienst einstellen können, lag der am Morgen nach der Weihnachtsnacht tot in seinem Bett.

In jenen Zeiten war es im ganzen Land Sitte, am Heiligabend Gottesdienst abzuhalten. Und es wurde für ebenso feierlich gehalten, sich dann zur Kirche zu begeben wie am ersten Feiertag selbst. Aber auf den Gebirgshöfen, die weit von der Kirche entfernt lagen, war es für die, welche noch mit ihrer Arbeit beschäftigt waren und deshalb den Hof noch nicht verlassen konnten, bis der Stern zwischen Morgen und Mittag stand, recht beschwerlich, zum Gottesdienst zu kommen. Und es war üblich, daß die Hirten bei diesen Bauern nicht früher nach Hause kamen. Wohl brauchten sie nicht den Hof zu hüten, wie es üblich war, daß es der eine oder andere in der Weihnachts- und Silvesternacht tat, während die übrigen Leute in der Kirche waren. Denn seit Hildur zu dem Bauern gekommen war, hatte sie sich stets von selbst dazu erboten, und in der Zeit besorgte sie alles das im Hause, was zum Fest gemacht werden mußte: Essen kochen und anderes, was nötig war, und sie war bis spät in der Nacht noch wach, so daß die, die in der Kirche gewesen waren, oft schon lange schliefen, ehe sie sich selbst zu Bett legte. Als es eine Reihe von Jahren so gegangen war, daß die Hirten des Bauern immer plötzlich in der Heiligen Nacht starben, fing man an, in den Ortschaften darüber zu sprechen. Und es fiel deshalb dem Bauern sehr schwer, jemand für diese Arbeit zu bekommen. Und je mehr starben, desto schwerer wurde es. Und der Bauer nahm sich das auch sehr zu Herzen und wußte gar nicht, was er machen sollte. Eine Schuld konnte ihn nicht treffen, auch nicht seine Leute; denn eine Wunde oder irgendeine besondere Verletzung war an den Leichen nicht zu entdecken.

Schließlich sagte der Bauer, daß er es nicht mehr mit seinem Gewissen vereinbaren könne, Hirten zu dingen, die den sicheren Tod zu erwarten hätten, und daß nun das Schicksal darüber zu bestimmen hätte, was aus seinem Vieh und seinem Hab und Gut würde.

Als der Bauer diesen Entschluß gefaßt hatte und keinen mehr in seinen Dienst nehmen wollte, kam einmal ein munterer und kräftiger Mann zu ihm und bot ihm seinen Dienst an. Der Bauer sagte: »So nötig habe ich deinen Dienst nicht, daß ich dich nehmen müßte.« Der Fremde fragte: »Hast du einen Hirten für den nächsten Winter gedungen?« – »Nein«, war des Bauern Antwort. Und er erklärte ihm, daß er sich für die kommende Zeit entschieden habe, niemand zu dingen. »Und du hast wohl gehört«, fuhr er fort, »wie schrecklich es bisher meinen Hirten ergangen ist.« – »Gehört habe ich davon«, sagte der Fremde, »aber ihr Schicksal soll mir keine Furcht einjagen.«

Da gab der Bauer nach, weil er dem eindringlichen Wunsch des Fremden nicht widerstehen konnte. Und er nahm ihn als Schafhirten in seinen Dienst.

So verging nun die Zeit. Und der Bauer und der Hirt waren sehr zufrieden miteinander, und den Hirten hatte jeder gern; denn er war ein freundlicher, munterer und tüchtiger Mann.

Bis zum Heiligabend geschah nichts Besonderes. Am Heiligabend zog der Bauer mit seinen Leuten zur Kirche, seine Haushälterin blieb auf dem Hof zurück und der Hirte bei seinen Schafen.

Es ging auf den Abend zu, ehe der Hirt wie gewöhnlich nach Hause kam. Er aß seine Grütze und legte sich dann hin. Da dachte er so bei sich, es wäre wohl besser, wach zu bleiben als zu schlafen, falls tatsächlich etwas passieren sollte. Furcht hatte er nicht, blieb aber doch sicherheitshalber wach. Spät in der Nacht kamen die Kirchengänger wieder zurück. Sie bekamen noch etwas zu essen und gingen dann zu Bett. Bis jetzt war noch nichts geschehen, als aber der Hirt glaubte, daß alle schon eingeschlafen waren, fühlte er sich auch sehr müde, was ihn nach den Anstrengungen des Tages nicht weiter wunderte, und er wollte auch einschlafen. Doch im letzten Augenblick wurde ihm klar, daß das gefährlich werden könnte, und er zwang sich darum, weiter wach zu bleiben. Es dauerte auch gar nicht lange, da hörte er, wie jemand an sein Bett trat. Und er meinte, daß das die Haushälterin Hildur war, die hier ihr Wesen trieb. Er stellte sich schlafend und spürte, daß sie ihm etwas in den Mund steckte. Er fühlte, daß das ein Zaum für den Hexenritt war und ließ sich ruhig aufzäumen. Als sie ihm das Zaumzeug angelegt hatte, befestigte sie die Zügel, wie es ihr am bequemsten war, setzte sich auf seinen Rücken und ritt in fliegender Fahrt fort, bis sie, wie es ihm schien, an einen Graben oder eine Spalte im Erdboden kam. Da sprang sie auf einen Stein, ließ die Zügel hängen und verschwand vor seinen Augen in dem Erdspalt.

Dem Hirten kam es schlimm und rätselhaft vor, daß Hildur einfach so verschwand, ohne daß er wußte, wohin sie wollte und wo sie geblieben war. Er merkte aber auch, daß er in seinem Zustand nichts unternehmen konnte, weil ihm das Zaumzeug ja angelegt war, durch das sie ihn verzaubert hatte. Deshalb begann er sich an dem Stein, auf den sie gesprungen war, so lange den Kopf zu reiben, bis er sich das Zaumzeug abgescheuert hatte. Er ließ es nun einfach dort liegen und sprang in die Spalte, in der Hildur gerade verschwunden war.

Ihm war so, als wäre er in der Spalte noch gar nicht so tief hineingekommen, als er auch schon wieder Hildur erblickte, die ihren Weg über schöne Wiesen nahm. Nach alledem, was er bis jetzt erlebt hatte, war ihm nun klar, daß es bei Hildur nicht mit rechten Dingen zugehen konnte. Und daß sie sicher allerlei geheimnisvolle Sachen verbarg, wenn sie sich oben so ehrbar unter den Menschen aufhielt. Da ihm bewußt war, daß sie ihn sehen könnte, wenn er jetzt hinter ihr herging, nahm er einen Stein aus seiner Tasche, der ihn unsichtbar machte, und verbarg ihn in der linken Hand. Dann lief er, so schnell er nur konnte, hinter ihr her.

Als er weiter auf die Wiese gekommen war, sah er eine große prächtige Halle. Und Hildur folgte dem Weg, der direkt dorthin führte. Nun sah er, wie ihr eine große Schar von Menschen aus der Halle entgegenkam. An ihrer Spitze ging ein Mann, der am prächtigsten von allen gekleidet war. Und es schien ihm, als begrüße er sie als seine Frau und heiße sie willkommen. Die anderen aber, die in seinem Gefolge waren, begrüßten sie fröhlich als ihre Königin. Mit dem König kamen Hildur zwei halberwachsene Kinder entgegen, die voller Freuden ihre Mutter begrüßten.

Als sie alle der Königin ihre Huldigung dargebracht hatten, führten sie sie und den König in die Halle, wo ihr ein ehrenvoller Empfang bereitet wurde. Man kleidete sie in königliche Gewänder und streifte ihr herrlich goldene Reifen auf die Arme.

Der Hirte kam nun auch bald in die Halle, blieb jedoch dort, wo am wenigsten Leute waren, konnte aber trotzdem von seinem Platz aus alles genau beobachten. Soviel Glanz und Pracht, wie er hier in der Halle zu sehen bekam, hatte er noch nie in seinem Leben gesehen. Tische wurden herbeigeschafft und gedeckt, und er konnte nur über all die Herrlichkeit staunen.

Eine Weile später sah er Hildur, aufs prächtigste gekleidet, in die Halle schreiten. Nun wurde jedem sein Platz angewiesen. Königin Hildur erhielt den Ehrensitz neben dem König. Und zu beiden Seiten ließ sich dann das Gefolge nieder. Und jetzt begannen alle mit dem Essen.

Danach wurden die Tische wieder abgedeckt, und die Männer und Frauen tanzten oder gingen anderen Vergnügungen nach. Der König und die Königin aber saßen da und sprachen miteinander. Und ihr Gespräch, so schien es dem Hirten, war sowohl mit Freude wie mit Kummer vermischt.

Während sie so miteinander redeten, kamen noch drei jüngere Kinder zu ihnen und umarmten freudig und voller Glück ihre Mutter. Königin Hildur küßte sie voller Liebe, nahm dann das jüngste Kind auf den Schoß und streichelte es. Aber das Kind war quengelig und wurde unruhig. Da setzte die Königin es ab, streifte sich einen Ring von ihrem

Finger und gab ihn dem Kind zum Spielen. Da wurde das Kind auch ruhig, spielte eine Weile mit dem goldenen Ring, verlor ihn aber schließlich auf dem Fußboden. Der Hirt, der nicht weit von dem spielenden Kind stand, hatte das gesehen, konnte den Ring erwischen und ihn gut bei sich verstecken, ohne daß jemand das merkte. Aber es schien allen sehr merkwürdig, daß der Ring nirgends zu finden war.

Als der größte Teil der Nacht vergangen war, machte sich Königin Hildur zum Fortgehen fertig. Aber alle, die in der Halle waren und sahen, daß sie nun fortwollte, baten sie, doch noch zu bleiben, und waren sehr traurig, als sie merkten, daß das nicht half.

Der Hirt aber hatte beobachtet, daß in einer Ecke der Halle ein altes Weib saß, das furchtbar häßlich war. Sie war die einzige von allen, die sich weder über die Ankunft von Königin Hildur gefreut, noch sie gebeten hatte zu bleiben. Als der König sah, daß seine Frau sich jetzt zum Abschiednehmen entschlossen hatte, und noch so viele Bitten, zu bleiben, sie nicht umstimmen konnten, ging er zu der alten Frau und sagte: »Nimm nun deine Flüche zurück, Mutter, und erhöre meine Bitten, damit mir meine Königin nicht mehr fern zu sein braucht und meine Freude über unsere Zusammenkünfte von so kurzer Dauer ist.« Da antwortete ihm die Alte voller Zorn: »Alle meine Flüche werden weiter bestehen, und nichts soll mich erweichen, sie zu widerrufen!«

Als das der König hörte, verließ er schweigend seine Mutter und ging tieftraurig zu seiner Frau, legte seinen Arm um sie, küßte sie und flehte sie noch einmal an, bei ihm zu bleiben. Aber die Königin sagte, die Flüche seiner Mutter trieben sie fort, und man könnte wohl kaum hoffen, daß sie sich öfter sehen könnten; denn das Schicksal sei nun einmal über sie verhängt, und die Tötungen, die ihretwegen stattfänden und die nun schon so zahlreich seien, könnten nicht länger ein Geheimnis bleiben, und sie werde wohl dafür ihre Strafe hinnehmen müssen, obwohl es ihre Schuld gewiß nicht sei.

Als sie so klagte, verließ der Hirt rasch die Halle. Er hatte nun gehört, wie die Dinge standen und ging geradewegs über die Wiese nach der Spalte. Und aus ihr kam er dann auch wieder schnell nach oben, versteckte seinen Zauberstein, zäumte sich wieder auf und wartete, bis Hildur kam. Kurze Zeit später erschien sie allein und mit trauriger Miene, setzte sich auf seinen Rücken und ritt nach Hause.

Als sie dort angekommen waren, legte sie ihn wieder in sein Bett, zäumte ihn ab und ging dann selbst schlafen. Obwohl der Hirte die ganze Zeit über hellwach gewesen war, stellte er sich doch schlafend, damit Hildur nichts merken sollte. Als sie aber zu Bett gegangen war, gab er seine Vorsicht auf und fiel in einen tiefen Schlaf, der bis zum nächsten Morgen währte.

Früh am anderen Tag war der Bauer bereits wach geworden; denn es ließ ihm keine Ruhe zu erfahren, ob der Schafhirt noch am Leben war; denn er befürchtete, daß es ihm wie den anderen in dieser Nacht ergangen sei. Während sich nun der Bauer anzog, wachten auch die anderen auf und zogen sich ebenfalls an. Als nun der Bauer an das Bett seines Schafhirten trat und ihn berührte, merkte er, daß er am Leben war, und dankte Gott dafür. Da wachte auch der Hirt frisch und fröhlich auf und zog sich an. Währenddessen fragte ihn der Bauer, ob in der Nacht etwas geschehen sei. Der Schafhirt sagte: »Nein, aber ich habe einen sehr merkwürdigen Traum gehabt.«

»Was war denn das für ein Traum?« wollte der Bauer wissen. Da begann der Hirt zu erzählen. Er berichtete seinem Bauern alles ganz genau, von dem Augenblick an, wo

Hildur an sein Bett getreten war und sie ihm dann den Zaum angelegt hatte. Und dann teilte er dem Bauern alles Weitere mit, woran er sich erinnern konnte.

Als er mit seiner Erzählung fertig war, saßen alle schweigend da, nur Hildur sagte zu ihm: »Alles, was du gesagt hast, ist gelogen, wenn du nicht durch ein deutliches Zeichen beweisen kannst, daß es so zugegangen ist, wie du es erzählt hast.«

Der Hirt ließ sich dadurch nicht in Verlegenheit bringen, sondern holte den Ring hervor, den er in der Nacht vom Boden aufgehoben hatte, und sagte: »Wenn man mich auch nicht dazu bringen kann, einen Traum durch deutliche Zeichen zu beweisen, so trifft es sich doch so glücklich, daß ich einen klaren Beleg dafür habe, daß ich in dieser Nacht bei den Huldren gewesen bin. Oder ist dies nicht dein Fingerring, Königin Hildur?«

Darauf antwortete Hildur: »So ist es. Und Gott segne dich dafür, daß du mich von dem Fluch befreit hast, den mir meine Schwiegermutter auferlegt hatte. Nur widerwillig beging ich all die Missetaten, die sie mir auferlegt hatte.« Und dann begann Königin Hildur ihre Geschichte:

»Ich war ein Elbenmädchen von geringer Herkunft. Aber der, welcher jetzt König von Elbenheim ist, wurde von Liebe zu mir erfaßt und nahm mich wider den Willen seiner Mutter zur Frau. Da wurde die Mutter so böse, daß sie ihrem Sohn nur kurze Freude an mir versprach und wir uns nur ganz selten sehen sollten. Ich aber sollte Dienstmagd bei den Menschen werden und jedesmal zur Weihnachtszeit den Tod eines Menschen verursachen. Und das sollte so geschehen, daß ich ihn aufzäumen mußte, während er schlief, und auf ihm den Weg reiten mußte, den ich auch in dieser Nacht auf dem Hirten ritt, um meinen Gatten zu besuchen. Und das sollte so lange dauern, bis ich wegen dieser Bosheit überführt und deswegen getötet würde, falls ich nicht einen so kecken und mutigen Mann fände, der mir ins Elbenheim zu folgen wagt und dann beweisen kann, daß er dorthin gekommen sei und gesehen habe, womit sich dort die Leute beschäftigen.

Ihr seht also alle, daß sämtliche Hirten um meinetwillen getötet wurden, seitdem ich hier war. Aber ich hoffe, daß man mir das nicht anrechnen wird, was gegen meinen freien Willen geschehen ist. Denn niemand hat den unterirdischen Weg gefunden und ist aus Neugier in die Behausung der Huldren eingedrungen vor diesem mutigen Mann, der mich nun aus meinem Magddienst und von dem schlimmen Fluch erlöst hat. Und ich werde ihn dafür belohnen, auch wenn das nicht gleich geschieht. Jetzt kann ich nicht länger hierbleiben. Habt Dank für die Güte, die ihr mir erwiesen. Aber die Sehnsucht zieht mich nach meinem Heim.«

Nachdem sie so gesprochen hatte, verschwand Königin Hildur. Und man sah sie später nie wieder unter den Menschen.

Der Schafhirt aber heiratete im Frühjahr und gründete einen Hausstand. Und das konnte er auch; denn der Bauer zeigte sich ihm gegenüber, als er aus seinem Dienst ging, sehr freigebig. Und dann war er auch selbst nicht ohne Mittel. Alle Leute in seinem Bezirk fragten ihn um Rat und baten ihn um Beistand. So beliebt aber war er und glücklich, daß die Leute nicht recht begreifen konnten, wie es zuging, und glaubten, bei ihm hätte jedes Tier zwei Köpfe. Er aber wußte nur zu gut, daß es Königin Hildur war, der er seinen Wohlstand zu verdanken hatte.

Ein Märchen aus Island

Die Legende von der Christrose

Die Räubermutter, die in der Räuberhöhle oben im Göinger Walde hauste, hatte sich eines Tages auf einem Bettelzug in das Flachland hinunterbegeben. Der Räubervater selbst war ein friedloser Mann und durfte den Wald nicht verlassen, sondern mußte sich damit begnügen, den Wegfahrenden aufzulauern, die sich in den Wald wagten; doch zu der Zeit, als der Räubervater und die Räubermutter sich in dem Göinger Wald aufhielten, gab es im nördlichen Schonen nicht allzuviel Reisende. Wenn es sich also begab, daß der Räubervater ein paar Wochen lang Pech mit seiner Jagd hatte, dann machte sich die Räubermutter auf die Wanderschaft. Sie nahm ihre fünf Kinder mit, und jedes der Kleinen hatte zerfetzte Fellkleider und Holzschuhe und trug auf dem Rücken einen Sack, der gerade so lang war wie es selbst. Wenn die Räubermutter zu einer Haustüre hereinkam, dann wagte niemand, ihr das zu verweigern, was sie verlangte; denn sie bedachte sich keinen Augenblick, in der nächsten Nacht zurückzukehren und das Haus anzuzünden, in dem man sie nicht freundlich aufgenommen hatte. Die Räubermutter und ihre Nachkommenschaft waren ärger als die Wolfsbrut, und gar mancher hatte Lust, ihnen seinen guten Speer nachzuwerfen, aber dies geschah niemals; denn man wußte, daß der Mann dort oben im Walde hauste und sich zu rächen wissen würde, wenn den Kindern oder der Alten etwas zuleide geschähe.

Wie nun die Räubermutter so von Hof zu Hof zog und bettelte, kam sie eines schönen Tages nach Öved, das zu jener Zeit ein Kloster war. Sie klingelte an der Klosterpforte und verlangte etwas zu essen, und der Türhüter ließ ein kleines Schiebfensterchen herab und reichte ihr sechs runde Brote, eines für sie und eines für jedes Kind. Aber während die Räubermutter so still vor der Klosterpforte stand, liefen ihre Kinder umher. Und nun kam eines von ihnen heran und zupfte sie am Rocke, zum Zeichen, daß es etwas gefunden hätte, was sie sich ansehen sollte, und die Räubermutter ging auch gleich mit ihm.

Das ganze Kloster war von einer hohen, starken Mauer umgeben, aber der kleine Junge hatte es zustande gebracht, ein kleines Hintertürchen zu finden, das angelehnt stand. Als die Räubermutter hinkam, stieß sie sogleich das Pförtchen auf und trat, ohne erst viel zu fragen, ein, wie es eben bei ihr der Brauch war.

Aber das Kloster Öved wurde zu jener Zeit von Abt Johannes regiert, der ein gar pflanzenkundiger Mann war. Er hatte sich hinter der Klostermauer einen kleinen Lustgarten angelegt, und in diesen drang nun die Räubermutter ein.

Im ersten Augenblick war sie so erstaunt, daß sie regungslos stehenblieb. Es war Hochsommerzeit, und der Garten des Abtes Johannes stand so voll von Blumen, daß es einem blau und rot und gelb vor den Augen flimmerte, wenn man hineinsah. Aber bald zeigte sich ein vergnügtes Lächeln auf dem Gesicht der Räubermutter, und sie begann einen schmalen Gang hinunterzugehen, der zwischen vielen kleinen Blumenbeeten durchlief.

Im Garten stand der Laienbruder, der Gärtnergehilfe war, und jätete das Unkraut aus. Er war es, der die Tür in der Mauer halb offen gelassen hatte, um Queckengras und Melde auf den Kehrichthaufen davor werfen zu können. Als er die Räubermutter mit ihren fünf Bälgern hinter sich her in den Lustgarten treten sah, stürzte er ihnen sogleich entgegen und befahl ihnen, sich zu trollen. Aber die alte Bettlerin ging weiter, als sei nichts geschehen. Sie ließ die Blicke hinauf- und hinabwandern, sah bald die starren weißen Lilien an, die sich auf einem Beet ausbreiteten, und bald den Efeu, der die Klosterwand hoch emporkletterte, und bekümmerte sich nicht im geringsten um den Laienbruder.

Der Laienbruder dachte, sie hätte ihn nicht verstanden. Da wollte er sie am Arm nehmen, um sie nach dem Ausgang umzudrehen. Aber als die Räubermutter seine Absicht merkte, warf sie ihm einen Blick zu, vor dem er zurückprallte. Sie war unter ihrem Bettelsack mit gebeugtem Rükken gegangen, aber jetzt richtete sie sich zu ihrer vollen Höhe auf. »Ich bin die Räubermutter aus dem Göinger Wald«, sagte sie, »rühr mich nur an, wenn du es wagst.« Und es sah aus, als ob sie nach diesen Worten ebenso sicher wäre, in Frieden von dannen zu ziehen, als hätte sie verkündet, daß sie die Königin von Dänemark sei.

Aber der Laienbruder wagte dennoch, sie zu stören, obgleich er jetzt, wo er wußte, wer sie war, recht sanftmütig zu ihr sprach. – »Du mußt wissen Räubermutter«, sagte er, »daß dies ein Mönchskloster ist und daß es keiner Frau im Lande verstattet wird, hinter diese Mauer zu kommen. Wenn du nun nicht deiner Wege gehst, dann werden die Mönche mir zürnen, weil ich vergessen habe, das Tor zu schließen, und sie werden mich vielleicht von Kloster und Garten verjagen.«

Doch solche Bitten waren an die Räubermutter verschwendet. Die ging weiter durch die Rosenbeete und guckte sich den Ysop an, der mit lilafarbenen Blüten bedeckt war, und das Kaprifolium, das voll rotgelber Blumentrauben hing.

Da wußte sich der Laienbruder keinen anderen Rat, als in das Kloster zu laufen und um Hilfe zu rufen. Er kam mit zwei handfesten Mönchen zurück, und die Räubermutter sah sogleich, daß es nun Ernst wurde. Sie stellte sich breitbeinig in den Weg und begann mit gellender Stimme herauszuschreien, welche furchtbare Rache sie an dem Kloster nehmen würde, wenn sie nicht im Lustgarten bleiben dürfte, solange sie wollte. Aber die Mönche meinten, daß sie sie nicht zu fürchten brauchten, und sie dachten nur daran, sie zu vertreiben. Da stieß die Räubermutter schrille Schreie aus, stürzte sich auf sie und kratzte und biß, und ebenso machten es alle ihre Sprossen. Die drei Männer merkten bald, daß sie ihnen überlegen war. Es blieb ihnen nichts anderes übrig, als in das Kloster zu gehen und Verstärkung zu holen.

Wie sie über den Pfad liefen, der in das Kloster führte, begegneten sie dem Abt Johannes, der herbeigeeilt war, um zu sehen, was für ein Lärm das wäre, den man vom Lustgarten hörte. Da mußten sie gestehen, daß die Räubermutter aus dem Göinger Walde in das Kloster gedrungen war; sie hätten nicht vermocht, sie zu vertreiben, und wollten sich nun Entsatz schaffen. Aber Abt Johannes tadelte sie, daß sie Gewalt angewendet hätten, und verbot ihnen, um Hilfe zu rufen. Er schickte die beiden Mönche zu ihrer Arbeit zurück, und obgleich er ein alter, gebrechlicher Mann war, nahm er nur den Laienbruder mit in den Garten.

Als Abt Johannes dort anlangte, ging die Räubermutter wie zuvor zwischen den Beeten umher. Und er konnte sich nicht genug über sie wundern. Er war ganz sicher, daß die

Räubermutter nie zuvor in ihrem Leben einen Lustgarten erblickt hätte. Aber wie dem auch sein mochte – sie ging zwischen all den kleinen Beeten umher, die jedes mit einer anderen Art fremder und seltsamer Blumen bepflanzt waren, und betrachtete sie, als wären es alte Bekannte. Es sah aus, als hätte sie schon öfters Immergrün und Salbei und Rosmarin gesehen. Einigen lächelte sie zu, und über andere wieder schüttelte sie den Kopf.

Abt Johannes liebte seinen Garten mehr als alle andern Dinge, die irdisch und vergänglich sind. So wild und grimmig die Räubermutter auch aussah, so konnte er es doch nicht lassen, Gefallen daran zu finden, daß sie mit drei Mönchen gekämpft hatte, um ihn in Ruhe zu betrachten. Er ging auf sie zu und fragte sie freundlich, ob ihr der Garten gefalle.

Die Räubermutter wendete sich heftig gegen Abt Johannes, denn sie war nur auf Hinterhalt und Überfall gefaßt, aber als sie seine weißen Haare und seinen gebeugten Rükken sah, da antwortete sie ganz freundlich: »Als ich ihn zuerst erblickte, da schien es mir, als ob ich nie etwas Schöneres gesehen hätte, aber jetzt merke ich, daß er sich mit einem andern nicht messen kann, den ich kenne.«

Abt Johannes hatte sicherlich eine andere Antwort erwartet. Als er hörte, daß die Räubermutter einen Lustgarten kennte, der schöner war als der seine, bedeckten sich seine runzeligen Wangen mit einer schwachen Röte.

Der Gärtnergehilfe, der daneben stand, begann auch sogleich die Räubermutter zurechtzuweisen.

»Dies ist Abt Johannes, Räubermutter«, sagte er, »der selber mit großem Fleiß und Mühe von fern und nah die Blumen für seinen Garten gesammelt hat. Wir wissen alle, daß es im ganzen schonischen Land keinen reicheren Lustgarten gibt, und es steht dir, die du das ganze liebe Jahr im wilden Walde hausest, wahrlich übel an, sein Werk meistern zu wollen.«

»Ich will niemand meistern, weder ihn noch dich«, sagte die Räubermutter, »ich sage nur, wenn ihr den Lustgarten sehen könntet, an den ich denke, dann würdet ihr jegliche Blume, die hier steht, ausraufen und sie als Unkraut fortwerfen.«

Aber der Gärtnergehilfe war kaum weniger stolz auf die Blumen als Abt Johannes selbst, und als er diese Worte hörte, begann er höhnisch zu lachen. – »Ich kann mir wohl denken, daß du nur so schwätzest, Räubermutter, um uns zu reizen«, sagte er; »das wird mir ein schöner Garten sein, den du dir unter Tannen und Wacholderbüschen im Göinger Walde eingerichtet hast! Ich wollte meine Seele verschwören, daß du überhaupt noch nie hinter einer Gartenmauer gewesen bist.«

Die Räubermutter wurde rot vor Ärger, daß man ihr also mißtraute, und sie rief: »Es mag wohl sein, daß ich niemals vor heute hinter einer Gartenmauer gestanden habe, aber ihr Mönche, die ihr heilige Männer seid, solltet wohl wissen, daß der große Göinger Wald sich in jeder Weihnachtsnacht in einen Lustgarten verwandelt, um die Geburtsstunde unseres Herrn und Heilandes zu feiern. Wir, die wir im Walde leben, haben dies nun jedes Jahr geschehen sehen, und in diesem Lustgarten habe ich so herrliche Blumen geschaut, daß ich es nicht wagte, die Hand zu erheben, um sie zu brechen.«

Da lachte der Laienbruder noch lauter und stärker: »Es ist gar leicht für dich, dazustehen und mit derlei zu prahlen, was kein Mensch sehen kann. Aber ich kann nicht glauben, es könnte etwas andres als Lüge sein, daß der Wald Christi Geburtsstunde an einer solchen Stelle feiern sollte, wo so unheilige Leute wohnen wie du und der Räubervater.« –

»Und das, was ich sage, ist doch ebenso wahr«, entgegnete die Räubermutter, »wie daß du es nicht wagen würdest, in einer Weihnachtsnacht in den Wald zu kommen, um es zu sehen.« Der Laienbruder wollte ihr von neuem antworten, aber Abt Johannes bedeutete ihn durch ein Zeichen, stillzuschweigen. Denn Abt Johannes hatte schon in seiner Kindheit erzählen hören, daß der Wald sich in der Weihnachtszeit in ein Feierkleid hülle. Er hatte sich oft danach gesehnt, es zu sehen, aber es war ihm niemals gelungen. Nun begann er die Räubermutter gar eifrig zu bitten und anzurufen, sie möge ihn um die Weihnachtszeit in die Räuberhöhle kommen lassen. Wenn sie nur eins ihrer Kinder schickte, ihm den Weg zu zeigen, dann wolle er allein hinaufreiten, und er würde sie nie und nimmer verraten, sondern im Gegenteil so reich belohnen, wie es nur in seiner Macht stünde.

Die Räubermutter weigerte sich zuerst, denn sie dachte an den Räubervater und an die Gefahr, der sie ihn preisgab, wenn sie Abt Johannes in ihre Höhle kommen ließe, aber dann wurde doch der Wunsch, ihm zu zeigen, daß der Lustgarten, den sie kannte, schöner sei als der seinige, in ihr übermächtig, und sie gab nach.

»Aber mehr als einen Begleiter darfst du nicht mitnehmen«, sagte sie. »Und du darfst uns keinen Hinterhalt und keine Falle stellen, so gewiß du ein heiliger Mann bist.«

Dies versprach Abt Johannes, und damit ging die Räubermutter.

Aber Abt Johannes befahl dem Laienbruder, niemandem zu verraten, was nun vereinbart worden war. Er fürchtete, daß seine Mönche, wenn sie von seinem Vorhaben etwas erführen, einem alten Mann, wie er es war, nicht gestatten würden, hinauf in die Räuberhöhle zu ziehen.

Auch er selbst wollte den Plan keiner Menschenseele verraten. Aber da begab es sich, daß Erzbischof Absalon aus

Lund gereist kam und eine Nacht in Öved verbrachte. Als nun Abt Johannes ihm seinen Garten zeigte, fiel ihm der Besuch der Räubermutter ein; und der Laienbruder, der dort umherging und arbeitete, hörte, wie der Abt dem Bischof vom Räubervater erzählte, der nun so viele Jahre vogelfrei im Walde gehaust hätte, und um einen Freibrief für ihn bat, damit er wieder ein ehrliches Leben unter andern Menschen führen könnte. – »Wie es jetzt geht«, sagte Abt Johannes, »wachsen seine Kinder zu ärgeren Missetätern heran, als er selbst einer ist, und Ihr werdet es dort oben im Walde bald mit einer ganzen Räuberbande zu tun bekommen.«

Doch Erzbischof Absalon erwiderte, daß er den bösen Räuber nicht auf die ehrlichen Leute im Lande loslassen wolle. Es sei für alle am besten, wenn er dort oben in seinem Walde bliebe.

Da wurde Abt Johannes eifrig und begann dem Bischof vom Göinger Wald zu erzählen, der sich jedes Jahr rings um die Räuberhöhle in Weihnachtsschmuck kleide. »Wenn diese Räuber nicht schlimmer sind, als daß Gottes Herrlichkeit sich ihnen zeigen soll«, sagte er, »so können sie wohl auch nicht zu schlecht sein, um die Gnade der Menschen zu erfahren.«

Aber der Erzbischof wußte Abt Johannes zu antworten. – »Soviel kann ich dir versprechen, Abt Johannes«, sagte er und lächelte, »an welchem Tage immer du mir eine Blume aus dem Weihnachtsgarten im Göinger Walde schickst, will ich dir einen Freibrief für alle Friedlosen geben, für die du mich bitten magst.«

Der Laienbruder sah, daß Bischof Absalon ebensowenig wie er selbst an die Geschichte der Räubermutter glaubte, aber Abt Johannes merkte nichts davon, sondern dankte Absalon für sein gütiges Versprechen und sagte, die Blume wolle er ihm schon schicken.

Abt Johannes setzte seinen Willen durch, und am nächsten Weihnachtsabend saß er nicht daheim in Öved, sondern war auf dem Wege nach Göinge. Einer der wilden Jungen der Räubermutter lief vor ihm her, und zum Geleit hatte er den Knecht, der im Lustgarten mit der Räubermutter gesprochen hatte. Abt Johannes hatte sich den ganzen Herbst über schon sehr danach gesehnt, diese Fahrt anzutreten, und freute sich nun sehr, daß sie zustande gekommen war. Aber ganz anders stand es mit dem Laienbruder, der ihm folgte. Er hatte Abt Johannes von Herzen lieb und würde es nicht gern einem andern überlassen haben, ihn zu begleiten und über ihn zu wachen, aber er glaubte keineswegs, daß sie einen Weihnachtsgarten zu Gesichte bekommen würden; er dachte nichts anderes, als daß das Ganze eine Falle sei, die die Räubermutter mit großer Schlauheit Abt Johannes gelegt hätte, damit er ihrem Mann in die Hände falle.

Während Abt Johannes nordwärts zur Waldgegend ritt, sah er, wie überall Anstalten getroffen wurden, das Weihnachtsfest zu feiern. In jedem Bauerndorf machte man Feuer in der Badehütte, damit sie zum nachmittägigen Bade warm sei. Aus den Vorratskammern wurden große Mengen von Fleisch und Brot in die Hütten getragen, und aus den Tennen kamen die Burschen mit großen Strohgarben, die über den Boden gestreut werden sollten.

Als er an dem kleinen Dorfkirchlein vorüberritt, sah er, wie der Priester und seine Küster vollauf damit beschäftigt waren, sie mit den besten Geweben zu behängen, die sie nur hatten auftreiben können; und als er zu dem Wege kam, der nach dem Kloster Bosjö führte, sah er die Armen des Klosters mit großen Brotlaiben und langen Kerzen daherwandern, die sie an der Klosterpforte bekommen hatten.

Als Abt Johannes alle diese Weihnachtszurüstungen sah, da spornte er zur Eile an. Denn er dachte daran, daß seiner ein größeres Fest harre, als irgendeiner der anderen feiern sollte.

Doch der Knecht jammerte und klagte, als er sah, wie sie sich auch in der kleinsten Hütte anschickten, das Weihnachtsfest zu feiern. Und er wurde immer ängstlicher und bat und beschwor Abt Johannes, umzukehren und sich nicht freiwillig in die Hände der Räuber zu geben.

Aber Abt Johannes ritt weiter, ohne sich um seine Klagen zu kümmern. Er hatte bald das Flachland hinter sich und kam nun hinauf in die einsamen, wilden Wälder. Hier wurde der Weg schlechter. Er war eigentlich nur noch ein steiniger, nadelbestreuter Pfad, und nicht Brücke und Steg halfen ihnen über Flüsse und Bäche. Je länger sie ritten, desto kälter wurde es, und tief drinnen im Walde war der Boden mit Schnee bedeckt.

Es war ein langer und beschwerlicher Ritt. Sie schnitten auf steilen und schlüpfrigen Seitenpfaden den Weg ab und zogen über Moor und Sumpf, drangen durch Windbrüche und Dickicht. Gerade als der Tag zur Neige ging, führte der Räuberjunge sie über eine Waldwiese, die von hohen Bäumen umgeben war, von nackten Laubbäumen und von grünen Nadelbäumen. Hinter der Wiese erhob sich eine Felswand, und in der Felswand sahen sie eine Tür aus rohen Planken. Nun merkte Abt Johannes, daß sie am Ziel waren, und er stieg vom Pferde. Das Kind öffnete ihm die schwere Tür, und er sah in eine ärmliche Berggrotte mit nackten Steinwänden. Die Räubermutter saß an einem Blockfeuer, das mitten auf dem Boden brannte, an den Wänden standen Lagerstätten aus Tannenreisig mit Moos, und auf einer von ihnen lag der Räubervater und schlief. – »Kommt herein, ihr dort draußen!« rief die Räubermutter, ohne aufzusehen. »Und nehmt die Pferde mit, damit sie nicht draußen in der Nachtkälte zugrunde gehen!«

Abt Johannes trat nun kühnlich in die Grotte, und der Laienbruder folgte ihm. Da sah es gar ärmlich und dürftig aus, und nichts war geschehen, um das Weihnachtsfest zu feiern. Die Räubermutter hatte weder gebraut noch gebakken, sie hatte weder gefegt noch gescheuert. Ihre Kinder lagen auf der Erde rings um einen Kessel, aus dem sie aßen; aber darin war nichts Besseres als dünne Wassergrütze.

Doch die Räubermutter war ebenso stolz und selbstbewußt wie nur irgendeine wohlbestallte Bauersfrau. »Setze dich nun hier ans Feuer, Abt Johannes, und wärme dich«, sagte sie, »und wenn du Wegzehrung mitgebracht hast, so iß, denn was wir hier im Walde kochen, wird dir wohl nicht munden. Und wenn du vom Ritt müde bist, kannst du dich auf eine dieser Lagerstätten ausstrecken und ruhen. Du brauchst keine Angst zu haben, daß du dich verschlafen könntest. Ich sitze hier am Feuer und wache, und ich will dich schon wecken, damit du zu sehen bekommst, wonach du ausgeritten bist.«

Abt Johannes gehorchte der Räubermutter in allen Stükken und nahm seinen Schnappsack hervor. Aber er war nach dem Ritt so müde, daß er kaum zu essen vermochte; und sowie er sich auf dem Lager ausgestreckt hatte, schlummerte er ein.

Dem Laienbruder ward auch eine Ruhestatt angewiesen, aber er wagte nicht zu schlafen, weil er ein wachsames Auge auf den Räubervater haben wollte, damit dieser nicht etwa aufstünde und Abt Johannes fesselte. Allmählich jedoch erlangte die Müdigkeit auch über ihn solche Gewalt, daß er einschlummerte. Als er erwachte, sah er, daß Abt Johannes sein Lager verlassen hatte und jetzt am Feuer saß und mit der Räubermutter Zwiegespräch pflog. Der Räubervater saß daneben. Er war ein hochaufgeschossener magerer Mann und sah schwerfällig und trübsinnig aus. Er kehrte

Abt Johannes den Rücken, und es sah aus, als wolle er nicht zeigen, daß er dem Gespräch zuhörte. Abt Johannes erzählte der Räubermutter von allen den Weihnachtszurüstungen, die er unterwegs gesehen hatte, und er erinnerte sie an die Weihnachtsfeste und die fröhlichen Weihnachtsspiele, die wohl auch sie in ihrer Jugend mitgemacht hätte, als sie noch in Frieden unter den Menschen lebte. – »Es ist ein Jammer, daß eure Kinder nie verkleidet auf der Dorfstraße umhertollen oder im Weihnachtsstroh spielen dürfen«, sagte Abt Johannes. Die Räubermutter hatte ihm zuerst kurz und barsch geantwortet, aber so allmählich wurde sie kleinlauter und lauschte eifrig. Plötzlich wendete sich der Räubervater gegen den Abt Johannes und hielt ihm die geballte Faust vor das Gesicht. – »Du elender Mönch, bist du hierhergekommen, um Weib und Kinder von mir fortzulocken? Weißt du nicht, daß ich ein friedloser Mann bin und diesen Wald nicht verlassen darf?« Abt Johannes sah ihm unerschrocken gerade in die Augen. – »Mein Wille ist es, dir einen Freibrief vom Erzbischof zu verschaffen«, sagte er. Kaum hatte er dies gesagt, als der Räubervater und die Räubermutter ein schallendes Gelächter anschlugen. Sie wußten nur zu wohl, welche Gnade ein Waldräuber vom Bischof Absalon zu erwarten hatte. – »Ja, wenn ich einen Freibrief von Absalon bekomme«, sagte der Räubervater, »dann gelobe ich dir, nie mehr auch nur soviel wie eine Gans zu stehlen.«

Den Gärtnergehilfen verdroß es sehr, daß das Räuberpack sich vermaß, Abt Johannes auszulachen; aber dieser selbst schien es ganz zufrieden zu sein. Der Knecht hatte ihn kaum je friedvoller und milder unter seinen Mönchen auf Öved sitzen sehen, als er ihn jetzt unter den wilden Räuberleuten sah.

Aber plötzlich sprang die Räubermutter auf.

»Du sitzest hier und plauderst, Abt Johannes«, sagte sie, »und wir vergessen ganz, nach dem Wald zu sehen. Jetzt höre ich bis in unsere Höhle, wie die Weihnachtsglocken läuten.«

Kaum war dies gesagt, als alle aufsprangen und hinausliefen; aber im Walde war noch dunkle Nacht und grimmiger Winter. Das einzige, was man vernahm, war ferner Glockenklang, der von einem leisen Südwind hergetragen wurde.

Wie soll dieser Glockenklang den toten Wald wecken können! dachte Abt Johannes. Denn jetzt, wo er mitten im Waldesdunkel stand, schien es ihm viel unmöglicher als früher, daß hier ein Lustgarten erstehen könnte.

Aber als die Glocke ein paar Augenblicke geläutet hatte, zuckte plötzlich ein Lichtstrahl durch den Wald. Gleich darauf wurde es ebenso dunkel wie zuvor, aber dann kam das Licht wieder. Es kämpfte sich wie ein leuchtender Nebel zwischen den dunklen Bäumen durch. Und soviel vermochte es, daß die Dunkelheit in schwache Morgendämmerung überging.

Da sah Abt Johannes, wie der Schnee vom Boden verschwand, als hätte jemand einen Teppich fortgezogen; und die Erde begann zu grünen. Das Farnkraut streckte seine Triebe hervor, eingerollt wie Bischofsstäbe. Die Erika, die auf der Steinhalde wuchs, und der Porsch, der im Moor wurzelte, kleideten sich rasch in frisches Grün. Die Mooshügelchen schwollen und hoben sich, und die Frühlingsblumen schossen mit schwellenden Knospen auf, die schon einen Schimmer von Farbe hatten.

Abt Johannes klopfte das Herz heftig, als er die ersten Zeichen sah, daß der Wald erwachen wollte. Soll nun ich alter Mann ein solches Wunder schauen! dachte er. Und die Tränen wollten ihm in die Augen treten.

Nun wurde es wieder so dämmerig, daß er fürchtete, die

nächtliche Finsternis könnte aufs neue Macht erlangen. Aber sogleich kam eine neue Lichtwelle hereingebrochen. Die brachte das Murmeln von Bächlein und das Rauschen der eisbefreiten Bergströme mit. Da schlugen die Blätter der Laubbäume so rasch aus, als wären grüne Schmetterlinge herangeflattert und hätten sich auf den Zweigen niedergelassen. Und nicht nur die Bäume ud Pflanzen erwachten. Die Kreuzschnäbel begannen über die Zweige zu hüpfen. Die Spechte hämmerten an die Stämme, daß die Holzsplitter nur so flogen. Ein Zug Stare, der das Land hinanflog, ließ sich in einem Tannenwipfel nieder, um zu ruhen. Es waren prächtige Stare. Die Spitze jedes kleinen Federchens leuchtete glänzend rot, und wenn die Vögel sich bewegten, glitzerten sie wie Edelsteine. Wieder wurde es für ein Weilchen still, aber bald begann es von neuem. Ein starker, warmer Südwind blies und säte über die Waldwiese alle die Samen aus südlichen Ländern, die von Vögeln und Schiffen und Winden in das Land gebracht worden waren und auf dem kargen Boden nirgend anders blühen konnten: sie schlugen Wurzel und schossen Triebe in dem Augenblick, da sie den Boden berührten.

Als die nächste Welle kam, fingen Blaubeeren und Preißelbeeren zu blühen an. Wildgänse und Kraniche riefen hoch oben in der Luft, die Buchfinken bauten ihr Nest, und die Eichhörnchen begannen in den Baumzweigen zu spielen.

Alles ging nun so rasch, daß Abt Johannes gar nicht Zeit hatte zu überlegen, welches Wunder gerade geschah. Er hatte nur Zeit, Augen und Ohren weit aufzumachen. Die nächste Welle, die herangebraust kam, brachte den Duft frisch gepflügter Felder. Aus weiter Ferne hörte man, wie die Hirtinnen die Kühe lockten und wie die Glöckchen der Lämmer klingelten. Tannen und Fichten bekleideten sich so dicht mit kleinen roten Zapfen, daß die Bäume wie Seide leuchteten. Der Wacholder trug Beeren, die jeden Augenblick die Farbe wechselten. Und die Waldblumen bedeckten den Boden, daß er ganz weiß und blau und gelb war. Abt Johannes beugte sich zur Erde und brach eine Erdbeerblüte. Und während er sich aufrichtete, reifte die Beere. Die Füchsin kam aus ihrer Höhle mit einer großen Schar von schwarzbeinigen Jungen hinter sich her. Sie ging auf die Räubermutter zu und rieb sich an ihrem Rock, und die Räubermutter beugte sich zu ihr hinunter und lobte ihre Jungen. Der Uhu, der eben seine nächtige Jagd begonnen hatte, kehrte wieder nach Hause zurück, ganz erstaunt über das Licht, suchte seine Schlucht auf und legte sich schlafen. Der Kuckuck rief, und das Kuckucksweibchen umkreiste mit einem Ei im Schnabel die Nester der Singvögel.

Die Kinder der Räubermutter stießen zwitschernde Freudenschreie aus. Sie aßen sich an den Waldbeeren satt, die groß wie Tannenzapfen an den Sträuchern hingen. Eines von ihnen spielte mit einer Schar junger Hasen, ein anderes lief mit den jungen Krähen um die Wette, die aus dem Nest gehüpft waren, ehe sie noch flügge waren, das dritte hob die Natter vom Boden und wickelte sie sich um Hals und Arm. Der Räubervater stand draußen auf dem Moor und aß Brombeeren. Als er aufsah, ging ein großes schwarzes Tier neben ihm einher. Da brach der Räubervater einen Weidenzweig und schlug dem Bären auf die Schnauze. – »Bleib du, wo du hingehörst«, sagte er. »Das ist mein Platz.« Da machte der Bär kehrt und trabte nach seiner Seite fort.

Immer wieder kamen neue Wellen von Wärme und Licht, und jetzt brachten sie Entengeschnatter vom Waldmoor her. Gelber Blütenstaub von den Feldern schwebte in der Luft. Schmetterlinge kamen, so groß, daß sie wie fliegende Lilien aussahen. Das Nest der Bienen in einer hohlen Eiche war schon so voll von Honig, daß er am Stamm hinuntertropfte. Jetzt begannen auch die Blumen sich zu entfalten, deren Samen aus fremden Ländern gekommen waren. Die Rosenbüsche kletterten um die Wette mit den Brombeeren die Felswand hinan, und oben auf der Waldwiese sprossen Blumen, so groß wie ein Menschengesicht. Abt Johannes dachte an die Blume, die er für Bischof Absalon pflücken wollte, aber eine Blume wuchs herrlicher heran als die andere, und er wollte die allerschönste wählen.

Welle um Welle kam, und jetzt war die Luft so von Licht durchtränkt, daß sie glitzerte. Und alle Lust und aller Glanz und alles Glück des Sommers lächelte rings um Abt Johannes. Es war ihm, als könnte die Erde keine größere Freude bringen als die, die ihn über den plötzlichen Anbruch der schönen Jahreszeit erfüllte, und er sagte zu sich selbst: »Jetzt weiß ich nicht, was die nächste Welle, die kommt, noch an Herrlichkeit bringen kann.«

Aber das Licht strömte noch immer zu, und jetzt deuchte es Abt Johannes, daß es etwas aus einer unendlichen Ferne bringe. Er fühlte, wie überirdische Luft ihn umwehte, und er begann zitternd zu erwarten, es würde nun, nachdem die Freude der Erde gekommen war, des Himmels Herrlichkeit anbrechen. Abt Johannes merkte, wie alles still wurde: die Vögel verstummten, die jungen Füchslein spielten nicht mehr, und die Blumen ließen ab zu wachsen. Die Seligkeit, die nahte, war von der Art, daß einem das Herz stillstehen wollte; das Auge weinte, ohne daß es darum wußte, die Seele sehnte sich, in die Ewigkeit hinüberzufliegen. Aus weiter, weiter Ferne hörte man leise Harfentöne und überirdischen Gesang. Abt Johannes faltete die Hände und sank in die Knie. Sein Gesicht strahlte von Seligkeit. Nie hatte er erwartet, daß es ihm beschieden sein würde, schon in diesem Leben des Himmels Wonne zu kosten und die Engel Weihnachtslieder singen zu hören.

Aber neben Abt Johannes stand der Gärtnergehilfe, der ihn begleitet hatte. Er sah den Räuberwald voll Grün und Blumen, und er wurde zornig in seinem Herzen, weil er sah, daß er einen solchen Lustgarten nie und nimmer schaffen könnte, wie er sich auch mit Hacke und Spaten mühte. Und er vermochte nicht zu begreifen, warum Gott solche Herrlichkeit an das Räubergesindel verschwende, das seine Gebote mißachtete.

Gar dunkle Gedanken zogen durch seinen Kopf. Das kann kein rechtes Wunder sein, dachte er, das sich bösen Missetätern zeigt. Das kann nicht von Gott stammen, das ist aus Zauberei entsprungen. Es ist von des Teufels arger List hierher gesandt. Es ist die Macht des bösen Feindes, die uns verhext und uns zwingt, das zu sehen, was nicht ist.

In der Ferne hörte man Engelharfen klingen, und Engelgesang ertönte, aber der Laienbruder glaubte, daß es die böse Macht der Unholde sei, die nahe. »Sie wollen uns locken und verführen«, seufzte er, »nie kommen wir mit heiler Haut davon, wir werden betört und dem Abgrund verkauft.«

Jetzt waren die Engelscharen so nahe, daß Abt Johannes ihre Lichtgestalten zwischen den Stämmen des Waldes schimmern sah. Und der Laienbruder sah dasselbe wie er, aber er dachte nur, welche Arglist darin läge, daß die bösen Geister ihre Künste gerade in der Nacht betrieben, in der der Heiland geboren war. Dies geschah ja nur, um die Christen um so sicherer ins Verderben zu stürzen.

Die ganze Zeit über hatten Vögel Abt Johannes' Haupt umschwärmt, und er hatte sie zwischen seine Hände nehmen können. Aber vor dem Laienbruder hatten sich die Tiere gefürchtet: kein Vogel hatte sich auf seine Schulter gesetzt, und keine Schlange spielte zu seinen Füßen. Nun war da eine kleine Waldtaube. Als sie merkte, daß die Engel nahe waren, nahm sie ihren ganzen Mut zusammen und flog dem Laienbruder auf die Schulter und schmiegte das Köpfchen an seine Wange. Da vermeinte er, daß der Zauber ihm nun völlig auf den Leib rücke, ihn in Versuchung zu führen und zu verderben. Er schlug mit der Hand nach der Waldtaube und rief mit lauter Stimme, so daß es durch den Wald hallte: »Zeuch du zur Hölle, von wannen du kommen bist!«

Gerade da waren die Engel so nahe, daß Abt Johannes den Hauch ihrer mächtigen Fittiche fühlte, und er hatte sich zur Erde geneigt, sie zu grüßen. Aber als die Worte des Laienbruders ertönten, da verstummte urplötzlich ihr Gesang, und die heiligen Gäste wendeten sich zur Flucht. Und ebenso floh das Licht und die milde Wärme in unsäglichem Schreck vor der Kälte und Finsternis in einem Menschenherzen. Die Dunkelheit sank auf die Erde herab wie eine Decke, die Kälte kam, die Pflanzen auf dem Boden schrumpften zusammen, die Tiere enteilten, das Rauschen der Wasserfälle verstummte, das Laub fiel von den Bäumen, prasselnd wie Regen.

Abt Johannes fühlte, wie sein Herz, das eben vor Seligkeit gezittert hatte, sich jetzt in unsäglichem Schmerz zusammenkrampfte. Niemals kann ich dies überleben, dachte er, daß die Engel des Himmels mir so nahe waren und vertrieben wurden, daß sie mir Weihnachtslieder singen wollten und in die Flucht gejagt wurden.

In demselben Augenblick erinnerte er sich an die Blume, die er Bischof Absalon versprochen hatte, und er beugte sich zur Erde und tastete unter dem Moos und Laub, um noch im letzten Augenblick etwas zu finden. Aber er fühlte, wie die Erde unter seinen Fingern gefror und wie der weiße Schnee über den Boden geglitten kam.

Da war sein Herzleid noch größer. Er konnte sich nicht erheben, sondern mußte auf dem Boden liegenbleiben.

Aber als die Räubersleute und der Laienbruder sich in der tiefen Dunkelheit zur Räuberhöhle zurückgetappt hatten, da vermißten sie Abt Johannes. Sie nahmen glühende Scheite aus dem Feuer und zogen aus, ihn zu suchen, und sie fanden ihn tot auf der Schneedecke liegen.

Und der Laienbruder hub an zu weinen und zu klagen, denn er erkannte, daß er es war, der Abt Johannes getötet hatte, weil er ihm den Freudenbecher entrissen, nach dem er gelechzt hatte.

*

Aber als Abt Johannes nach Öved hinuntergebracht worden war, sahen die, die sich des Toten annahmen, daß er seine rechte Hand hart um etwas geschlossen hielt, was er in seiner Todesstunde umklammert haben mußte. Und als sie die Hand endlich öffnen konnten, fanden sie, daß, was er mit solcher Stärke festhielt, ein paar weiße Wurzelknollen waren, die er aus Moos und Laub hervorgerissen hatte. Und als der Laienbruder, der Abt Johannes geleitet hatte, diese Wurzeln sah, nahm er sie und pflanzte sie in des Abtes Garten in die Erde.

Er pflegte sie und wartete das ganze Jahr, daß eine Blume daraus erblühe, doch er wartete vergebens den ganzen Frühling und Sommer und Herbst. Als endlich der Winter anbrach und alle Blätter und Blumen tot waren, hörte er auf zu warten. Als aber der Weihnachtsabend kam, da überkam ihn die Erinnerung an Abt Johannes so mächtig, daß er in den Lustgarten hinausging, seiner zu gedenken. Und siehe, wie er nun an der Stelle vorbeikam, wo er die kahlen Wurzelknollen eingepflanzt hatte, da sah er, daß üppige grüne Stengel daraus emporgesproßt waren, die schöne Blumen mit silberweißen Blüten trugen. Da rief er alle Mönche von

Öved zusammen; und als sie sahen, daß diese Pflanze am Weihnachtsabend blühte, wo alle anderen Blumen tot waren, erkannten sie, daß sie wirklich von Abt Johannes aus dem Weihnachtslustgarten im Göinger Wald gepflückt war.

Aber der Laienbruder sagte den Mönchen, nun ein so großes Wunder geschehen sei, sollten sie einige von den Blumen dem Bischof Absalon schicken.

Als nun der Laienbruder vor Bischof Absalon hintrat, reichte er ihm die Blumen und sagte: »Dies schickt dir Abt Johannes. Es sind die Blumen, die er dir aus dem Weihnachtslustgarten im Göinger Walde zu pflücken versprochen hat.«

Und als Bischof Absalon die Blumen sah, die in dunkler Winternacht der Erde entsprossen waren, und als er die Worte hörte, wurde er so bleich, als wäre er einem Toten begegnet. Eine Weile saß er schweigend da, dann sagte er: »Abt Johannes hat sein Wort gut gehalten; so will auch ich das meine halten.« Und er ließ einen Freibrief für den wilden Räuber ausstellen, der von Jugend an friedlos im Walde gelebt hatte.

Er übergab dem Laienbruder den Brief, und dieser zog damit von dannen, hinauf in den Wald und suchte den Weg zur Räuberhöhle. Als er am Weihnachtstage dort eintrat, da eilte ihm der Räuber mit erhobener Axt entgegen.

»Ich will euch Mönche niederschlagen, so viel euer auch sind!« rief er.

»Sicherlich hat sich um euretwillen der Göinger Wald nicht in sein Weihnachtskleid gehüllt.«

»Es ist einzig und allein meine Schuld«, sagte der Laienbruder, »und ich will gerne dafür sterben. Aber zuerst muß ich dir eine Botschaft von Abt Johannes bringen.« Und er zog den Brief des Bischofs heraus und verkündete ihm, daß er nicht mehr vogelfrei sei, und zeigte ihm das Siegel Absalons, das an dem Pergamente hing.

»Fortab sollst du mit deinen Kindern im Weihnachtsstroh spielen, und ihr sollt das Christfest unter den Menschen feiern, wie es der Wunsch des Abtes Johannes war«, sagte er.

Da blieb der Räubervater stumm und bleich stehen, aber die Räubermutter sagte in seinem Namen: »Abt Johannes hat sein Wort getreulich gehalten, so wird auch der Räubervater das seine halten.«

Doch als der Räubervater und die Räubermutter aus der Räuberhöhle fortzogen, da zog der Laienbruder hinein und hauste dort einsam im Walde unter unablässigem Gebet, daß sein hartes Herz ihm verziehen werde.

Und niemand darf ein strenges Wort über einen sagen, der bereut und sich bekehrt hat, wohl aber kann man wünschen, daß seine bösen Worte ungesagt geblieben wären, denn nie mehr hat der Göinger Wald die Geburtsstunde des Heilandes gefeiert, und von seiner ganzen Herrlichkeit lebt nur noch die Pflanze, die Abt Johannes dereinst gepflückt hat.

Man hat sie Christrose genannt, und jedes Jahr läßt sie ihre weißen Blüten und ihre grünen Stengel um die Weihnachtszeit aus dem Erdreich sprießen, als könnte sie nie und nimmer vergessen, daß sie einmal in dem großen Weihnachtslustgarten gewachsen ist.

Selma Lagerlöf

Die Mühle auf dem Meeresgrunde

In uralten Zeiten lebten einmal zwei Brüder, der eine war reich, der andere arm. Als nun Weihnachten kam, hatte der Arme weder ein Stück Fleisch noch einen Bissen Brot im Hause; er ging daher zum Bruder und bat ihn in Gottes Namen um eine Kleinigkeit.

Nun war's nicht das erstemal, daß der Reiche dem armen Bruder etwas gegeben hatte; er war daher ärgerlich, als er ihn kommen sah.

»Tust du, was ich sage«, sprach er, »sollst du einen ganzen Räucherschinken haben!« Ja, das wollte der Arme gern tun und bedankte sich.

»Da hast du ihn«, rief der Reiche, »und fahr zur Hölle damit!« und warf ihm den Schinken zu.

»Ja, hab ich's versprochen, so muß ich es auch tun«, sagte der andere, nahm den Schinken und machte sich auf den Weg. Den ganzen Tag über schritt er dahin, und als es dunkel wurde, sah er vor sich ein Licht. ›Hier wird's wohl sein‹, dachte er. Drinnen im Wald stand ein alter Mann mit langem, weißem Bart und schlug Holz.

»Schönen Abend!« sagte der mit dem Räucherschinken.

»Gleichfalls schönen Abend! Wohin so spät?« sprach der Alte.

»Oh, ich will bloß zur Hölle, weiß aber nicht, ob dies der rechte Weg ist«, versetzte der Arme.

»Doch, doch, hier bist du ganz richtig«, sprach der Mann. »Hier ist die Hölle! Wenn du hereinkommst, werden dir alle deinen Schinken abkaufen wollen, denn Fleisch ist seltene Kost in der Hölle, weißt du. Aber verkauf ihn nicht für Geld, sondern verlange die alte Handmühle, die hinter der Tür steht! Und wenn du wieder herauskommst, zeige ich dir, wie du sie einstellen mußt, denn die Mühle ist dir sehr nützlich, mußt du wissen.«

Der Mann mit dem Schinken bedankte sich für den guten Ratschlag und klopfte beim Teufel an. Als er eintrat, ging es genauso, wie der Alte gesagt hatte: Alle Teufel, große und kleine, umringten ihn, und der eine bot ihm noch mehr als der andere für den Schinken.

»Eigentlich wollte ich ihn zum Weihnachtsabend mit meinem Weib verspeisen«, sprach der Mann, »aber weil ihr alle so gierig darauf seid, muß ich ihn euch wohl überlassen, doch ich gebe ihn nur für die alte Handmühle her, die hinterm Tor steht.«

Indessen, der Teufel wollte sie nicht hergeben und feilschte und handelte. Aber der Mann blieb bei seinem Verlangen, und da mußte der Teufel die Mühle doch endlich herausrücken.

Als der Mann wieder beim alten Holzfäller vorbeikam, fragte er ihn, wie er die Mühle einstellen müsse. Er erfuhr es, bedankte sich und machte sich auf den Heimweg, aber so schnell er auch lief, er kam nicht vor zwölf Uhr in der Weihnachsnacht daheim an.

»Ei, wo in aller Welt hast du dich herumgetrieben?« fragte seine Frau. »Stunde um Stunde hab ich hier gesessen und gewartet, und nicht einmal zwei Stück Brennholz habe ich, sie unter den Grützkessel zu legen, um uns damit das Weihnachtsmahl zu kochen!«

»Ach, ich konnte wirklich nicht eher kommen, denn ich hatte allerlei zu besorgen und dazu noch einen weiten Weg; aber jetzt sollst du sehen, was ich dir mitgebracht habe!« sprach der Mann und stellte die Mühle auf den Tisch.

Zuerst befahl er der Mühle, Lichter zu mahlen, dann ein Tischtuch und danach Speisen und Bier, ja alles, was zu einem rechten Weihnachtsschmaus gehörte; und sobald er etwas bestellt hatte, mahlte es die Mühle. Immer wieder bekreuzigte sich seine Frau und wollte nun durchaus wissen, wo er die Mühle her hätte, aber das wollte er ihr nicht verraten.

»Es ist einerlei, woher sie kommt«, sprach er, »du siehst, die Mühle ist gut, das Mahlwasser gefriert nicht und reicht!« Und dann mahlte er weiter Essen und Trinken und alles, was gut schmeckt in der Weihnachtszeit, und am dritten Weihnachtstag lud er seine Freunde ein, denn er wollte sie bewirten.

Als der reiche Bruder sah, was da alles angeboten wurde, wurde er bleich vor Wut, denn er gönnte seinem Bruder gar nichts. »Am Weihnachtsabend war er so bettelarm, daß er zu mir kam und um ein Almosen in Gottes Namen bat. Und nun fährt er hier soviel auf, als ob er gar ein Graf oder König sei!« sprach er.

»Ja, um alles in der Welt, wo hast du denn all diesen Reichtum gefunden?« fragte er seinen Bruder.

»Hinter der Tür«, sagte der, denn er hatte wenig Lust, dem Bruder Rechenschaft zu geben. Aber spät am Abend, als er einiges getrunken hatte, konnte er sich nicht mehr zurückhalten, sondern schleppte die Mühle herbei: »Da siehst du das gute Stück, das mir all den Reichtum gebracht hat!« rief er und ließ die Mühle bald dieses, bald jenes mahlen.

Als der Bruder das sah, wollte er ihm die Mühle auf Tod und Leben unbedingt abkaufen, aber der wollte gar nichts davon wissen. Nach langem Hin und Her war er aber doch bereit, sie für dreihundert Taler abzutreten, doch bis zur Heumahd müsse er sie noch behalten dürfen, sagte er. ›Habe ich sie noch so lange‹, dachte er, ›kann ich mir noch Essen und Trinken für manches Jahr mahlen.‹

Und so wurde denn die Mühle in der Zwischenzeit nicht rostig, wie man sich denken kann, aber zur Heumahd kriegte sie der reiche Bruder. Der andere hatte sich indessen gehütet, ihm zu sagen, wie man sie einstellen müsse.

Gegen Abend hatte der Reiche die Mühle zu sich nach Hause geholt, und am andern Morgen sprach er zu seiner Frau, sie solle nur mit den Schnittern auf die Wiese gehen und heuen, er werde unterdessen schon das Mittagsmahl machen.

Zur Mittagszeit setzte er die Mühle auf den Küchentisch. »Mahle Hering und Mehlsuppe, aber hurtig und gut!« rief er. Und die Mühle mahlte es, zuerst alle Schüsseln und Töpfe voll und dann soviel, daß die ganze Küche schwamm. Der Mann stellte die Mühle anders ein und drehte daran herum, aber was er auch versuchte – sie hörte nicht auf zu mahlen, und zuletzt stand die Mehlsuppe so hoch, daß er fast darin ertrank. Die Stubentür riß er auf, aber es dauerte nicht lange, da hatte die Mühle auch die Stube voll gemahlen, und mit Müh und Not faßte er die Klinke in all der Suppenflut. Als er die Tür aufgemacht hatte, stürzte er ins Freie. Hering und Suppe immer hinter ihm drein, so daß bald der ganze Hof und die Felder überschwemmt waren.

Da meinte die Frau, die noch immer im Heu beschäftigt war, es dauere recht lange, ehe ihr Mann das Essen fertig hätte. »Ruft er uns nicht nach Hause, müssen wir selbst hingehen«, sprach sie zu den Schnittern. »Ich kann mir schon denken: Allein ist er mit der Suppe nicht fertiggeworden, da muß ich ihm helfen.«

So gingen sie heimwärts. Als sie aber über den Berg kamen, schwammen ihnen schon Hering, Mehlsuppe und Brot entgegen, alles die kreuz und die quer, und der Mann lief vorneweg.

»Geb's Gott, daß jeder hundert Bäuche hat, das alles zu essen! Aber paßt auf, daß ihr im Essen nicht ertrinkt!« schrie er und rannte an ihnen vorbei, als sei der Leibhaftige hinter ihm her, dahin, wo sein Bruder wohnt. Er bat ihn, um Gottes willen, doch gleich die Mühle zurückzunehmen.

»Mahlt sie noch eine Stunde weiter, dann versinkt das ganze Dorf in Hering und Suppe!« jammerte er. Der Bruder aber wollte sie nur zurück, wenn er ihm nochmals dreihundert Taler bezahlte. Und das tat der Reiche denn auch.

Jetzt hatte der Arme also Geld und Mühle, und gar nicht lange dauerte es, da hatte er sich ein Haus gebaut, viel prächtiger als dasjenige seines Bruders. Und die Mühle mahlte soviel Gold zusammen, daß er die Wände mit puren Goldplatten auskleiden konnte, und da sein Haus am Strand stand, konnte man schon weit vom Meer her den Glanz sehen. Wer vorbeisegelte, hielt an, um den Reichen in seinem Goldhaus zu besuchen und die wunderbare Mühle zu bestaunen, von der weit und breit geredet wurde.

Einmal kam auch ein Schiffer vorüber, der wollte sich auch die Mühle anschauen. Er fragte, ob sie auch Salz mahlen könne. Ja, Salz könne sie auch mahlen, meinte der Besitzer, und da wollte der Fahrensmann sie ihm unbedingt abkaufen, koste sie, was sie wolle. ›Denn habe ich sie‹, dachte er, ›dann muß ich nicht mehr weit übers Meer segeln, um Salz zu holen.‹ Anfangs wollte der Mann sie nicht hergeben, aber der Schiffsbesitzer bat und flehte so lange, bis er sie zu guter Letzt doch bekam, und diesmal für viele, viele tausend Taler.

Als der Schiffer die Mühle auf den Rücken genommen hatte, machte er sich flugs aus dem Staube, denn er fürchtete, dem anderen könne der Handel wieder leid werden. Nicht einmal soviel Zeit ließ er sich, nachzufragen, wie man sie denn einstellen müsse. So schnell er konnte, bestieg er sein Handelsschiff und fuhr los. Als er ein Stück auf die offene See hinausgekommen war, holte er die Mühle hervor.

»Mahl Salz, aber hurtig und gut!« rief er. Und da legte die Mühle los, daß es nur so knackte und sprühte. Als der Handelsmann sein Schiff voll hatte, wollte er die Mühle anhalten, doch wie er es auch versuchte, die Mühle mahlte und mahlte, und der Salzhaufen wurde größer und größer. Zuletzt versank das ganze Schiff mit Mann und Maus in der See. Und da unten auf dem Meeresgrund steht die Mühle und mahlt bis zum heutigen Tag. So kommt es, daß Meerwasser salzig ist.

Ein Märchen aus Norwegen

Wenn's wieder geschähe – wie vor langer Zeit

Der heilige Joseph stand in Rom, in der Krippenausstellung, beinahe lebensgroß und aus Holz geschnitzt. Er trug keinen lockigen Greisenbart, er lächelte nicht gütig, er hob die Hände nicht anbetend empor. Die Gruppe, zu der er einmal gehört hatte, war abhanden gekommen.

Er war allein, solange die Menge der Besucher an ihm vorbeiströmte, und noch mehr, als mit dem fortschreitenden Abend die Säle sich leerten. Und wahrscheinlich erreichte seine Einsamkeit den Höhepunkt, als in der Weihnacht die Ausstellung geschlossen wurde, als die Lichter gelöscht waren und statt der Schritte und Stimmen der Menschen andere geheimnisvolle Geräusche sich erhoben.

Zu dieser Stunde nämlich begannen sich auf all den kleinen Krippenbühnen die Gestalten zu bewegen. Die Hirten erhoben ihre Stäbe, die Obstverkäuferinnen in den kleinen Bogenhallen beugten sich vor, und die Heiligen Drei Könige trieben ihre Reittiere an. Überall ertönten die eindringlichen Klänge von winzigen Dudelsäcken und die Stimmen der kleinen Wachsengel, die sich an ihren Fäden bewegten und sangen.

Und dann geschah es auch dem alten heiligen Joseph, daß er erwachte und sich langsam von den Knien erhob. Dieser heilige Joseph war ohne Zweifel ein sehr trauriger Mann, und wenn er, wie die andern, zum Bewußtsein kam, konnte er nur zum Bewußtsein seiner Traurigkeit kommen. Er hatte einmal, vor sehr langer Zeit, mit seiner Frau Maria in Bethlehem Unterkunft gesucht, und die alten Bekannten hatten sich alles andere als freundlich benommen. In einem Stall war schließlich das Kind zur Welt gekommen, von dem Maria wußte, daß es Gottes Kind war. Maria war sehr glücklich gewesen, aber er selbst hatte das Kind betrachtet und die unangenehmsten Vorgefühle gehabt. Die Menschen, hatte er gedacht, sind böse und habgierig, sie werden sich nicht ändern um dieses kleinen Kindes willen.

Einen Augenblick lang war auch ihm wunderlich zumute gewesen, und zwar als das Licht des großen Sternes durch eine schadhafte Stelle im Dach gerade auf die Krippe fiel. Da hatte er eine Stimme sehr Sonderbares erzählen hören: von Apfelbäumen, die im Winter blühen, von Rosenknospen, die im Schnee aufbrechen, von Flüssen, die Wein statt Wasser führen, und von Quellen, aus denen Honig springt. Er hatte das alles auf des Kindes Leben bezogen, aber das war dann ein recht ärmliches geworden und hatte am Kreuz geendet.

An das alles dachte der alte Joseph, als er sich in der Krippenausstellung von den Knien erhob. Ich will doch sehen, dachte er, wie es jetzt zugeht, wo schon zwei Jahrtausende vergangen sind. Ich will sehen, ob es noch immer Kriegsknechte gibt, und hartherzige Wirte und Mütter, die sich um ihrer Söhne willen die Augen aus dem Kopfe weinen.

Er ging durch den nächsten Saal und betrachtete ein wenig herablassend seine Namensbrüder, die so demütig lächelten und dem Kinde die Windeln hielten. Und dann machte er ein paar raschere Schritte und gelangte durch einen Säulenhof auf die Straße hinaus.

Dort erregte seine Erscheinung nicht das geringste Erstaunen. Er sah genau aus wie einer der vielen alten Männer, die ihr Leben lang schwer gearbeitet haben und deren Rücken krumm und deren Glieder steif geworden sind. Er wurde gestoßen und geschoben von der Menge, die dem Weihnachtsmarkt zustrebte, und als er dort angelangt war, sah er sich voller Verwunderung um. Denn überall auf dem langen Platz standen Buden voll glitzernder, funkelnder Dinge. Um den Platz herum fuhren mit großer Geschwindigkeit Wagen ohne Pferde, und über den Buden erhoben sich hohe Paläste, in deren Sälen vor gemalten Sommerlandschaften Tausende von Lichtern brannten. Die verschlungenen Stäbe der Kirchengitter zeigten die Namenszüge der Maria und des Kindes, und auf dem Marmorbrunnen hoben wilde Flußgötter zwischen Palmen und Meeresrosen ihre Hände zu der Taube des Heiligen Geistes empor. Es war alles nicht mit Nazareth und nicht einmal mit Jerusalem zu vergleichen, und einen Augenblick hatte der alte Joseph die Vorstellung, er befände sich im Paradies.

Aber diese glückliche Stimmung hielt nicht lange an. Wenn dies das Paradies ist, dachte Joseph von Nazareth, so müssen auch die Menschen anders geworden sein. Dann könnte so etwas wie in den Gasthöfen von Bethlehem nicht mehr vorkommen. Er beschloß, diese paradiesischen Menschen mit seiner alten Geschichte auf die Probe zu stellen. Und natürlich bestanden die Leute, die er um ein Nachtlager, um Essen und Trinken und um bunte Bälle für den kleinen Jesus anging, diese Probe nicht.

Der Türhüter des fürstlichen Palastes tippte sich an die Stirn, der Wurstverkäufer schalt über die Bettelei, und der Besitzer der bunten Bälle schüttelte sich vor Lachen, daß der alte Mann eines Neugeborenen Vater sein sollte. Und nun mit einemmal veränderte für den alten Joseph der ganze Platz sein Gesicht. Die Fahrzeuge schossen so bedrohlich und wild dahin, als hätten sie es darauf abgesehen, den alten Mann zur Strecke zu bringen, das metallene Spielzeug an den Ständen funkelte böse, und unter dem scharfen Knall der Büchsen sanken die hübschen Puppen an der Schießbude traurig hin.

Der alte Joseph fragte, was dies und jenes zu bedeuten

habe, und er gewann den Eindruck, daß all die bunten Dinge Kriegsspielzeuge seien und daß die Menschen nichts anderes im Sinn hätten, als so schnell als möglich dahinzurasen und sich gegenseitig ein Leid anzutun. Er fragte nicht mehr, sondern setzte sich auf die Kirchentreppe, gerade neben einen großen Tannenbaum, der dort lehnte und der ebenso trotzig und ebenso einsam aussah wie er selbst. Und weil er es müde war, mit den Menschen zu sprechen, redete er den schwarzen Tannenbaum an.

Du hast einen schönen Stamm, sagte der alte Zimmermann.

Aber der Baum bewegte seine Zweige unwillig. Ich bin nicht meines Stammes wegen hier, sagte er. Ich bin ein Christbaum, der nicht verkauft worden ist. Ein überflüssiges Ding.

Bei diesen Worten horchte der alte Joseph auf und sah den Tannenbaum nachdenklich an. Ich weiß nicht, sagte er, warum du dich darüber grämst, kein Christbaum zu sein. Seit der Geburt des kleinen Jesus ist nichts besser geworden.

Der Baum wiegte seine Zweige bedenklich hin und her.

Und dann erzählte er dem alten Joseph von den Wäldern des Nordens, aus denen er stammte. Er erzählte ihm von den wilden, trotzigen Seelen, die dort in der Weihnachtszeit wie ein zorniges Heer durch die Täler schweifen und die Weihnachtslieder in den Dörfern mit ihrem Gesang zu übertönen versuchen.

Und was geschieht ihnen? fragte der alte Joseph erschrokken.

Aber statt zu antworten, neigte der Baum seinen Wipfel, und als der alte Zimmermann ihm mit dem Blick folgte, sah er einen kleinen Knaben, der zwischen den nächtlichen dunklen Buden daherkam und gerade auf sie zu. Es war ohne Zweifel ein kleiner römischer Knabe, aber weil er nur ein kurzes weißes Kittelchen anhatte und überaus freundlich lächelte, hielt ihn der alte Joseph für das Jesuskind, und der Tannenbaum schien derselben Meinung zu sein.

Man sollte ihm etwas schenken, sagte er aufgeregt.

In diesem Augenblick fiel dem alten Joseph, der sich an diesem Abend schon an so viel erinnert hatte, noch etwas ein. Er sah sich selbst und Maria und Jesus in dem zerfallenen Stall in Bethlehem, über dem auch ein Nadelbaum stand. Auch dieser Baum hatte sprechen können, und auch dieser Baum hatte, wie die Palme und der Ölbaum, dem Kinde etwas schenken wollen. Aber er hatte es nicht gewagt, weil er finster, trotzig und stachlig war. Er hatte ganz steif dagestanden, und das Kind Jesus hatte zu ihm aufgeschaut und seine Arme zum Himmel erhoben. Es hatte eine Menge kleiner Sternchen aus dem Himmel herabgezogen und sie dem Baum übergehängt. Und damit war Licht im Stall gewesen, lauter strahlendes Licht.

Der heilige Joseph dachte an die alte Geschichte.

Wenn das wieder geschähe, dachte er. Wenn das wieder geschähe.

In diesem Augenblick begannen alle Glocken der großen Stadt Rom zu läuten, und die elektrischen Straßenlaternen gingen aus.

Der alte Joseph dachte an die trotzigen, zornigen Seelen, die jetzt in den fernen Wäldern dahintreiben mußten, und an die großen Engel, die, wie er meinte, hier an die Glocken schlugen. Er fühlte, wie ihm das Wasser in die Augen stieg, und obwohl er sich darüber ärgerte, konnte er die Tränen doch nicht zurückhalten. Er sah das Kind vor dem Tannenbaum stehen und die Arme bewundernd erheben.

Und dann sah er in der plötzlichen Dunkelheit auch die glitzernden Sterne am Himmel, und weil seine Augen voll

Tränen standen, schienen sie ihm herabzustürzen und mitten in den Zweigen des Tannenbaumes zu schweben. Er hörte wieder die Stimme, die von Honigquellen und Weinflüssen sprach, und war überzeugt davon, daß zwischen damals und heute nur wenig Zeit vergangen war, nur ein ganz unwesentlicher Bruchteil Zeit.

Ich bin ganz sicher, daß in diesem Augenblick der alte Joseph wieder auf die Knie sank. Ich glaube auch, daß er nun langsam wieder zu Holz wurde, aus dem er vor vielen Jahrhunderten geschnitzt worden war. Aber wie er zurück in die Krippenausstellung gekommen ist, das weiß ich nicht.

Marie Luise Kaschnitz

3. ADVENT

Weihnachtslied

Vom Himmel in die tiefsten Klüfte
Ein milder Stern herniederlacht;
Vom Tannenwalde steigen Düfte
Und hauchen durch die Winterlüfte,
Und kerzenhelle wird die Nacht.

Mir ist das Herz so froh erschrocken,
Das ist die liebe Weihnachtszeit!
Ich höre fernher Kirchenglocken
Mich lieblich heimatlich verlocken
In märchenstille Herrlichkeit.

Ein frommer Zauber hält mich wieder,
Anbetend, staunend muß ich stehn;
Es sinkt auf meine Augenlider
Ein goldner Kindertraum hernieder,
Ich fühl's, ein Wunder ist geschehn.

Theodor Storm

Die Reise ins Bücherland

Es war einmal ein kleiner Junge, so ungefähr wie du, der hieß Büx, hatte rote Hosen an und konnte weder lesen noch schreiben. Eines Tages kam er in das Zimmer seines Vaters, um ihn etwas zu fragen, nämlich warum die Fenster in den Häusern der Menschen viereckig seien, wo doch die Sonne, der Mond und die Augen rund wären. Denn das wollte ihm nicht in den Kopf.

Aber der Vater gab ihm keine Antwort. Er saß in seinem Lehnstuhl und schaute auf ein Ding in seinen Händen, das auch viereckig und auf beiden Seiten mit Läden oder Türen versehen war, die man auf- und zumachen konnte. Dazwischen war Blatt für Blatt viel schönes weißes Papier und darauf viele Reihen winziger Figürchen, fast wie Kolonnen marschierender Soldaten anzusehen. Sie gingen hintereinander zu zweit, zu fünft und mehr, in kleinen Trupps, und manchmal war vorn ein Offizier. Der Vater schien großen Gefallen an den Figuren zu haben; denn zuweilen lachte er vor sich hin. Dann aber schaute er ernst drein, nickte mit dem Kopf oder wurde traurig und mußte sich schneuzen.

Büx trat leise herzu und schaute auch eine gute Weile hinein. Aber er mußte dabei weder lachen noch weinen.

»Was tust du?« fragte Büx endlich und legte seine kleine Hand auf die große Hand des Vaters, um ihn freundlich zu stimmen.

»Ich lese ein Buch«, sagte der Vater.

»Was ist ein Buch?« fragte nun sein kleiner Sohn. Da mußte der Vater lachen.

»Ja, Büxlein«, sagte er, »was ist ein Buch!« Und er nahm ihn bei der Hand und führte ihn vor ein Gestell, da standen sehr viele solcher Bücher. »Die Menschen«, sagte der Vater, »haben sich die kleinen Zeichen oder Bilderchen ausgedacht, um damit alles Schöne und Gute aufzuzeichnen, was sie erlebt, gesehen und gedacht haben, damit es nicht vergessen wird. Denn das wäre doch jammerschade. Und wenn du mal lesen gelernt hast, dann brauchst du bloß die Tür des Buches aufzumachen, und es sagt dir alles, was es weiß, so etwa, wie wenn ich dir eine Geschichte erzähle.«

»Wie hübsch«, sagte Büx. »Bist du denn auch ein Buch?«

»Ja, aber ein zweibeiniges«, sagte der Vater. Und dann sprach er davon, daß ja bald Weihnachten sei! Mehr sagte er nicht.

Als Büx abends zu Bett ging, mußte er immerzu an die Bücher und Weihnachten denken. »Gute Nacht, schlaf gut«, sagte er zu seinem Hündchen. Das schlief bereits und knurrte im Traum.

Mitten in der Nacht spürte Büx plötzlich, daß ihn fröstelte. Es zerrte immer an seiner Bettdecke. Da wischte er sich den Schlaf aus den Augen, setzte sich auf und guckte. Der Mond schien, und so konnte er ganz deutlich sehen, daß ein Buch in seinem Bett stand. Es stand aufrecht auf seinen Ecken, ein wenig vorgebeugt und hatte den Zipfel der Bettdecke sehr geschickt gepackt und zerrte daran. Davon war Büx aufgewacht.

»Nanu, was soll denn das«, rief er.

»Komm, sei lieb«, sagte das Buch, »steh auf, wasch dich und zieh dich an.«

Büx folgte, und als er fertig war, schlug sich das Buch auf und bat ihn höflich, darauf Platz zu nehmen.

»Aber mein Hündlein muß auch mit«, sagte Büx.

»Ich bitte darum«, antwortete das Buch.

»Flieg, Büchlein, flieg«, jauchzte Büx. Da flog es auf, flügelschlagend wie ein großer Schmetterling, zum Fenster hinaus in die weite Welt, zu den Wolken, zu den Sternen empor, ließ den Mond links liegen und flog und flog. Das Hündlein bellte und schnappte nach den Sternen im Vorbeifliegen. »Und wohin soll die Reise gehen?« fragte Büx. »Ins Bücherland«, rief ihm der Mond nach. Da waren sie schon am Ziel.

Sie landeten sanft auf einer Waldwiese. Die Reisenden stiegen aus, und Büx klappte das Buch zu und nahm es unter den Arm. So zogen sie ins Bücherland. Das war nun freilich eine merkwürdige Gegend. Alles war aus Büchern. Die Berge, die Tannen, sogar die Blumen waren kleine Büchlein aus rotem Saffian, nicht größer als die Taschenkalenderchen. Wenn man daran roch, dann wußte man gleich eine schöne Geschichte. Auch die Vögel waren Bücher und sangen in Versen von Frühling und Liebe. Das gefiel dem Büx gar wohl. Sein Hündlein wollte auch singen. Aber es wurde immer nur der gleiche Reim: Wau! Wau!

Als sie durch den großen dunklen Bücherwald gegangen waren, kamen sie auf einen Berg, und zu ihren Füßen lag friedlich die Hauptstadt der Poesie. Mauern und Tore, Häuser und Kirchen, alles war aus Büchern gebaut. Die roten Rücken der Dächer waren gar lustig anzusehen. Erst mußten sie noch über die Papierflut und dann spazierten sie frohgemut durch das Stadttor.

Nein, so etwas hatte Büx noch nicht gesehen. Die Bücherstadt war vom Volk der Buchstaben bewohnt. Sie sahen ganz ähnlich aus wie wirkliche Menschen. Sie redeten auch verschiedene Sprachen, buchstäblich. Besonders auf dem Büchermarkt herrschte geschäftiges Leben. Und wenn sich die rechten Leute zusammenfanden, dann ergab es jedesmal ein hübsches Wort: ›Friede‹ oder ›Schönheit‹ oder ›Heimat‹.

Es war aber so viel zu sehen, daß Büx alsbald rechtschaffen hungrig und müde wurde. Er aß gebackenen Zwiebelfisch und Papierschnitzel. Zum Nachtisch nahm er einige Lesefrüchte. Dann legte er sich auf den Westöstlichen Divan, wobei er das treue Buch als Kopfkissen benutzte, und schlief ganz köstlich.

Am andern Tag machten sie eine Segelpartie auf der Papierflut. Es war so schön, daß sie gar nicht merkten, wie lange sie schon unterwegs waren.

Immer einsamer wurde die Gegend, und schließlich begann es tüchtig zu schneien. Büx wußte nicht, wo sie sich befanden. Er ging an Land und wanderte aufs Geratewohl dahin.

O Schreck, was kam ihm da entgegen? Der Bücherwurm, und er wollte ihn und das Hündlein verschlingen. Da wußte sich Büx keinen anderen Rat, als das Buch dem Ungeheuer in den Rachen zu werfen. Das war seine Rettung. Das Untier ließ von ihm ab.

Nun hatte Büx kein Buch mehr! Weit und breit war nur Öde und Flachheit, wohin er blickte. Da mußte er weinen. Die Tränen flossen, und Büx und das Hündlein trotteten traurig hinterdrein. »Ich will heim«, sagte Büx.

Da begegnete ihm der Druckfehlerteufel, der gerade kegelte und sehr vergnügt war, wenn er alles durcheinanderwerfen konnte. Dem erzählte Büx sein Mißgeschick mit dem Buch. »Schlimm, schlimm«, sagte grinsend der Teufel, »da sieh nur zu, daß du es wiederkriegst.«

Büx wanderte weiter. Auf einem Berge stand eine alte Buchruine, von wo man weit ins Land schauen konnte. Da sah Büx von ferne sein Elternhaus, und er lief darauf zu, ohne sich umzusehen. »Da lege ich mich geschwind ins Bett«, dachte er bei sich, »und wache auf, dann ist alles wieder gut.«

Als er daheim in die Stube trat, da brannte der Christbaum, und darunter lag unversehrt das verlorene Buch.

Darinnen stand getreulich geschrieben und abgebildet, was Büx und sein Hündlein auf ihrer Reise ins Bücherland erlebt hatten. Und damit fängt die Geschichte wieder von vorne an.

Ernst Penzoldt

Die Tannen der heiligen Aurelia

Am Heiligen Abend ging ein armes Kind von Tür zu Tür, klopfte an und sagte: »Wollt Ihr meine zwei Tannen kaufen? Ihr könnt goldene Kugeln und Papiersterne daranhängen, und die Kinder werden ihre Freude daran haben.« Aber in jedem Haus hieß es: »Es ist zu spät, Kleiner, die Weihnachtsbäume sind schon längst gekauft. Komm nächstes Jahr wieder.«

Das Kind war verzweifelt, denn es gab kein Brot daheim. Nach vielen Bitten und ebenso vielen ausweichenden oder harten Antworten kam es zum Haus von Eidel, dem Gärtner. Hat man schon jemals gesehen, daß man demjenigen Tannen zu verkaufen versucht, dessen Aufgabe es ist, sie anzupflanzen? Das arme unschuldige Kind klopfte, und Eidel rief: »Wer klopft zu dieser Stunde?« Das Kind wagte nicht zu antworten.

»Wer klopft an meine Tür, wo ich meine Ruhe haben will?« sagte Eidel, und seine Stiefel knallten auf dem Boden. Er öffnete die Türe, und der bescheidene Bittsteller sah einen riesigen glänzenden Baum, der mit Reichtümern überladen war und sein Licht bis auf die Straße warf. Drei Kinder saßen um ein Feuer herum und betrachteten die Weihnachtsente, die da in ihrem Safte schwamm.

»Was willst du, Kleiner, du bist wohl ein Grünschnabel mit deinen zwei verkümmerten Tännchen.«

Das Kind wurde traurig und schwieg, denn es verstand, daß seine letzte Hoffnung dahingeschwunden war.

»Die Kälte kommt herein«, sagte der Gärtner, »sag, was du zu sagen hast, oder ich schlage dir die Tür vor der Nase zu.« Er hatte einen schroffen Ton, war aber eigentlich ein guter Mann. Er betrachtete den Kleinen im Alter seiner Kinder, der da mit nackten Füßen im Schnee stand und nicht wagte, aufzuschauen, und er dachte daran, daß vielleicht die Seinen nach seinem Tode des Abends im Schnee stehen und bei anderen betteln müßten. Mit leiser Stimme sagte er: »Was willst du? Ich gebe dir, was ich kann.« – »Ich will meine zwei Weihnachtsbäume verkaufen, aber der Eure ist ja viel schöner.«

»Macht nichts«, sagte Eidel, »gib sie mir.« Er holte ein Goldstück aus seiner Schublade, und der arme Kleine traute seinen Augen kaum und glaubte, er wolle sich über ihn lustig machen. Die Kinder gaben ihm ein Stück von der Ente ab, die Mutter reichte ihm eine Schüssel mit heißer Suppe, und selbst der Hund war freundlich und leckte ihm die vor Kälte geröteten Hände. Da freute sich das Kind, dankte und kehrte frohgemut heim.

Eidel warf die zwei Tannen in eine Ecke und setzte sich zu Tisch. Das Essen war vortrefflich, die Ente zart und der Wein kühl. Dann gingen sie zu Bett.

Am anderen Morgen, am Weihnachtstag, kehrte Frau Eidel das Haus und stellte die zwei Tannen auf die Straße. Die Kinder, die im Schnee spielten, während sie auf die Stunde des Kirchgangs warteten, nahmen die zwei Stämmchen, ahmten ihren Vater nach und pflanzten sie hinter die Kirche. Die Glocken läuteten. Die Leute nahmen in der Kirche Platz. Eidel saß in seinem schönen Mantel in der vordersten Reihe und dankte Gott für seine Familie.

Als die Messe gelesen war und die Kirche sich leerte, schrien die Leute auf dem Vorplatz verwundert auf. Zwei Tannen reckten sich so hoch wie der Kirchturm in die Wolken. Eine Taube erhob sich aus einem Kirchenfenster, flog auf jede Tanne und schlug dreimal mit den Flügeln, dann kehrte sie in ihr Kirchenfenster zurück.

Ein Märchen aus dem Elsaß

Und der Himmel erglänzte wie ein gewaltiges Feuer

In jenen Tagen, als man in Judäa eine Volkszählung vornehmen wollte, mußte sich jeder Mann dort melden, woher er stammte. Josef aber stammte aus Bethlehem und so mußte er dorthin gehen, auch wenn er lange Jahre in Nazareth gelebt hatte.

Er brach von Kapharnaum auf und ritt auf einem Maultier – und Maria auf einem zweiten – durch das Jordantal und dann ins Gebirge hinauf in Richtung Bethlehem. Er ritt langsam und vorsichtig, denn die Jungfrau Maria war schwanger. So kamen sie nur langsam vorwärts.

Und eines Abends, als es dämmerte, waren sie noch immer ein gutes Stück von Bethlehem entfernt.

Josef drehte sich um nach Maria und da sah er sie abwechselnd lachen und weinen. Und er fragte die Allheilige: »Warum lachst du abwechselnd und weinst du?«

Sie antwortete darauf: »Ich sehe große Freuden kommen und große Leiden.« – Das war, weil sie an ihren Sohn dachte.

Josef aber meinte, sie litte unter Schmerzen – und tatsächlich war sie recht müde – und hielt an, half ihr vom Maultier, breitete am Hang eine Decke aus und half Maria, sich dort hinzulegen.

Dann ging er, die Tiere anzubinden und das Nachtmahl zu richten. Er zündete ein Feuer an und kochte ein Getränk für Maria. Und als es fertig war, goß er es in einen Becher und wollte es der gepriesenen Jungfrau bringen. Aber er konnte sich auf einmal nicht mehr rühren. Und sein Blick erfaßte einen Vogel, der ganz nahe still mit gespreizten Flügeln in der Luft stand. Und Josef dachte: »Warum fällt er nicht herunter, wenn er doch nicht die Flügel schlägt?«

Und dann konnte er den Blick etwas heben und er sah, daß der ganze Himmel wie in Flammen stand. Und obwohl das Licht sehr hell war, so blendete es Josef doch nicht. Und er betrachtete verwundert und entzückt das schöne Licht.

Nach einer Weile – Josef kam es vor, als seien Stunden vergangen – sah er wieder nach dem Vogel und dieser stand noch immer still in der Luft.

Dann blickte Josef auf die Erde und da sah er, daß sich alles mit blühenden Blumen bedeckt hatte, wo vorhin noch das Gras verdorrt gewesen war.

Und als Josef noch über dieses neue Wunder nachdachte, kam ein warmer Windhauch und eine Stimme rief ihn an.

Nun konnte er sich wieder bewegen und er ging dorthin, wo er Maria auf das Lager gebettet hatte. Und auch der Vogel begann mit den Flügeln zu schlagen und flog davon.

Und als Josef bei Maria angekommen ist: da hielt sie ihm den soeben geborenen Sohn entgegen. Unser Herr Jesus Christus war zur Welt gekommen.

Nun verstand Josef die Wunder und daß alles so kommen mußte und daß die Blumen aufblühen mußten und daß der Himmel erglänzen mußte wie ein gewaltiges Feuer.

Und er gab Maria den Becher, dann aber ging er, um Wasser zu holen und der Himmel leuchtete ihm auf den Weg.

Ein Märchen aus Bjelorußland

Die Sprache des Himmels

Man erzählt sich, daß in jener Zeit, als Jesus Christus geboren worden ist, man am Himmel ein großes Sternbild hat aufleuchten sehen. Es waren zahllose Sterne, die sich wie ein Band über das Firmament erstreckten und die man nur in der Nacht erblicken konnte. Und dieses Band war wie der Umriß eines großen, großen Engels.

Und man sagt, dieser Engel habe ganz leise gesungen, jedoch in einer Sprache, die man nicht verstehen konnte. Es war die Sprache des Himmels und nur wenige weise Männer – Priester – konnten sie verstehen.

Und als sie den Gesang hörten, eilten sie ins Freie, erkannten den Engel und wußten, daß der Messias geboren war.

Und sie brachen noch in der gleichen Nacht auf, um den Ort zu suchen, wo das göttliche Kind die Erde betreten habe. Und es waren vier Männer, welche das Lied des Engels verstanden hatten: einer aus Indien, einer aus Persien, einer aus Arabien und einer aus dem Lande vom Untergang der Sonne.

Und ich weiß nicht, wie viele Tage und wie viele Wochen sie gereist sind. Sie konnten nur nachts reiten, denn am Tage war der Engel unsichtbar.

Und obwohl die vier Männer aus so fernen Ländern stammten, konnten sie doch miteinander reden, denn es waren Weise.

Und es sagte einer davon zu den anderen: »Brüder, die ihr von Gott geweckt wurdet, sagt mir: Was wollt ihr dem Königskind als Gabe bringen? Ein jeder möge sprechen, damit wir es wissen und damit wir sonst noch etwas besorgen können, wenn es fehlt.«

Und es sagte ein Zweiter: »Bruder, der du der älteste und weiseste von uns bist, gut hast du gesprochen. Und sieh, was ich dabei habe, um es dem heiligen Kind darzubringen: Gold.«

Da sagte derjenige, der zuerst gesprochen hatte: »Gut hast du getan, Bruder; denn das Gold wird man brauchen, denn das Kind und seine Eltern werden fliehen müssen. Wußtest du das?« – »Nein, das wußte ich nicht, Bruder.«

Und der Älteste sagte zum Dritten: »Und du, was führst du bei dir?« – »Ich, Bruder, habe ein Säckchen voll kostbarem Weihrauch.« – »Es ist gut.«

Und er sagte zum Vierten: »Und was hast du mitgenommen?«

Da wickelte jener ein Gefäß aus einem Bündel Leinen, zeigte es den anderen und sagte: »Leinen und Myrrhe.« – »Du denkst weit«, sagte der Älteste, »und du tust gut daran.«

Da sagte der Zweite von den Weisen: »Du aber, Bruder, nun sag' du, nachdem wir dir alles gezeigt haben, woher du kommst und was du als Geschenk für den Messias bringst.«

»Ich«, sagte da der Älteste, »ich komme von Indien her, und von dort ist auch meine Gabe: schaut her! Ein Buch!«

»Ein Buch, ein Buch!« riefen die anderen Weisen erstaunt. »Ein Buch! Was ist's damit? Was steht darin?«

»Es ist das Buch der frohen Botschaft«, sagte der Älteste, in ihm ist alles aufgezeichnet, was Gott den Menschen nach dem Fall Adams vorausbestimmt hat. Ein Engel hat es geschrieben und einem meiner Ahnen übergeben. Von diesem Vorvater ist dann das Buch über viele Geschlechter bis auf mich gekommen. Und ich werde es nun dem himmlischen Kinde übergeben und in dessen Händen wird es bleiben, bis sich alles erfüllt hat. Und dann wird man die Botschaft allen Menschen verkünden.«

So sprachen die vier Weisen untereinander. Und dann brachen sie wieder auf und einige Nächte später erreichten sie Bethlehem, wo sie das Kind und seine Eltern fanden. Und der Engel zeigte sich nicht mehr am Himmel.

Und nachdem die Weisen ihre Gaben überreicht und das Kind angebetet hatten, reisten sie wieder in ihre Heimat zurück, ein jeder in das Dorf, aus dem er gekommen war.

Und das Buch der frohen Botschaft blieb in den Händen des Kindes, bis sich alles erfüllt hatte.

Und heute haben wir Abschriften davon in aller Welt.

Ein Märchen aus Arabien

Das Licht der Heiligen Drei Könige

Hier ist die Geschichte des Lichtes der Heiligen Drei Könige.

Als sie in Bethlehem ankamen, ließ sich der Stern, dem sie gefolgt waren, auf dem Dach des Stalles nieder, in dem Jesus geboren wurde, und erleuchtete die Zuflucht, die durch den Atem von Ochs und Esel gewärmt wurde.

Jedermann weiß, daß sie reiche Geschenke brachten. Jedermann weiß, daß der mit der schwarzen Haut Myrrhe aus einem silbernen Gefäß über die Füße des Kindes breitete.

Nachdem sie Gottes Sohn angebetet hatten, verabschiedeten sie sich. Da geschah ein Wunder. Der Stern, der sie nach Bethlehem geführt hatte, begann zu sprechen. Er sagte ihnen, er wolle sie nicht verlassen, und sein Licht drang in das Silbergefäß, das die Myrrhe enthalten hatte.

Sie machten sich auf und gingen in die Welt und verkündeten die Geburt des Herrn. Sie überquerten die Meere, sie kamen ins Abendland. Sie suchten die Städte auf, die in der Dunkelheit lebten. Manchmal schlugen sie den Feuerstein, um das Licht, das in dem Silbergefäß schlummerte, wieder zu erwecken. Dann erhob sich die Flamme, und das unvergleichliche Licht erleuchtete das Himmelsgewölbe, die schneebedeckten Berge und die Wälder, in denen die wilden Tiere hausten.

Als sie das letztemal Feuer schlugen, waren sie am Rhein angekommen. Da sie müde davon waren, alle Länder dieser Welt zu Fuß durchwandert zu haben, und da ihre Zeit auf Erden um war, ließen sie an der Stelle, wo sich Köln erhebt, drei Gräben in den Fels hauen. Sie legten sich zur Ruhe und schliefen ein. Jedes Jahr am Heiligabend erwachen sie und steigen nach Barr und Molsheim herab, grüßen die Quelle der heiligen Richardis in Andlau, gehen den Weg nach Hohwald bis zum Hochfeld, wo sie die Luft von den düsteren Machenschaften der Hexer reinigen.

Derjenige, der das Gold gebracht hatte, wirft es in die Sterne, die aus dem Winterschlaf erwachen und von neuem zu leuchten beginnen.

Derjenige, der den Weihrauch gebracht hatte, entzündet ihn in seiner hohlen Hand, und der Rauch bildet die Wolken, die sich während des Jahres um die Berggipfel lagern.

Derjenige mit der schwarzen Haut, der die Myrrhe gebracht hatte, breitet sie über die Gräser aus.

Dann durchqueren sie Straßburg und kehren nach Köln zurück.

Als sie eines Weihnachtsmorgens an den Menschen vorüberzogen, die sie laut vor Freude und Bewunderung begrüßten, schaute auch die Tochter des Schultheißen aus dem Fenster, und der mit der schwarzen Haut, der das Silbergefäß mit dem Licht trug, das man mit dem Feuerstein entzündete, war von der Schönheit des Mädchens angetan und betrachtete sie bewundernd. »Schönes Mädchen mit dem Lächeln der Frühlingssonne«, sagte er, »liebes Mädchen, vielleicht ist deine Schönheit dein Untergang. Hüte dich vor den Versuchungen, die dir der Teufel ins Ohr flüstert. Schönes Mädchen, die Erdenbürger leben in der Nacht. Nur ein Licht kann den Weg der Menschen erhellen, und das ist der Stern, der uns nach Bethlehem führte. Ich leihe dir für ein Jahr das Gefäß, das dieses Licht enthält. Es ist das Licht der Könige. Wenn ein Wunsch in deinem Herzen keimt, schlage den Feuerstein, und die Wege des Guten und des Bösen werden vor deinen Augen erleuchtet sein. Alle deine Wünsche werden sich erfüllen. Aber, schönes, liebes Mädchen, mögest du immer den Weg des Guten wählen.« Dann verschwand er.

Dann wurde ein großes Turnier in Straßburg abgehalten. Die Tochter des Schultheißen schlug den Feuerstein, und im ausbrechenden Licht zog ein Trupp mit Reitern in goldenen und silbernen Rüstungen zum Klang der Fanfaren vorbei. Der, der an der Spitze auf einem Pferd mit schnaubenden Nüstern und feurigen Augen ritt, wandte seine Blicke nach ihr. Er verließ den Zug, stieg ab und kam in das Zimmer des Mädchens. Sie gab sich den Umarmungen des Unbekannten hin. Dann erinnerte sie sich, daß ihr der heilige König geraten hatte, zwischen Gut und Böse zu wählen, und sie blies in das Gefäß. Das Licht erlosch. Sie war allein im dunklen Zimmer. Bald merkte sie, daß sie schwanger war.

Sie floh, denn ihr Vater war ein angesehener Schultheiß. Die Leute glaubten, sie habe sich im Rhein ertränkt.

Sie ging hinunter an die italienischen Gestade. Um ihr Brot zu verdienen, gab sie sich den Matrosen hin, deren Haut nach Meerschaum roch. Das Kind wurde geboren, und da sie allein war und zu arm, um Windeln zu kaufen, schlug sie den Feuerstein. Vor ihren Augen erleuchtete sich die Welt.

Sie sah Reichtum und Elend, angeführt vom blinden Glück. Ihnen folgte der Tod. Sie machte ihm ein Zeichen und sagte: »Nimm das Kind!« Dann rief sie: »Reichtum, her zu mir!« Aber als der Tod das Kind ergriff, entrang sich ein Seufzer ihrer Brust. Sie rief den Tod zurück, aber er war verschwunden. Der Reichtum stand lächelnd vor ihr und schüttelte Perlen in den Händen. Die Tochter des Schultheißen wurde von Todesangst gepackt. Sie blies in das Gefäß und fand sich an einem Strand wieder, an dem eine sanfte Brise wehte.

Sie ging zu Fuß mit den Fuhrleuten, die die Waren der Seeleute verhökerten. Sie wollte nach Hause zurück und schlug so manches Mal den Feuerstein. Das Licht der Könige erleuchtete die Welt, aber das Glück zeigte sich nicht mehr auf der Straße des Guten, während der Ritter, der sie die Wonnen der Liebe lehrte, auf der Straße des Bösen lauerte. Ihm folgte der Tod mit dem Kind im Arm.

Nach vielen Tagen und Monaten der Wanderung über Berg und Tal und durch tiefe Schluchten erblickte sie den Turm des Münsters von Straßburg. Sie betrat die Stadt und ging in das Haus ihres Vaters. Es war verlassen. Sie stieg in ihr Zimmer hinauf, und da feierten die Ratten ein Fest. Sie schlug den Feuerstein.

Rufe erschallten auf der Straße, und die Heiligen Drei Könige durchquerten in ihrem ruhmvollen Licht die Stadt, denn es war wieder ein Jahr vergangen.

Die Tochter des Schultheißen lag auf dem Bett und konnte kaum atmen. Da erschien der Ritter, der Vater ihres Kindes, und lächelte ihr höhnisch zu, aber er entfloh, als der König mit der schwarzen Haut das Zimmer betrat. Er hatte sich erkundigt, was aus der schönen Tochter des Schultheißen geworden war, und man hatte ihm gesagt, daß sie in den letzten Zügen liege. »Liebes Mädchen«, sagte er, »warum hast du den Weg des Bösen gewählt?«, und er hielt ihr einen Spiegel vor, in dem sie das Gesicht einer alten Frau sah. Dann öffnete er das Fenster und rief den heiligen Judas, den Beschützer der Verzweifelten, herein, der gerade vorüberging. Der heilige Judas legte seine Hand auf die kalte Stirn des Mädchens und zeigte ihr die Wege der Welt, die vom Licht der Könige erleuchtet waren, und er zeigte ihr die unzähligen Menschen, die ihrem Schicksal folgten. »Alle Wege führen zum Herrn, der auf dieser Welt gelitten hat«, sagte er.

Der heilige König nahm das Gefäß, das das Licht der Welt enthielt, und dachte sich, daß trotz dieses Lichtes die Menschen doch blind blieben.

Er deckte mit Judas zusammen das Leichentuch über das schöne Mädchen, dessen Gesicht im Tode seine Jugend wiedererhielt. Sie trugen sie zum Steinbruch ins Cronthal, aus dem die Steine für das Münster in Straßburg gebrochen wurden.

Ein Märchen aus dem Elsaß

Die verzauberte Kröte

Es war einmal ein Kätner, wie es wohl viele gab. Der hatte drei Söhne; aber seine Frau war längst gestorben. Als die beiden ältesten herangewachsen waren, gingen sie eines Tages zu ihm und baten um Erlaubnis, in die weite Welt ziehen und sich verheiraten zu dürfen.

»Wie könnt ihr schon ans Heiraten denken, bevor ihr euer Glück versucht habt?« antwortete der Kätner. »Erst will ich wissen, wer von euch sich das feinste Tuch verdient und es mir am Weihnachtsabend auf den Tisch legt!«

Dieser Vorschlag gefiel den Brüdern, und sie wollten sehen, ob sie ihrem alten Vater nicht diesen Wunsch erfüllen konnten. Beim Abschied aber gab der Kätner jedem drei Geldstücke als Wegzehrung, bis sie sich einen Dienst verschafft hätten.

Gerade als sie aus der Heimat fortziehen wollten, lief auch der jüngste Sohn zum Vater und bat, mitgehen zu dürfen und sein Glück zu versuchen.

»Ach, du armer kleiner Kerl! Wer sollte dich wohl in Dienst nehmen? Bleibe lieber daheim am Herd, da hast du deinen rechten Platz!« sprach der Kätner.

Aber der Bursche blieb hartnäckig und sagte:

»Vater, laßt mich den anderen folgen! Keiner weiß, wie das Glück sich wendet. Vielleicht geht es mir gut in der Welt, wenn ich auch kleiner und schwächer bin als meine Brüder.«

Da dachte der Vater bei sich: ›Ja, es kann gut sein, wenn er mit ihnen auf einige Zeit fortgeht. Daheim kann er nichts Nützliches tun, und er kommt wohl zurück in unseren Wald, wenn er grünt.‹

So empfing auch der jüngste Sohn von seinem Vater drei Geldstücke als Zehrpfennig für die Reise.

Nun machten sich die Kätnersöhne auf den Weg und wanderten den ganzen Tag. Gegen Abend kamen sie zu einer Bierschenke, die am Wege lag. Die Wirtsstube war voller Gäste, und da setzten sich die beiden ältesten Brüder nieder, aßen, tranken und spielten unmäßig und belustigten sich. Der jüngste aber kroch allein in eine Ecke und mied die Gesellschaft der anderen. Als die Brüder ihr Geld verschwendet hatten, berieten sie, wie sie ihr leichtsinniges Treiben fortsetzen könnten. So gingen sie schließlich zu ihrem jüngsten Bruder und verlangten von ihm seine drei Geldstücke, da er ja doch nichts Besseres tun könne, als sich heimzubegeben, je eher, desto besser.

Der Bursche aber wollte nicht. Da hielten die Brüder ihn fest, prügelten ihn, nahmen ihm das Geld ab und jagten ihn aus der Herberge. Hierauf setzten sie sich nieder und aßen und tranken wie vorher. Der arme Knabe aber floh in die dunkle Nacht hinaus und wußte nicht, wohin er sich wenden sollte. Er verirrte sich in der fremden Gegend. Schließlich setzte er sich auf einen Erdhügel und weinte bitterlich, bis er zuletzt vor Müdigkeit einschlief.

Früh am Morgen, ehe die Lerche sang, wachte er auf und setzte die Reise fort. Über Berge und durch tiefe Täler schritt er und fragte nicht nach dem, was er ertragen hatte, entkam er nur seinen Brüdern. Als er lange umhergeirrt war, fand er endlich einen grünen Pfad, der zu einem Hof führte. Der Hof aber war so groß, daß es ihm schien, es könne kein anderer als ein Königshof sein. Der Junge besann sich nicht lange, trat ein und kam in viele schöne Zimmer, eines immer prächtiger als das andere. Kein Mensch begegnete ihm. Als er eine Weile gegangen war, aus einem Saal in den anderen, aus einem Gemach ins andere, kam er in eine Kammer, die noch kostbarer war als alle übrigen. Dort am Ende aber, auf dem Ehrenplatz, saß eine Kröte. Sie war so schwarz wie die schwärzeste Erde und so häßlich, daß der Knabe ihren Anblick kaum ertragen konnte. Die Kröte fragte, wer der Ankömmling sei und was er vorhabe.

Wahrheitsgemäß erwiderte der Knabe:

»Ich bin ein armer Kätnersohn, der sich in die Welt hinausbegeben hat, einen Dienst zu suchen.«

Da sprach die Kröte:

»Hast du nicht Lust, bei mir zu bleiben? Ich brauche jetzt einen braven Diener.«

Der Knabe willigte ein und antwortete, er wolle ihr gern dienen.

»So sei willkommen!« sagte die Kröte. »Wenn du mir treu dienst, soll es dein Glück sein!«

Der Knabe versicherte ihr, an seiner Treue werde es nicht fehlen. Nur solle die Herrin nicht mehr fordern, als er ausrichten könne. Als dies bestimmt war, ging die Kröte mit ihm in den Garten vor dem Haus und kam zu einer Strauchart, die er nie zuvor gesehen hatte. »Deine erste Arbeit sei«, sagte die Kröte, »daß du jeden Tag einen Zweig von diesem Strauch abschneidest, wenn die Sonne am Himmel steht. Tue es am Sonntag und am Montag, am Weihnachtstag und am Johannistag! Entferne aber nie mehr Zweige, sondern stets nur einen einzigen!«

Der Junge versprach, ihrem Wunsch in allem nachzukommen. Sodann führte ihn die Kröte zu einer hohen Kammer im Obergeschoß und sagte: »Hier sollst du wohnen! Auf diesem Tisch findest du immer Speis und Trank. Dieses Bett ist gemacht, wenn du ruhen willst! Und du hast in allem deine volle Freiheit. Erfülle nur treu deine Aufgaben!« So sprach sie und hüpfte ihres Wegs.

Der Junge aber nahm sein Messer, ging in den Garten hinab und schnitt einen Zweig ab. Und so war er frei für den Tag.

Am anderen Morgen machte er es ebenso, gleichfalls am dritten und so alle folgenden Tage, das ganze Jahr hindurch. Es ging ihm gut am Königshof, und er besaß Überfluß in allem, was er sich wünschte. Trotzdem wurde ihm die Zeit lang, denn ein Tag verstrich wie der andere, und nie sah oder hörte er einen Menschen. Als der Knabe am Jahresende den letzten Zweig vom Strauch geschnitten hatte, sprang die Kröte zu ihm, dankte für seine treuen Dienste und fragte, welchen Lohn er haben wolle.

Der Bursche erwiderte, er habe ja wenig Lohnenswertes getan und wolle daher gern mit dem zufrieden sein, was ihm die Herrin gebe. Da antwortete sie:

»Ich weiß wohl, welchen Lohn du am meisten wünschst. Deine Brüder sind ausgezogen, Tücher zu suchen, die sie am Weihnachtsabend über ihres Vaters Tisch breiten sollen. Darum will ich dir ein Tuch schenken, wie es in zwölf Königreichen nicht zu finden ist.«

Sie gab dem Jungen ein Tischtuch, das war weißer als Schnee und so fein, wie es keiner je gesehen hatte. Der Knabe dankte mit höflichen Worten für das Geschenk. Dann nahm er Abschied von ihr und schickte sich an, hurtig zu seinem Vater heimzukehren. Den ganzen Tag hindurch wanderte er. Spätabends aber sah er ein Licht in einem Haus und ging darauf zu.

Es war aber dieselbe Herberge, in der er mit seinen Brüdern gesessen hatte. Und als er herankam, siehe, da saßen die Kätnersöhne bei Schüsseln und Krügen, aßen und tranken und waren lustig. Da wollte er nun nicht länger an ihre Herzlosigkeit denken, sondern ging hin und begrüßte sie herzlich. Dann fragte er, wie es ihnen ergangen sei, seitdem sie einander das letztemal gesehen hatten, und ob es ihnen geglückt sei, das Tuch für den Weihnachtsabend daheim zu erwerben. Die Brüder beteuerten, alles sei wohlbestellt, und nahmen ihr Tuch hervor. Die Tücher aber waren beide alt und zerrissen.

»Wartet, ihr sollt etwas anderes sehen!« rief der Bursche und breitete das Tischtuch der Kröte vor ihnen aus. Sogar die Gäste in der Herberge kamen heran, um das feine Gewebe zu bewundern. Die Brüder aber ergrimmten, weil er solch eine Kostbarkeit besaß. Mit Gewalt entrissen sie ihm das schöne Tuch und gaben ihm dafür ihre alten. Hierauf nahmen sie ihn mit zu ihrem Vater.

Als der Weihnachtsabend kam und die bösen Brüder ihr Tuch auf den Tisch breiteten, konnte der Greis nicht genug ihr Glück preisen. Prahlerisch sprachen die Kätnersöhne von all den großen Dingen, die sie vollbracht hätten. Der jüngste aber war schweigsam. Ihm hätte der Vater doch nicht geglaubt.

Als die Brüder Weihnachten daheim verbracht hatten, gingen sie wieder zum Vater und wollten erneut fortziehen, um sich zu verheiraten. Der Alte aber antwortete wie früher:

»Es ist nicht gut, daß ihr euch vermählt, bevor ihr in der Welt euer Glück versucht habt! Ich will doch sehen, wer von euch sich den schönsten Trinkbecher verdient und ihn am Weihnachtsabend auf den Tisch setzt!«

Die beiden älteren Brüder waren mit dem Vorschlag zufrieden, und der Vater gab ihnen wieder drei Geldstücke als Zehrpfennig, bis sie einen Dienst gefunden hätten. Da bat auch der jüngste Sohn, mitziehen und sein Glück versuchen zu dürfen. Unwillig sprach der Alte:

»Pah, du kleiner Wicht! Denkst du etwa, jemand will dich in den Dienst nehmen? Bleibe lieber hinterm Ofen, da hast du den rechten Platz!«

Der Junge aber beharrte darauf:

»Vater, laß mich mitgehen! Keiner kann wissen, wie das

Glück sich wendet. Vielleicht geht es mir gut in der Welt, wenn ich auch kleiner und schwächer bin als meine Brüder!«

›Ja, es kann gut sein, wenn ich ihn einige Zeit los bin‹, dachte der Vater. ›Er kommt wieder, ehe der Wald in Laub steht.‹

So erhielt der Jüngste von dem Alten auch drei Geldstücke und machte sich mit seinen Brüdern auf die Reise. Gegen Abend kamen sie wieder an die Bierschenke, in der eine große Schar von Wanderern und Gästen versammelt war. Da setzten sich die beiden ältesten nieder, aßen, tranken und spielten und ließen sich's wohl sein. Der jüngste aber kroch in eine Ecke und wollte nicht sein Geld verschwenden. Als die Brüder ihr Geld ausgegeben hatten, beratschlagten sie, wie sie ihr lustiges Leben fortsetzen könnten. Wieder befahlen sie dem jüngsten, ihnen seine Geldstücke zu geben. Er könne ja doch nichts Besseres tun, als sich nach Hause zu scheren, je eher, desto besser!

Der Bursche aber weigerte sich. Da hielten die Brüder ihn fest, raubten ihm das Geld und jagten ihn mit Schlägen hinaus.

Wieder irrte der arme Junge in der Nacht umher, bis er sich auf einen Erdhügel setzte und bitterlich weinte. Am nächsten Morgen wanderte er über Berg und Tal und fand zuletzt den grünen Pfad, der zum Königshof führte. Als der Knabe den Hof wiedererkannte, war er über die Maßen froh, ging keck hinein und trat vor seine alte Herrin, die da auf ihrem Ehrenplatz saß. Freundlich erwiderte die Kröte seinen Gruß und fragte nach seinem Anliegen.

»Ich will dir meinen Dienst anbieten, falls du ihn benötigst«, sprach der Bursche.

»So sei mir willkommen!« rief die Kröte wieder. »Dienst du mir treu, wird dein Lohn nicht gering sein!«

Der Knabe versicherte, er wolle tun, was er vermöge.

Da nahm die Kröte ein Bund Zwirnsfäden hervor, reichte sie ihm und sprach:

»Es ist deine Aufgabe, um jeden Zweig des Strauchs einen Faden zu binden. Winde aber jeden Tag nur einen Faden darum! Und nur wenn die Sonne am Himmel steht! Und tue es Sonntag und Montag und am Weihnachtstag und Johannistag!«

Der Junge versprach, alles genau zu erledigen. Da führte ihn die Kröte zur Kammer im Obergeschoß und sagte:

»Hier kannst du wohnen. Auf diesem Tisch findest du dein Essen. Dieses Bett ist bereit, wenn du schlafen willst. Volle Freiheit hast du in allem. Sei mir nur treu in dem, was dir obliegt!«

Dann hüpfte sie davon. Der Bursche aber ging in den Garten und tat alles so, wie die Kröte es ihm befohlen hatte. Und wieder wurde ihm die Zeit lang, denn die Tage verliefen gleichmäßig. Als nun das Jahr herum war und der Junge den letzten Faden um den letzten Zweig geknüpft hatte, kam die kleine Kröte zurück, dankte für seinen Dienst und fragte, welchen Lohn er sich wünsche.

»Ach, ich tat ja nur, was verlangt war, und bin einverstanden mit allem, was du mir gibst!« sagte der Junge.

»Ich kenne den Lohn, den du am meisten wünschst«, sprach sie. »Deine Brüder sind unterwegs, Trinkbecher zu verdienen, die sie am Weihnachtsabend auf des Vaters Tisch stellen sollen! Hier hast du einen Humpen, desgleichen man nirgendwo findet!«

Mit diesen Worten schenkte sie ihm einen Becher, und er war von bestem Silber und innen und außen vergoldet. Dreißig Meister hatten ihre Stempel darauf gedrückt, und die Arbeit war so kunstvoll, daß man in zwölf Königreichen keine bessere hätte finden können.

Der Junge bedankte sich herzlich und wanderte ohne Unterlaß den ganzen Tag. Spätabends erreichte er die Bierschenke. Nun wäre er gewiß vorbeigegangen, hätte nicht ein dort herabstürzender Wasserfall es ihm verwehrt, einen anderen Weg zu nehmen.

Und sieh da, drinnen saßen die Kätnersöhne vor Schüsseln und Krügen, als sei er gar nicht fort gewesen. Da er sich nun weiter an kein Unrecht erinnern mochte, war er erfreut, seine Brüder zu treffen, ging hin und begrüßte sie herzlich. Auf seine Frage nach ihren Trinkbechern zogen sie sie hervor. Sie waren aber alt, verbeult und von geringem Wert.

»Wartet, ihr sollt etwas anderes sehen!« rief der Junge und holte stolz das Geschenk der Kröte hervor. Es war nicht zu verwundern, daß alle Gäste in der Schenke den Becher für ein seltenes, kostbares Stück hielten. Die beiden Brüder aber ärgerten sich, daß er solch ein Kleinod sein eigen nannte.

»Es schickt sich nicht, daß du solch ein wertvolles Stück hast! Gib uns den Becher, die wir älter und klüger sind als du!«

Sie stahlen ihm den schönen Becher und gaben ihm stattdessen ihre schlechten. Der Junge sah ein, daß er sich mit den Stärkeren nicht messen konnte. So mußte er sich damit zufriedengeben.

Bald waren die Brüder daheim, und man kann sich wohl denken, welche Freude es gab, als der Alte den kostbaren Becher auf dem Weihnachtstisch sah. Wieder brüsteten sich die beiden älteren Söhne mit ihren Heldentaten. Der jüngste aber war traurig und sprach kaum. Es wäre vergebens gewesen, denn er wurde ja doch nicht gehört.

Nach Weihnachten wollten die Älteren wieder fortziehen, um sich zu vermählen. Der Alte willigte diesmal ein, denn er hielt seine Söhne nun für groß genug.

»Ich will doch sehen, wer die schönste Braut bringt, wenn der Weihnachtsabend kommt!« sprach er.

Diese Worte gefielen ihnen gar wohl, und sie versprachen, ihr Bestes zu tun. Beim Abschied erhielten sie wieder drei Geldstücke.

Als sie sich auf den Weg machen wollten, bat auch der jüngste Sohn wieder um Erlaubnis, seinen Brüdern folgen zu dürfen.

»Ach, du armer Kerl. Glaubst du denn, dich will eine zum Bräutigam haben? Bleibe lieber hier und bestelle den Garten! Das ist dein Platz!« sprach der Alte.

Der Junge ließ sich aber nicht abschrecken.

»Vater, laßt mich gehen! Vielleicht habe ich Glück, wenn ich auch kleiner und schwächer bin als meine Brüder!«

›Er kommt wohl wieder, wenn die Not ihn drängt‹, dachte der Vater und gab ihm die drei Taler Wegzehrung.

Gegen Abend gelangten die drei Söhne wiederum zur Herberge, worin Wanderer und Gäste lustig zechten. Sogleich begannen die beiden älteren wieder ihr flottes Leben; aßen, tranken und spielten unmäßig, bis sie ihr Geld durchgebracht hatten. Nun beratschlagten sie wieder, wie sie zu Geld kommen konnten. Sie gingen zu ihrem jüngsten Bruder und sagten, er solle ihnen seine drei Taler geben. Er könne ja doch nichts Besseres tun, als sich heimbegeben, je eher, desto lieber. Als er sich weigerte, nahmen die Brüder ihn fest, raubten ihm das Zehrgeld und trieben ihn mit Schlägen aus dem Wirtshaus. Der arme Junge floh in den Wald und irrte lange umher, bis er nicht mehr weiterkonnte. Da setzte er sich wieder auf einen Erdhügel und weinte, bis er schließlich vor Müdigkeit einschlief.

Ehe die Sonne aufging, war er erwacht und nahm seinen Weg über Berg und Tal. Da kam ihm der Gedanke, daß es wohl das beste wäre, wenn er wieder zum Königshof käme, wo es ihm stets so gut ergangen war. Kaum hatte er das gedacht, da lag der Königshof auch schon vor ihm. Voller Freude ging er geradewegs hinein in den Saal, wo seine Herrin saß.

Als die Kröte ihn erblickte, empfing sie ihn freundlich und fragte nach seinem Begehren.

»Meinen Dienst will ich dir anbieten, wenn du ihn brauchst!« rief der Junge.

»So sei mir willkommen! Wenn du mir treu dienst, soll dein Lohn größer sein, als du es dir denken kannst!« sprach sie.

Der Knabe versicherte, er werde es an Treue nicht fehlen lassen. Da erwiderte die Kröte:

»Dein Dienst ist nicht schwer oder mühsam. Trage die Zweige, die du früher abgeschnitten und gebunden hast, herauf und lege sie zu einem Scheiterhaufen zusammen! Du darfst aber nur einen Zweig jeden Tag tragen, wenn die Somme am Himmel ist. Und tue es am Dienstag und Donnerstag, am Weihnachtstag und am Johannistag! Und trage nie mehrere Zweige zugleich, sondern bloß einen einzigen! Ist das Jahr herum, mache ein Feuer unterm Reisig und geh auf deine Kammer. Später geh hin und sieh zu, daß alle Zweige verbrennen. Findest du etwas im Feuer, so nimm es heraus und befreie es!«

Der Bursche versprach, alles getreulich zu erfüllen. Da führte sie ihn in seine Kammer, wo er wohnen sollte, und verschwand. Der Bursche aber ging in den Garten hinab, holte einen Zweig, den er früher abgeschnitten und festgebunden hatte, und trug ihn in den Burghof, machte den Scheiterhaufen zurecht und war für heute frei. Den anderen Morgen machte er es ebenso, und gleichfalls am dritten, bis das ganze Jahr um war. Er hatte gute Tage auf dem Königshof und wuchs zu einem schlanken Jüngling heran. Oft aber dachte er daran, daß seine Brüder mit ihren Bräuten heimkämen, er selbst aber keine habe.

Als das Jahr zu Ende war und er den letzten Zweig hinaufgetragen und zu den übrigen gelegt hatte, zündete er ein Feuer unter dem Scheiterhaufen an, ging eine Zeit fort und kam dann zurück, um dafür zu sorgen, daß alle Zweige, große und kleine, zu Asche verbrannten. Als er noch damit beschäftigt war, erhob sich plötzlich mitten im Feuer ein wunderschönes Mädchen. Sie war weißer als Schnee, und ihr Haar war so schön, daß es bis zu den Füßen wie ein Mantel reichte. Da sprang er herzu und rettete sie aus dem Feuer. Sie aber fiel ihm um den Hals und dankte ihm für ihre Befreiung. Sie sei die reichste Königstochter der Welt und von einer bösen Trollalten in eine häßliche Kröte verwandelt worden, sagte sie.

Im selben Augenblick kam Leben in den ganzen Königshof, der sich mit Höflingen, Rittern und vornehmen Damen füllte, die gleichfalls verzaubert gewesen waren. Alle huldigten ihrer Königin und dem tapferen Jüngling, der sie befreit hatte.

Die Königstochter wollte keine Zeit mehr verlieren, ließ die Pferde vor ihre goldene Kutsche spannen und machte sich reisefertig. Den Kätnersohn ließ sie in Seide und Scharlach kleiden und versah ihn mit Waffen und Rüstungen, wie es sich für einen Königssohn ziemte. So war der arme Junge auf einmal in den schmucksten Ritter verwandelt, der sich je ein Schwert an die Seite gebunden hatte.

Als alles zur Reise vorbereitet war, sprach die Prinzessin: »Ich weiß, daß du an deine Brüder denkst, die unterwegs zu deinem Vater sind, um ihm ihre Bräute zu zeigen. Wir wollen auch zu ihm reisen, damit er sieht, welche Braut du dir verdient hast.«

Dem Burschen war dabei zumute, als sei er aus allen Wolken gefallen, doch es gab keine Zeit, sich lange zu besinnen. Er stieg sogleich in die goldene Kutsche und fuhr los, um den alten Kätner in seiner Hütte zu begrüßen.

Nach einiger Zeit kamen sie auch an die Bierschenke, die am Wege lag. Da verspürte der Bursche große Lust zu erfahren, ob seine Brüder nach alter Gewohnheit drinnen saßen und zechten. Er ließ halten und trat in die Herberge. Kaum hatte er die Tür geöffnet, erblickte er sie, wie sie vor Schüsseln und Krügen saßen, aßen und tranken und sich's wohl sein ließen. Sie hatten auch ihre Bräute dabei. Und wie sie beschaffen waren, kann man wohl erraten. Sie waren mager und schmächtig wie dürre Zweige, weiß im Gesicht wie getünchte Wände, häßlich wie mißratene Ferkel und gelb um den Mund wie junge Schwalben. Als der Junge das gesehen hatte, ging er fort, ohne daß ihn jemand wiedererkannte. Er stieg zu seiner Braut in den Wagen und setzte den Weg mit seinem ganzen Gefolge fort. Die Gäste aber wunderten sich sehr über den schönen Königssohn, der eben vorbeigefahren war!

Der Jüngling und seine schöne Braut langten erst spät am Weihnachtsabend in der Hütte des Kätners an. Sie gingen hinein und baten um ein Nachtlager. Der Kätner antwortete der Wahrheit gemäß, daß er seine drei Söhne mit ihren Bräuten erwarte. Überdies passe seine ärmliche Hütte nicht als Herberge für so vornehme Leute. Die Prinzessin aber sagte, so wie es sei, solle sie es haben, und da mußte er einwilligen. – Sie ließ nun ein stattliches Weihnachtsfest vorbereiten und schickte ihre Diener in der Gegend herum, um Gäste einzuladen. Als das Mahl bereit war, erschienen auch die ältesten Kätnerssöhne mit ihren Bräuten, und man wird sich wohl nicht wundern, daß der Vater nicht sehr froh war über den Anblick seiner Schwiegertöchter. Als sie nun bei Tisch saßen, fragte die Königstochter, von wem der Alte ein so feines Tuch und einen so schönen Becher habe.

»Ei«, sagte der, »das haben meine ältesten Söhne als Lohn für ihre Dienste erhalten.«

»Nein!« rief die Prinzessin. »Deine ältesten Söhne haben nirgendwo gedient, weder der eine noch der andere! Willst du aber die Wahrheit wissen, so vernimm, daß es dein jüngster Sohn gewesen ist! Und hier siehst du ein gleiches Tuch und einen gleichen Becher!«

In diesem Augenblick stand der Jüngling auf, fiel seinem alten Vater um den Hals, und alle konnten sehen, daß der fremde Prinz kein anderer als der jüngste Sohn des Kätners war, den seine Brüder stets so geringgeschätzt hatten.

Als der Vater seinen Sohn erkannt und alles erfahren hatte, wollte er kaum seinen eigenen Augen trauen. Die beiden anderen Kätnerssöhne aber standen mit Schimpf und Schande vor ihrem Vater und vor allen Hochzeitsgästen. Und ihre Lügen und ihre Falschheit wurden bekannt in der ganzen Gegend.

Der Jüngling und die schöne Prinzessin ließen nun ihre Hochzeit ausrichten und feierten mit großer Lustbarkeit. Und es war ein Hochzeitsmahl, wie es keiner je gesehen hatte. Als Weihnachten vorbei war, zogen Braut und Bräutigam heim in ihr Land und nahmen den alten Kätner mit. Und der Jüngling herrschte als König über das ganze Reich und lebte in Liebe und Glück mit seiner schönen Königin.

Und wenn sie nicht gestorben sind, so wohnen sie dort noch bis auf den heutigen Tag.

Ein Märchen aus Schweden

Gottesfriede

Es war einmal ein alter Bauernhof, und es war ein Weihnachtsabend mit grauem Himmel, wie vor einem großen Schneefall, und mit scharfem Nordwind. Am Nachmittag war es, gerade um die Zeit, wo alle Leute es eilig hatten, ihre Arbeit zu Ende zu bringen, damit sie dann in der Badehütte baden konnten. Dort drinnen feuerte man so heftig ein, daß die Flammen zum Schornstein hinausschlugen und eine Menge Funken und Rußflocken mit dem Winde flogen und auf die schneebedeckten Schindeldächer niederfielen.

Wie die Flamme so aus dem Schornstein der Badehütte aufstieg und sich gleich einer Feuersäule über den Bauernhof erhob, begannen alle zu spüren, daß Weihnachten vor der Tür stand. Die Magd, die im Hausflur lag und scheuerte, fing leise zu singen an, obgleich das Scheuerwasser in dem Kübel neben ihr zu Eis gefror, die Knechte, die im Schuppen das Weihnachtsholz hackten, begannen zwei Scheite auf einmal zu spalten und schwangen die Axt so lustig, als wäre die Arbeit nur ein Spiel.

Aus dem Speicher kam eine alte Frau mit einem großen Haufen runder Bierwürzenbrote auf dem Arm. Sie ging langsam über den Hof in das große rotgestrichene Wohnhaus und trat vorsichtig in die Wohnstube, wo sie die Brote auf die lange Bank niederlegte. Dann breitete sie ein Tuch auf den Tisch und legte das Brot in Häufchen, in jedes ein großes und ein kleines. Sie war eine seltsam häßliche alte Frau, mit rötlichem Haar, schweren, schlaffen Augenlidern und einem eignen, so strammen Zug um Mund und Kinn, als wären die Halssehnen zu kurz. Aber nun am Weihnachtsabend war eine solche Freude und ein solcher Friede über ihr, daß man gar nicht sehen konnte, wie häßlich sie war.

Einen Menschen aber gab es auf dem Hof, der nicht vergnügt war, und das war das Mädchen, welches die Birkenruten band, die beim Baden benützt werden sollten. Sie saß am Herd, einen ganzen Arm voll feiner Birkenreiser vor sich auf dem Boden, und band; doch hatte sie keine haltbaren Gerten, um die Zweige zusammenzubinden. Die Wohnstube hatte ein breites, niedriges Fenster mit kleinen Scheiben, und durch diese fiel der Schein aus der Badehütte ins Zimmer, spielte auf dem Fußboden und vergoldete das Birkenreisig. Aber je lustiger das Feuer brannte, desto unglücklicher wurde das Mädchen. Sie wußte, daß die Rutenbüschel auseinanderfallen müßten, sobald man diese nur anrührte, und daß sie darum Spott und Schmach erleiden würde, zum mindesten so lange, bis ein neues Weihnachtsfeuer in diesem Schornstein flammte.

Wie sie so dasaß und sich unglücklich fühlte, trat der Mann in die Stube, vor dem sie die allergrößte Angst hatte. Es war der Hausvater Ingmar Ingmarson in eigner Person. Sicherlich war er in der Badehütte gewesen, um sich zu vergewissern, daß der Ofen heiß genug würde; und nun wollte er sehen, wie es mit den Rutenbüscheln stünde. Er war alt, Ingmar Ingmarson, und er hielt auf alles, was alt war. Und gerade weil die Leute es jetzt aufgeben wollten, in der Badehütte zu baden, legte er großes Gewicht darauf, daß es auf seinem Hof geschehe, und ordentlich geschehe.

Ingmar Ingmarson trug einen alten Schafpelz und Lederhosen und Pechdrahtstiefel. Er war schmutzig und unbarbiert und kam in seiner bedächtigen Art so leise herein, daß man ihn ebensogut für einen Bettler hätte halten können. Er zeigte ungefähr dieselben Züge und dieselbe Häßlichkeit wie die Frau; sie waren miteinander verwandt, und sie hatte von altersher gelernt, eine heilige Ehrfurcht vor jedem zu haben, der dieses Aussehen hatte. Denn es bedeutete viel, dem alten Geschlecht der Ingmarsöhne anzugehören, das allezeit das vornehmste in der Gegend gewesen war; aber das Höchste, was ein Mensch sein konnte, war Ingmar Ingmarson selbst, der Reichste, der Klügste und der Mächtigste im ganzen Kirchspiel.

Ingmar Ingmarson kam auf das Mädchen zu, bückte sich, nahm eines der fertigen Rutenbüschel und schwang es durch die Luft. Sogleich flogen die Ruten auseinander; eine landete auf dem Weihnachtstisch und eine andere im Himmelbett.

»Hei, min Deern«, sagte der alte Ingmar und lachte, »glaubst du, daß man solche Ruten brauchen kann, wenn man bei den Ingmarsöhnen badet? Oder hast du solche heillose Angst um deine Haut?«

Da der Hausvater es nicht übler aufnahm, faßte das Mädchen Mut und sagte, sie wolle schon Rutenbüschel binden, die hielten, wenn man ihr nur Gerten zum Binden gäbe.

»Dann muß man dir wohl Gerten schaffen, min Deern«, sagte der alte Ingmar, denn er war in rechter Weihnachtsstimmung.

Er ging aus der Wohnstube, kletterte über die Magd mit dem Scheuereimer hinweg und blieb auf der Türschwelle stehen, sich nach jemand umzusehen, den er in den Birkenhain um Gerten schicken könnte. Die Knechte waren noch bei dem Weihnachtsholz, der Sohn kam mit dem Weihnachtsstroh aus der Tenne, die beiden Schwiegersöhne schleppten eben die Arbeitswagen in den Schuppen, damit der Hof feiertäglich aussehe. Keiner von ihnen hatte Zeit, sich aus dem Hause zu entfernen.

Da beschloß der Alte ganz gelassen, sich selbst auf den Weg zu machen. Er ging schräg über den Hof, als wolle er in den Stall, sah sich um, sich zu vergewissern, daß niemand auf ihn acht gäbe, und schlüpfte dann hinter die Stallwand, wo ein halbwegs gebahnter Weg in den Wald hinaufführte. Der Alte hielt es nicht für nötig, jemand zu sagen, wohin er ging, denn sonst hätte es vielleicht dem Sohn oder einem der Eidame einfallen können, ihn abzuhalten. Und alte Leute wollen nun einmal am liebsten ihren eigenen Willen haben.

Er schlug den Weg über die Felder durch das Tannenwäldchen ein und kam zu dem Birkenhain. Hier bog er vom Wege ab und watete in den Schnee hinauf, um ein paar einjährige Birkenschößlinge zu finden.

Um diese Zeit hatte der Wind endlich erreicht, woran er den ganzen Tag gearbeitet hatte: er hatte den Schnee aus den Wolken losgerissen, und jetzt kam er den Wald heraufgefegt, mit einer langen Schleppe von Schneeflocken hinter sich.

Ingmar Ingmarson bückte sich eben, um einen Zweig abzuschneiden, als der Wind, ganz mit Schnee beladen, heransauste. In dem Augenblick, als der alte Mann sich aufrichtete, pustete der Wind los und blies ihm einen Haufen Flocken ins Gesicht. Er bekam die Augen voll Schnee, und der Wind wirbelte so heftig rings um ihn, daß er sich ein paarmal herumdrehen mußte.

Das ganze Unglück kam wohl daher, daß Ingmar Ingmarson alt geworden war. In seinen Jugendtagen hätte ihn ein Schneesturm wohl kaum schwindelig gemacht, aber jetzt drehte sich alles im Kreise, als wenn er sich in einer Weihnachtspolka herumgschwungen hätte. Und als er heimwärts gehen wollte, ging er genau nach der verkehrten Richtung.

Er ging geradewegs in den großen Tannenwald hinein, der hinter dem Birkenhain anfing, anstatt zu den Feldern hinunter.

Die Dunkelheit brach schnell herein, und unter den jungen Bäumen am Waldessaum trieb das Schneegestöber sein

Spiel weiter. Der Alte sah wohl, daß er zwischen Tannen ging, aber er merkte nicht, daß er fehlgegangen war, denn auch auf der Seite des Birkenwaldes, die dem Hofe zugekehrt war, wuchsen Tannen. Aber nun kam er so tief in den Wald hinein, daß es ganz ruhig und still wurde; von dem Sturm war nichts mehr zu spüren, und die Bäume wurden hoch und großstämmig. Da sah er, daß er in die Irre gegangen war, und wollte umkehren.

Er war ganz traumselig und erregt davon, daß er sich hatte verirren können; und wie er so mitten in dem weglosen Wald stand, war er nicht klar genug im Kopfe, um zu wissen, wohin er gehen müßte. Er schlug zuerst eine Richtung ein und dann wieder eine andere. Endlich kam es ihm in den Sinn, in seinen eigenen Fußstapfen zurückzugehen, dann aber brach die Dunkelheit herein, und er konnte die Fußstapfen nicht mehr finden. Und höher und höher wurden die Bäume um ihn. Er mochte gehen, wie er wollte, – er merkte schon, daß er sich weiter und weiter vom Waldsaum entfernte.

Es war rein wie verhext und verzaubert: den ganzen Abend mußte er hier im Walde herumlaufen und kam gewiß zu spät zum Baden.

Er drehte die Mütze um und knüpfte sein Strumpfband anders, aber es blieb ihm ebenso wirr im Kopfe wie zuvor; es wurde ganz dunkel, und er meinte, daß er die Nacht über im Walde bleiben müsse.

Er lehnte sich an einen Tannenbaum und stand still, um seine Gedanken zu sammeln. Mit diesem Walde war er doch so wohl vertraut. Er war hier so viel umhergegangen, daß er fast jeden Baum kannte. Als Knabe war er hier umhergelaufen und hatte die Schafe gehütet, war auf Schleichwegen gegangen und hatte den Waldvögeln Fallen gestellt. In seiner Jugend hatte er mitgeholfen, den Wald zu fällen. Er hatte ihn abgeholzt daliegen und er hatte ihn aufs neue wachsen sehen.

Endlich kam es ihm vor, als ob er wieder wüßte, wo er war, und er glaubte, wenn er nur so und so ginge, müßte er auf den rechten Weg kommen. Aber wie er auch ging, er kam nur tiefer und tiefer in das Waldesdickicht.

Einmal fühlte er festen, glatten Boden unter dem Fuß, und da sagte er sich, daß er nun endlich auf einen Weg gekommen sei. Den versuchte er nun weiterzugehen, denn ein Weg mußte doch irgendwohin führen. Aber nun lief der Weg in eine Waldwiese aus, und da hatte das Schneegestöber freien Spielraum, da gab es keinen Pfad mehr, nur Schneehaufen und Schneegruben. Da sank dem Alten der Mut, er fühlte sich als ein armer Wicht, der draußen in der Wildnis sterben müßte.

Er wurde es allmählich müde, sich durch den Schnee zu schleppen, und ein ums andere Mal setzte er sich auf einen Stein, um auszuruhen. Aber sobald er sich setzte, wurde er schläfrig, und er wußte, daß er erfrieren mußte, wenn er einschlummerte. Darum versuchte er zu gehen und zu gehen; das war ja das einzige, was ihn retten konnte.

Aber wie er so ging, konnte er der Lust nicht widerstehen, zu rasten. Er dachte, wenn er nur ruhen dürfte, so würde er gar nicht viel danach fragen, ob es ihn das Leben koste.

Es bereitete ihm ein solches Wohlgefühl, stillzusitzen, daß der Todesgedanke ihn gar nicht beängstigte. Er empfand sogar eine Art Freude, wenn er daran dachte, daß lange Personalien über ihn in der Kirche verlesen würden, wenn er tot wäre. Er erinnerte sich, wie schön der alte Propst über seinen Vater gesprochen hatte; und sicherlich würde auch über ihn etwas Schönes gesagt werden. Es würde gesagt werden, daß er den ältesten Bauernhof im Tale habe, und es würde von der Ehre gesprochen werden, die darin liege, einem so ansehnlichen Geschlecht zu entstammen. Und auch von der Verantwortung würde die Rede sein.

Ja, ja. Verantwortung war bei der Sache, das hatte er immer gewußt. Man mußte bis zum äußersten ausharren, wenn man einer von den Ingmarsöhnen war.

Und plötzlich durchzuckte es ihn blitzartig, daß es nicht rühmlich für ihn wäre, wenn man ihn erfroren im wilden Walde fand. Das wollte er nicht in seinem Nachruf haben. Und so stand er wieder auf und begann zu wandern. Doch da hatte er so lange stillgesessen, daß ganze Schneemengen sich aus seinem Pelze wälzten, als er sich jetzt rührte. Und nach einem Weilchen saß er wieder da und träumte.

Jetzt kamen die Todesgedanken noch lockender zu ihm. Er dachte das ganze Begräbnis durch und alle die Ehren, die seinem toten Leib erwiesen werden würden. Er sah den großen Gastmahltisch im Festsaal des oberen Stockwerkes gedeckt, den Propst und die Pröpstin auf dem Hochsitz, den Richter mit der weißen Krause über der schmalen Brust, die Majorin in schwarzer Seide, die dicke Goldkette viele Male um den Hals geschlungen. Er sah alle Gastzimmer weiß bezogen, weiße Laken vor den Fenstern. Weiß auf allen Möbeln. Tannenreisig auf dem Weg vom Hausflur bis hinab zur Kirche. Und ein Backen und Schlachten und Brauen zwei Wochen vor dem Begräbnis. Zwanzig Klafter Holz in vierzehn Tagen verheizt.

Die Leiche auf einer Bahre im innern Zimmer, Kohlendunst in den frischgeheizten Stuben. Gesang an der Leiche, wenn der Sargdeckel zugeschraubt wird, Silberplatten auf dem Sarge. Der Hof voller Gäste. Das ganze Dorf in Bewegung, um das »Mitgebrachte« zu bereiten, alle Kirchenhüte gebürstet, der ganze Herbstbranntwein beim Leichenschmaus ausgetrunken, alle Wege voll von Menschen wie an einem Markttag.

Wieder fuhr der Alte auf. Er hatte sie beim Leichenschmaus von sich sprechen hören. »Aber wie konnte er denn in dieser Weise erfrieren?« fragte der Amtsrichter. »Was hatte er denn überhaupt oben im Hochwald zu tun?«

Und da antwortete der Kapitän, das habe wohl das Weihnachtsbier und der Branntwein gemacht.

Und dies weckte ihn aufs neue. Die Ingmarsöhne waren nüchterne Leute. Es sollte nicht von ihm heißen, er sei in seiner letzten Stunde nicht bei Sinnen gewesen. Er begann wieder zu gehen und zu gehen. Aber er war so müde, daß er kaum auf den Füßen stehen konnte. Er war jetzt ganz hoch oben im Walde, das merkte er; denn es war ein unwegsamer Boden voll von großen Felsblöcken, wie sie weiter unten nicht zu finden waren. Er blieb mit dem Fuß zwischen ein paar Steinen hängen, so daß er sich kaum losmachen konnte; und nun stand er da und jammerte laut. Jetzt war es um ihn geschehen.

Und plötzlich fiel er zu Boden in einen großen Reisighaufen. Er fiel ganz weich auf Schnee und Reisig, so daß ihm kein Leid geschah; aber jetzt konnte er nicht mehr aufstehen. Er wollte nichts anderes mehr auf dieser Welt als schlafen. Er schob das Reisig ein bißchen beiseite und kroch hinein, als wäre es ein Fell. Aber wie er so den Körper unter die Zweige schob, spürte er, daß dort drinnen im Haufen etwas lag, was warm und weich war. Hier liegt gewiß ein Bär und schläft, dachte er. Er fühlte, wie das Tier sich rührte, und hörte, wie es rings um sich witterte. Er lag ganz still. Er dachte, seinethalben könne der Bär ihn schon auffressen. Er konnte kein Glied regen, um ihm zu entkommen.

Aber der Bär schien ihm, der in einer solchen Unwetternacht unter seinem Dach Schutz suchte, nichts zuleide tun zu wollen. Er schob sich etwas tiefer in seine Höhle, als wolle er dem Gast Platz machen, und gleich darauf schlief er mit gleichmäßigen, sausenden Atemzügen. –

Unterdessen hatten sie unten auf dem alten Ingmarshof nicht viel Weihnachtsfreude gehabt. Den ganzen Heiligen Abend hatten sie Ingmar Ingmarson gesucht.

Zuerst waren sie im ganzen Wohnhaus und in allen Wirtschaftsgebäuden umhergegangen. Sie hatten vom Boden bis zum Keller gesucht, dann waren sie in die Nachbarhöfe gegangen und hatten dort nach Ingmar Ingmarson gefragt.

Als sie ihn nirgends fanden, hatten Söhne und Schwiegersöhne sich auf die Felder und Äcker hinaus begeben. Die Fackeln, die den Kirchenwanderern auf dem Weg zur Weihnachtsmette hätten leuchten sollen, wurden nun angezündet und in dem rasenden Schneegestöber auf allen Wegen und Stegen umhergetragen. Aber der Wind hatte alle Spuren verweht und sein Heulen übertönte den Laut der Stimmen, wenn sie zu rufen und zu schreien versuchten. Bis weit über Mitternacht waren sie draußen, aber endlich sahen sie ein, daß sie bis zum Tagesanbruch warten müßten, wenn sie den Verschwundenen finden wollten.

Kaum dämmerte das Morgenrot, so waren alle Leute im Ingmarshof wieder auf den Beinen, und die Männer standen im Hofe, bereit, in den Wald hinauszuziehen. Aber ehe sie sich noch aufgemacht hatten, kam die alte Hausmutter und rief sie in die Wohnstube. Die Frau hieß sie, sich auf die langen Bänke in der Stube zu setzen, und sie selbst setzte sich an den Weihnachtstisch, mit der Bibel vor sich, und begann zu lesen. Und als sie nach ihren schwachen Kräften gesucht hatte, was in einer solchen Stunde angemessen wäre, da hatte sie die Geschichte von dem Manne gefunden, der von Jerusalem gen Jericho ging und unter die Mörder fiel. Sie las langsam und singend von dem armen Mann, dem der barmherzige Samariter zu Hilfe kam. Söhne und

Schwiegersöhne, Töchter und Enkeltöchter saßen ringsumher auf den Bänken. Sie alle glichen ihr und einander: groß und schwerfällig, mit häßlichen, altklugen Gesichtern, denn alle waren sie von dem alten Stamme der Ingmarsöhne. Alle hatten sie rötliches Haar, eine sommersprossige Haut und lichtblaue Augen mit weißen Wimpern. Im übrigen konnten sie verschieden genug voneinander sein, aber alle hatten sie einen strengen Zug um den Mund, schläfrige Augen und ungelenke Bewegungen, als fiele ihnen alles schwer. Aber jedem von ihnen konnte man doch ansehen, daß sie zu den Ersten in der Gegend gehörten und selbst wußten, daß sie vornehmer waren als die andern.

Alle Ingmarsöhne und Ingmartöchter seufzten bei dem Bibellesen tief. Sie fragten sich, ob wohl ein Samariter den Hausvater gefunden und sich seiner erbarmt hätte. Denn für alle Ingmarsöhne war es, als verlören sie etwas von ihrer eigenen Seele, wenn jemand, der zum Stamme gehörte, von einem Unglück getroffen wurde.

Die alte Frau las und las und kam zu der Frage: »Welcher dünkt dich, der unter diesen dreien der Nächste sei gewesen dem, der unter die Mörder gefallen war?«

Aber ehe sie noch die Antwort lesen konnte, ging die Tür auf, und der alte Ingmar trat in die Stube.

»Mutter, Vater ist da«, sagte eine der Töchter, und es wurde nicht mehr gelesen, daß des Mannes Nächster der gewesen war, der Barmherzigkeit an ihm getan hatte.

Etwas später am Tage saß die Hausmutter wieder auf demselben Platz und las in ihrer Bibel. Sie war allein. Die Frauen waren zur Kirche gegangen, und die Männer waren auf der Bärenjagd im Hochwalde. Sowie Ingmar Ingmarson gegessen und getrunken hatte, hatte er die Söhne mitgenommen und war in den Wald auf die Bärenjagd gegangen. Denn es ist nun einmal so, daß es eines Mannes Pflicht ist, den Bären zu fällen, wo und wann er ihm auch begegnet. Es geht nicht an, einen Bären zu schonen; denn früher oder später findet er doch Geschmack am Fleische und verschont dann weder Mensch noch Tier.

Aber seit sie auf die Jagd gegangen waren, war eine große Angst über die alte Hausmutter gekommen, und sie hatte zu lesen begonnen. Jetzt machte sie sich daran, was an diesem Tage in der Kirche gepredigt wurde, aber sie kam nicht weiter als bis zu dem Wort: »Friede auf Erden und den Menschen ein Wohlgefallen.« Sie blieb sitzen und starrte mit ihren erlöschenden Blicken diese Worte an, und von Zeit zu Zeit stieß sie einen tiefen Seufzer aus. Sie las nicht weiter, sondern wiederholte nur ein ums andere Mal mit langsamer, schleppender Stimme: »Friede auf Erden und den Menschen ein Wohlgefallen.«

Da kam der älteste Sohn in die Stube, als sie sich gerade aufs neue durch diese Worte schleppte.

»Mutter«, sagte er leise.

Sie hörte ihn, schlug aber die Augen nicht vom Buche auf, als sie fragte: »Bist du nicht mit im Walde?«

»Doch«, sagte er noch leiser. »Ich bin dort gewesen.«

»Komm hierher zum Tisch«, sagte sie, »so daß ich dich sehen kann.«

Er kam näher, aber als ihr Blick auf ihn fiel, sah sie, daß er zitterte. Er mußte sich auf die Tischkante stützen, um die Hände still halten zu können.

»Habt ihr den Bären erlegt?« fragte sie wieder.

Jetzt konnte er nicht mehr antworten; er schüttelte nur den Kopf.

Die Alte stand auf und tat, was sie nicht getan hatte, seit der Sohn ein Kind gewesen war. Sie ging auf ihn zu, legte liebkosend die Hand auf seinen Arm, streichelte ihm die

Wange und zog ihn auf die Bank. Dann setzte sie sich neben ihn und hielt seine Hand in der ihren. »Sag mir jetzt, was geschehen ist, mein Junge.«

Der Bursche erkannte die Liebkosung wieder, die ihn in den Jahren der Kindheit getröstet hatte, wenn er unglücklich und hilflos war; und das rührte ihn so tief, daß er zu weinen anfing.

»Ich kann mir denken, daß es etwas mit Vater ist«, sagte sie.

»Ja, aber es ist noch schlimmer«, sagte schluchzend der Sohn.

»Noch schlimmer?«

Der Bursche weinte immer heftiger; er wußte nicht, wie er Macht über seine Stimme bekommen sollte. Endlich hob er die grobe Hand mit den breiten Fingern und wies auf die Stelle, die sie eben gelesen hatte: »Friede auf Erden.«

»Hat es damit zu tun?« fragte sie.

»Ja«, antwortete er.

»Mit dem Weihnachtsfrieden?«

»Ja.«

»Ihr wolltet heute morgen eine böse Tat tun.«

»Ja.«

»Und Gott hat uns gestraft?«

»Gott hat uns gestraft.«

Endlich erfuhr sie, wie es zugegangen war. Sie hatten die Bärenhöhle gesucht, und als sie so nahe waren, daß sie den Reisighaufen sehen konnten, waren sie stehengeblieben, um die Gewehre in Ordnung zu bringen. Aber ehe sie noch fertig waren, kam der Bär aus der Höhle gestürzt, gerade auf sie zu. Er sah weder nach rechts noch nach links, er kam gerade auf den alten Ingmar Ingmarson zu und versetzte ihm einen Schlag auf den Kopf, der ihn zu Boden streckte, als wäre er vom Blitz getroffen. Aber niemand sonst fiel der

Bär an, sondern stürzte an ihnen vorbei in den Wald hinein. –

Am Nachmittag fuhren Ingmar Ingmarsons Frau und Sohn in den Pfarrhof und meldeten den Todesfall an. Der Sohn führte das Wort. Die alte Hausmutter saß dabei und hörte zu, mit einem Gesicht, das regungslos war wie ein Steinbild.

Der Pfarrer saß in seinem Lehnstuhl am Schreibtisch. Er hatte seine Bücher hervorgenommen und den Todesfall aufgezeichnet. Er tat das ein wenig langsam: er wollte Zeit haben, darüber nachzudenken, was er der Witwe und dem Sohne sagen solle; denn dies war doch ein ungewöhnlicher Fall. Der Sohn hatte ganz offen erzählt, wie sich alles zugetragen hatte; doch der Pfarrer wollte gern wissen, wie sie selbst die Sache auffaßten. Es waren sehr eigentümliche Menschen, die Leute vom Ingmarhofe.

Als nun der Pfarrer das Buch zuschlug, sagte der Sohn: »Wir wollen Euch auch sagen, Herr Pfarrer, daß wir keine Personalien über Vater verlesen haben wollen.«

Der Pfarrer schob die Augengläser auf die Stirn und sah scharf forschend zur der alten Frau hinüber. Sie saß regungslos da wie zuvor. Sie zerknüllte nur das Taschentuch, das sie zwischen den Händen hielt.

»Wir werden ihn an einem Werktag begraben«, fuhr der Sohn fort.

»So, so, so, so«, sagte der Pfarrer. Es schwindelte ihm förmlich. Der alte Ingmar Ingmarson sollte unter die Erde kommen, ohne daß jemand darum wußte. Die Dorfbewohner sollten nicht auf dem Hügel stehen und sehen, mit welchem Staat er zu Grabe getragen würde.

»Wir werden keinen Leichenschmaus halten. Wir haben es den Nachbarn mitgeteilt, damit sie kein Mitgebrachtes bereiten.«

»So, so, so, so«, sagte der Pfarrer abermals. Er konnte nichts anderes über die Lippen bringen. Er wußte wohl, was es für solche Leute bedeutete, vom Leichenschmaus abzustehen. Er hatte gesehen, wie sehr es Witwen und Vaterlose tröstete, wenn sie einen stattlichen Leichenschmaus abhielten.

»Und es wird auch kein Trauerzug sein, nur ich und meine Brüder gehen mit.«

Der Pfarrer sah gleichsam Antwort heischend zu der Alten hinüber. Konnte sie dem wirklich zustimmen? Er fragte sich, ob der Sohn auch ihren Willen ausspreche. Sie saß ja da und ließ sich alles dessen berauben, was ihr kostbarer sein mußte als Silber und Gold.

»Wir wollen kein Glockengeläute haben und keine Silberplatten auf dem Sarge. Das wollen wir so, Mutter und ich. Aber wir sagen es Euch, Herr Pfarrer, um zu hören, ob Ihr es als ein Unrecht gegen Vater anseht.«

Nun ergriff auch die Frau das Wort. »Ja, wir wollen wissen, ob Ihr meint, Herr Pfarrer, daß es ein Unrecht gegen Vater sein kann.«

Der Pfarrer schwieg noch immer, und da fuhr die Frau eifrig fort: »Laßt Euch sagen, Herr Pfarrer: hätte mein Mann sich gegen den König oder den Vogt vergangen und hätte ich ihn vom Galgen herunterschneiden müssen, er würde doch ein ehrliches Begräbnis bekommen haben, wie sein Vater vor ihm, denn die Ingmarsöhne fürchten niemand, und sie brauchen keinem aus dem Wege zu gehen. Aber um die Weihnachtszeit hat Gott Friede gesetzt zwischen Tieren und Menschen, und das arme Tier hielt Gottes Gebot, aber wir brachen es, und darum sind wir jetzt unter Gottes Strafgericht. Und es steht uns nicht an, in Prunk und Staat einherzugehen.«

Der Pfarrer stand auf und ging zu der Alten hin. »Es ist

ganz recht, was Ihr sagt«, antwortete er, »und Ihr sollt Euren eigenen Willen haben.« Und unwillkürlich fügte er hinzu, vielleicht mehr für sich selbst: »Die Ingmare sind doch großangelegte Menschen.«

Bei diesen Worten richtete sich die Alte ein wenig empor. Und der Pfarrer sah sie für einen Augenblick als Sinnbild des ganzen Stammes. Er begriff, was Jahrhundert um Jahrhundert diesen schwerflüssigen und wortkargen Menschen die Macht gegeben hatte, die Führer eines ganzen Kirchspiels zu sein.

»Es kommt den Ingmarsöhnen zu, dem Volke ein gutes Beispiel zu geben«, sagte sie. »Es ist an uns, zu zeigen, daß wir demütig sind vor Gott.«

Selma Lagerlöf

4. ADVENT

Weihnachten

Markt und Straßen steh'n verlassen,
Still erleuchtet jedes Haus,
Sinnend geh' ich durch die Gassen,
Alles sieht so festlich aus.

An den Fenstern haben Frauen
Buntes Spielzeug fromm geschmückt,
Tausend Kindlein steh'n und schauen,
Sind so wunderstill beglückt.

Und ich wandre aus den Mauern
Bis hinaus in's freie Feld,
Hehres Glänzen, heil'ges Schauern!
Wie so weit und still die Welt!

Sterne hoch die Kreise schlingen,
Aus des Schnees Einsamkeit
Steigt's wie wunderbares Singen –
O du gnadenreiche Zeit!

Joseph von Eichendorff

Die Heiligen Drei Könige

Das Lied des Holzkappers im Pappelbaum machte Josef innerlich lachen. Das war noch etwas aus seinen Kindertagen; und während er den Boden umgrub, um ein Gemüsebeet anzulegen, und die fetten Erdklumpen aufwarf, summte er das Liedlein mit:

Denk ich zurück an jene schönen Tage,
Da noch auf Mutters Tisch der Breinapf stand...

Josef richtete sich auf, steckte seinen Spaten in den Boden, und mit den Ellenbogen auf den Stiel gelehnt, lauschte er gerührt, in ferne Erinnerungen versunken, nach dem Lied und betrachtete mit halbgeschlossenen Augen die wundersame Landschaft. Sie war so schön, daß er das Lied vergaß.

Wie herrlich war nicht der Anblick des Landes, das schnell verjüngt wurde durch die große Nachmittagssonne, die ihre goldenen Haare über die Erde schüttelte und sie die umgeworfenen Äcker entlangschleifen ließ. Die Bäume waren hell von dem froschgrünen Moos, und es glitzerte auf den rasch dahineilenden Wässerlein.

Ein goldener Staub zitterte in der mattblauen Luft, durch die neue Vögel zu den purpurbraunen Kaninchenbüschen zurückkehrten; und von dem sanften Blau der Hügel kam das fröhliche Tuten eines Hirtenhorns herüber. Wo der Ochse und der Esel grasend standen, blinkten Maßliebchen.

Es war, als hätte Josef auf einmal neues Blut bekommen. Er war fröhlich und wußte nicht, warum. »Was für schönes Wetter! was für schönes Wetter!« wußte er nur zu sagen, und er sah umher, auf sich selbst, auf die Weiden und die sich drehenden Mühlen.

Es kam ihm alles so neu und herrlich vor; er trank es mit

gierigen Augen in sich hinein, als sei er zum erstenmal auf die Erde gestellt worden.

Er betrachtete mit lebhafter Freude, wie sein verschossen rotes Wollhemd so schön abstach von dem dunklen Boden und dem Schneeweiß der Windeln des Jesuskindes, die dahinten in der Sonne auf einem Strauch zum Trocknen hingen; und oh! wie lustig spielte auf dem Ende seines kurzen Bartes das Silber der Sonne!

Es war einer der sieben schönen Tage, die der kurze Monat, der Februar genannt wird, uns schuldig ist. Die Bauern, deren Beine schlapp geworden waren vom Sitzen auf ein und demselben Stuhl, waren mit dem ersten Sonnenstrahl aus ihrem Gehäuse gekrochen und standen nun auf dem Feld, behende arbeitend, als täten sie es zu ihrem Vergnügen. Die Pflüge durchschnitten das Fleisch der Erde, die Saat rieselte in die Furchen, die Gemüsebeete wurden umgelegt, und der Dung, der dem Wachstum Kraft gibt und so liebreich riecht, wenn er von weitem kommt und mit Erde vermengt ist, wurde üppig, goldbraun ausgegossen. Der Winter war vorbei, die ersten Vögel hatten sich in unserem Lande gezeigt!

»Oh, was für schönes Wetter!« sagte Josef immer wieder, um seiner zarten Herzensfreude Luft zu machen.

Er sah Maria bei der Türe sitzen, an einer weißen Wiege. Sie stopfte Strümpfe. Die Sonne hing glänzend in ihrem korngoldenen Haar, um das, unter dem Kinn zugeknotet, das weiße Halstuch sittsam gebunden war.

Ihr blaues Kleid war hier und da verblichen, und ihr süßes Gesicht, feiner noch geworden durch Kummer und allverzehrende Liebe, erschien durchsichtig wie dünnes Perlmutt, und die grünen Augen, die weit offen in die Ferne und auf das stille Bethlehem schauten, waren glänzender, tiefer in der Farbe geworden, und eine Welt schöner Gefühle leuchtete daraus auf, die man nur haben kann, wenn man Mutter ist.

Als Josef sie so jung und herrlich sah, und doch so traurig, fühlte er, wie er weich wurde, und wollte seinen Frohsinn auf sie übertragen, indem er rief: »He, Maria, was für eine schöne Sonne, nicht wahr?« Sie legte die Hand über die Augen und nickte ihm innig zu.

»Aber«, rief der Kapper von der Pappel herab, »die Sonne ist noch nicht trocken hinter den Ohren, es sitzt noch Pfeffer in der Luft!«

Josef warf seine Worte nach oben: »Es wird wohl noch einige Tage so bleiben, der Mond steht im zweiten Viertel!« Josef wies auf den hostienbleichen Mond, der in großem Abstand der Sonne folgte.

»Der Mond und das Wetter! 's ist allemal nicht mehr im Lot. Es geht alles aus Rand und Band. Es kommt, glaube ich, alles von jenen Vorzeichen. Gestern abend ist, wie es scheint, der Stern mit dem Schweif wieder gesehn worden! Und habt ihr schon von diesen ekligen Kerlen gehört, die ins Land gekommen sind?«

»Nein«, rief Josef, plötzlich beunruhigt, »was für eklige Kerle?«

Maria kam Angst in die Augen, und sie sah gespannt zu dem Kapper hinauf.

»Wißt ihr das noch nicht? Wartet, ich komm 'ne Pfeife stopfen!« sagte Sander.

Er stieg hinunter.

Er hatte einen blauen Kittel und eine blaue Schürze an, um seinen braunen Hals hing ein rotes Taschentuch mit weißen Knötchen, seine Strümpfe waren hellgrün wie Kopfsalat, und auf seinem farblosen Hut leuchtete weiß und blau eine Elsterfeder.

Es war ein langer Geselle, um die Vierzig herum, mit einem rötlichen, herabhängenden Bart unter der rosigen Knopfnase, mit einem Lachen in seinen Schweinsaugen und weißen Haaren auf seinen braunen Händen. Als er aus einer Schweinsblase Tabak genommen hatte, steckte er seine Hände in die Hosentaschen, warf einen freundlichen Blick auf das schlafende Kind, und mächtig qualmend erzählte er voller Wichtigkeit den lauschenden Gesichtern Marias und Josefs, daß eine Bande von Gott weiß wieviel tausend Mohren und Wilden auf Gent marschierte. »Sie werden angeführt von drei Königen, den reichsten und mächtigsten Königen der ganzen Welt. Diese Mohren und Chinesen haben Piken und Messer bei sich, genug, um in *einem* Viertelstündchen das ganze Heer von Herodes einen Kopf kürzer zu machen.«

»Und was wollen die hier denn?« fragte Maria schnell.

»Tja«, sagte Sander, gewichtig seufzend, stolz und froh, weil er Maria, die im Lande in den Ruf großer Heiligkeit gekommen war, seine Neuigkeit vermelden konnte; und in seinem Eifer begann er, ohne es eigentlich zu wollen, gewaltig zu übertreiben. »Was sie hier wollen? Wenn es wahr ist, daß sie Kamele und Elefanten bei sich haben und andere wilde Tiere wie Tiger und Krokodile, dann geb ich meinen Kopf für einen Teller Suppe her...! Wie's scheint, zertrampeln sie die Felder aus purem Vergnügen und essen die kleinen Kinder auf. Überall, wo sie gewesen sind, steht die ganze Gegend in Brand, und...«

Während er so weitererzählte und sich von seinen eigenen Aufschneidereien mitreißen ließ, war es Maria, als ob sie sterben müßte. Sie ging an die Wiege und barg die ruhigen, molligen Fäustlein des kleinen Jesus in ihren weißen Händen.

Das ganze Meer von Angst und Sorge stürmte wieder durch sie hindurch.

Denn seit sie aus Simeons Munde das Orakel von dem Schwert vernommen hatte, glaubte sie in allem einen Feind ihres Kindes zu sehn. Böse Mächte lauerten ihm auf aus den Bäumen, der Luft, der Sonne, dem Wasser und all den schönen Dingen, die sie früher so liebte. Mit beinah kindlicher Sorgfalt wachte sie über dem Kind. Sie schlief nicht, ruhte nicht und wurde verzehrt von nagender Unrast.

Aber fühlte sie dann bei klarerem Nachdenken, daß sie gegen Hirngespinste kämpfte, daß Simeons Wort die reine Wahrheit war und unerweichlich wie ein Fels, daß der Himmel selber helfen würde, um es zu vollstrecken, dann beugte sie das Haupt, schloß die Augen und sagte voll Hingabe, aber mit gebrochenem Herzen: »Dein Wille geschehe nach Deinem Wort!«

Wenn sie diesen Schrei der Aufopferung aus ihrer Seele gelöst hatte, war wieder Friede und Milde in ihr, und gelassen sah sie den ungeborenen Tagen entgegen.

So wußte Josef sie dann auch oftmals aufzurichten, wenn er ihr vorstellte, daß ihr Kind erst noch große Dinge verrichten müßte.

Aber immer wieder, beim geringsten Anlaß, gewann das sorgende, bekümmerte Mutterherz die Oberhand.

Und nun, da Sander ihr da so schlechthin die grausigen Schauermärchen kundtat, war es ihr, als ob das Leben aus ihr entflösse.

Josef sah es, und hartnäckig, nur um seine Frau zu beruhigen und nicht um Sanders Worte zu leugnen, ging er gegen den Kapper an: »Ich glaub nichts davon, daß sie hier längs kommen werden. Es sind Auswanderer, Auswanderer sag ich, die geradenwegs zum Meer ziehen, um sich da nach fernen Ländern einzuschiffen, wohin die Vögel ziehn, wenn es Winter wird. Ich glaube von all diesen Dingen nichts.«

Josef schwitzte vor Anstrengung.

Sander war dadurch aus dem Konzept gebracht. »Ich will nicht sagen, daß das alles wahr ist. Wenn Peter, der Schlachter, lügt, lüg ich auch, ich hab es selbst nicht gesehn ... Aber wißt ihr was«, und hier schob er seine Erzählung auf ein anderes Geleise, »ich hab immer gedacht, daß irgendwo in der Stille gegen Herodes was eingefädelt wird. Seht doch nur«, dabei zeichnete er mit seiner hölzernen Pfeife große Gebärden in die Luft, »diese Männer kommen hier unter dem einen oder anderen harmlosen Vorwand mit frommen Gesichtern ins Land, aber wenn sie mit beiden Füßen auf festem Boden stehen, ihr sollt sehn, dann schlagen sie den ganzen Krempel hier kurz und klein und knüpfen diesen Fettwanst von Herodes am Belfried auf!«

Er suchte die Wirkung seiner Worte in ihrem Gesicht zu beobachten. Aber von ferne erklang ein fröhliches Lied. Alle drei sahen sich um.

»Kreuzdeut! Kreuzdeut! Komm hier mal längs!« rief Sander dem Sänger zu. »Seht«, sagte er zu Maria und Josef, »da hinten ist Kreuzdeut, und der kommt sicher wie gewöhnlich von Gent, der wird uns nun die Neuigkeit haarklein erzählen.«

Auf dem sich windenden Pfad kam breitbeinig ein krummer Alter angestapft, in einem grünen Schniepel, einen Korb auf dem Rücken. Er hob seinen Stock hoch zum Zeichen, daß er käme.

Sie hörten sein Lied.

Ich bin zu früh geboren,
Ja, wo ich heut hin kumm,
Mein Glück kummt mir erst morgen;
Hätt ich das Kaisertum,
Dazu den Zoll am Rhein,
Und wär Venedig mein,
So wär es all's verloren,

Es müßt verschlemmet sein.
So will ich doch nicht sparen,
Und ob ich all's verzehr,
Und will darum nicht sorgen,
Gott b'schert mir morgen mehr;
Was hilfts, daß ich lang spar...?

Kreuzdeut hatte ein richtiges Kuchenmännleingesicht. Die Sonne schoß einen silbernen Punkt in den Tropfen, der an seiner Hakennase bibberte, und spiegelte sich in dem Fett seiner abgetragenen Mütze.

Er war ein Kerl, der siebzigmal den Winter hatte kommen sehn, aber wenn er seine überlangen Beine voreinandersetzte, so schritt er noch drauflos wie einer, der zur Kirmes geht. Er wohnte allein in einer Strohhütte. Sie stand da drüben auf der kahlen Spitze der nächsten Halde, offen allen Winden und von überallher zu sehen. Ein blindes Pferd konnte das ganze Ding über den Haufen rennen. Die Menschen behaupteten, er äße alles aus demselben Topf, der niemals Wasser gesehn hätte, und alles, was nicht zu heiß war oder zu schwer, war Kreuzdeuts Eigentum. Aber er war doch ein guter Kerl, wohin er kam, da gab es Lachen.

Bisweilen, bei gutem Wetter, war er den ganzen Tag unterwegs, ein Lied auf den Lippen und einen Tropfen an der Nase, seinen Korb gefüllt mit Schnürsenkeln, Garn und Bändern, Spielkarten, Schwefelhölzern, Pomade, Schuhcreme, Briefpapier, und wohl auch mit einem Fläschchen Riechöl und rosa und blauen Kinderkämmen. Er schlief dann in einem Heuschober oder unter freiem Himmel. Hatte er Hunger und keine Groschen in der Tasche, so füllte er seinen Magen mit Möhren und Rüben, die er sich aus der Erde zog, und trank an den Gräben aus seiner Mütze; hatte er aber »Geschäfte gemacht«, dann tanzten die Pfennige, dann kaufte er sich ein Maß Branntwein und einen Schinkenknochen, setzte sich in die Sonne und brachte das voller Appetit mit Senf und Brot zu Leibe.

»He! Ihr habts aber gut! Die Sonne sitzt mir wie Wein in den Beinen. Ich fühle mich noch keine fünfzehn Jahre alt...! Aber nun greift mir mal 'n bißchen unter die Arme; ich hab noch nichts verkauft, und Kreuzdeuts Magen ist wie ein platter Dudelsack!«

»Was zappelt denn da unter deinem Rock?« fragte Sander listig, indem er auf einen dicken Packen auf Kreuzdeuts Brust zeigte.

»Ach Gottogott!« schüttelte Kreuzdeut mit einem Leichenbittergesicht den Kopf. »Ein armes Hähnchen, das vor lauter Hunger auf mich zugelaufen kam. Ich will ihm zu Hause seine Misere erleichtern, ich will es aufessen, ich kann keine Tiere leiden sehn!«

»Kommt er wirklich aus Gent?« fragte Maria Josef.

Um Marias nagende Neugier zu lindern, wendete Josef sich an Kreuzdeut: »Kommst du von Gent?«

»Allerdings!« sagte Kreuzdeut. »Vorgestern hab ichs verlassen und bin immer geradeaus weitergelaufen in der Richtung des Kometen, der diese Nacht wieder am Himmel gestanden hat. Nun hab ich erst einen Umweg über Bethlehem gemacht, um mir da einen Hering zu kaufen...«

»Und hast du die drei Könige gesehn?« unterbrach ihn Sander.

»Hei!« jauchzte Kreuzdeut vergnügt, »freilich, freilich hab ich sie gesehn...! Aber wer kann mir etwas Tabak geben...?« Als Kreuzdeut einige tüchtige Züge aus seinem kurzen tönernen Bartbrenner getan hatte, den kupferumränderten Pfeifenkopf nach unten, wegen seiner Nase, wischte er sich den Speichel von seinem glatten Kinn und begann.

Während er erzählte, bewegte sich der Tropfen an seiner

Nase und warf von Zeit zu Zeit kleine Spritzer. »Ich trieb mein Geschäft. Es war gegen Abend, als die Lampen angesteckt wurden, da sah ich hinter mir drei eiserne Männer, so schwarz wie ein Hut, mit einer Papierrolle in der Hand, zu Pferde vorbeireiten. Wir steckten die Köpfe zusammen und gingen mal gucken, was die Kerls auf der Pfanne hatten. Sie galoppierten zum Palast von Herodes, und ein bißchen später wehten die Fahnen von dem Giebel, wurden von allen Stadttoren die Hörner geblasen und begannen alle Glokken zu läuten. Auf der Straße fingen die Soldaten an, Pechtonnen in Brand zu stecken, damit es recht hell würde, wie bei den großen Festen.

Von allen Seiten wurde gerufen: ›Es kommen drei Könige mit tausend Soldaten!‹ Wie es kam, weiß ich nicht, aber ganz Gent, klein und groß, war wie der Blitz auf den Beinen und rannte wie ein Mann zum Stadttor. Ich natürlich mit! Ihr konntet nur so über die Köpfe laufen, und in Fenstern, auf den Dächern, auf den Bäumen, überall saßen haufenweise die Menchen. Aber da habe ich was an Soldaten aus dem Tor kommen sehn! Tausend, zehntausend, hunderttausend, sie kamen wie aus dem Boden geschossen. Ich wußte gar nicht, daß es so viel Menschen auf der Welt gäbe! Ich vergesse das mein Leben nicht, und würde ich hundert Jahre alt! Aber es waren keine Soldaten, wie wir sie hier sehn, das versteht sich! Nein, es waren allemal Männer aus den warmen Ländern, mit Mäulern, so schwarz wie meine Tinte hier und so braun wie Kaffeebohnen. Es gab welche mit schielenden Augen, mit Mandelaugen, mit Plattnasen, mit Ringen in den Ohren und Ringen in der Nase – wie die Kerls sich die Nase putzen, begreife ich nicht –, genau wie der Menschenfresser, der alle Jahre auf der Kirmes in Brügge steht.«

»Und dann?« fragten sie zu dritt.

»Sie bliesen auf krummen Trompeten und bumsten auf Trommeln mit kupfernen Bäuchen. Aber wie schön die Kerlchen gekleidet waren! Es war alles Gold und Silber, belegt mit Bronzeplatten und Elfenbein. Ein ganzer Regenbogen von Seide in allen Farben, grün, blau, gelb, purpur; Kleider mit Punkten und Streifen, mit Blumen und mit Bildern, und auf ihrem Eisenhut oder auf ihrem Kopfpolster ein ganzer Arm voller Federn... Aber sie saßen nicht nur auf Pferden, sondern auch auf Kamelen und Dromedaren, und es waren Tiere dabei so groß wie ein Haus, mit einem Schwanz vorn und einem Schwanz hinten. Sie nennen das Elefanten. Die haben Zähne so dick wie mein Hinterer!«

Kreuzdeut lachte, daß der Tropfen von seiner Nase fiel und auf seiner fett glänzenden Hand auseinanderplatzte. Dies warme Lachen verjagte Marias Unruhe. Wenn Kreuzdeut so lachte, so war es ein Zeichen, daß er keine schrecklichen Dinge hinzufügen würde. Sie seufzte erleichtert.

»Und hast du auch die Könige gesehn?« fragte Josef.

»Wie waren die?« setzte Sander hinzu.

»Ja, die hab ich gesehn, und sie haben mich auch gesehn! Sie saßen auf Kamelen und Elefanten und waren umringt von Männern, die auf Rohrpfeifen spielten und mit ihren Fingerspitzen auf lange Trommeln klopften. Sie rochen nach dem schönsten Garten, den ihr euch nur denken könnt.

Und dann folgte ein Ozean von Soldaten mit Musik und Fahnen und scharfen Waffen, und ich weiß nicht wie viele Karren, mit Ochsen bespannt...«

»Aber was wollen die hier?« fragte Maria.

»Die kommen hierher, um einen neuen König zu suchen!«

»Einen neuen König?« riefen sie alle drei verwundert.

»Ja, einen neuen König...! Sie sind aus den warmen Ländern gekommen, den Rhein entlang, über Hasselt, Löwen, Mecheln, Antwerpen und Gent...«

»Und wo ist dieser neue König?« warf Sander ein.

»Das ist es gerade, was sie von Herodes wissen wollen!«

»Von Herodes?« bebte Maria, der immer der Schreck in die Glieder fuhr, wenn dieser Name ausgesprochen wurde.

»Was hat Herodes gesagt?« fragte Josef ernst.

»Herodes hat zuerst ein wenig Spektakel gemacht und gesagt, daß er allein der König wäre, aber sie schwuren hoch und heilig, daß in Flandern ein neuer König lebte. Dann hat er stillgeschwiegen aus Angst vor ihren Elefanten und Messern. Er hat schleunigst all die Naseweise der Stadt, die Philosophen, Federfuchser und Bücherwürmer zusammengetrommelt, um in alten Papieren zu suchen, ob das wohl auf Wahrheit beruhte.«

»Und dann?«

»Sie suchen noch. Ich habe so lange auf meinen Zehen vor dem erleuchteten Palast gestanden und gewartet, daß ich einen Krampf davon kriegte, und dann habe ich mich endlich auf die Strümpfe gemacht... denn mein Geschäft geht vor!«

Es herrschte eine peinvolle Stille. Während Kreuzdeut von neuem sein Pfeifchen ansteckte, standen die anderen verdutzt, wie aus den Wolken gefallen, da.

»Ich glaube«, sagte Kreuzdeut paffend, »daß Herodes mit Grundeis geht«, und er klopfte sich mit Zeige- und Mittelfinger auf den Daumen. »Er ist bange, daß er von seinem goldenen Lehnstuhl herunterfliegen wird. Das Volk läuft schon in Haufen herum, und sie singen: ›Er ist von der Brücke ins Wasser gefallen!‹«

»Sag mal, Kreuzdeut«, flehte Maria, »ist es wahr, daß sie die Kinder aufessen?«

Kreuzdeut brach in ein Lachen aus, daß er sich den Bauch halten mußte. »Kinder aufessen? Haha! Was Ihr Euch doch alles weismachen laßt! Kinder aufessen! Nun, sie werfen die Groschen nur so zum Grapschen hin, das Bier fließt nur so in den Gossen! Unter ihren fiesen Gesichtern sitzen gute Seelen, und wenn Herodes so wäre, dann lebten wir hier im Gelobten Land!«

Maria fragte ihn freundlich: »Sollten sie hier auch wohl vorbeikommen?«

»Pah«, schäkerte Kreuzdeut. »Sie würden hier was suchen, das niemand verloren hat. Wer hat in dieser armen Gegend eine Königsnase außer mir …? Meine Mutter hat mir immer gesagt, daß ich zu großen Dingen in die Wiege gelegt worden bin. Laßt sie nur kommen, diese gekrönten Herrschaften! Ich werde ihnen ihr Festmahl schon zubereiten!« Er schwenkte den Hering in der Luft und zog von dannen.

Als Kreuzdeut dahinten singend zu seinem tischgroßen Häuschen hinaufstieg, als Josef wieder beim Holzspalten war und der Kapper am Ufer des nach Bethlehem führenden Baches Weiden schnitt, saß Maria noch sinnend an der Tür. Wenn auch Kreuzdeuts Erzählung ihr den Schrecken vertrieben hatte, so blieb doch eine bange Ahnung in ihr zurück. Sie sah noch immer vor sich das ihr so oft beschriebene Gesicht des Herodes: ein knallrotes, gieriges, dickes Gesicht mit satten Kugelaugen und feuchten Pickeln in einem spärlichen, roten Stoppelbart. Aber warum brauchte sie denn traurig zu sein? Die Könige waren edelmütig. Wenn ein neuer König gefunden würde, so würden sie ihn gegen Herodes' Eifersucht beschirmen. All diese Überlegungen gaben ihrem Herzen wohl ein wenig Ruhe, aber trotzdem blieb dieser satte, wüste Herodeskopf vor ihren Augen hängen.

Sie wünschte, weit weg zu sein, in einem fernen Lande,

wohin keine Könige kamen und wo es keinen Herodes gab. Ihre blassen Hände lagen matt in ihrem Schoß, und die Bekümmerung schloß ihr die Augen.

Die Sonne erreichte apfelsinenrot fast den Saum der Hügel, und die Schatten schossen weit in die Felder hinein.

Doch aus der Wiege erklang ein fröhliches Krähen, das Maria aufspringen und ihre Augen vor Glück glänzen ließ. Sie nahm das Jesulein behende aus der Wiege. Es hüpfte auf ihrem Arm; es schlug mit seinen Händchen in die Luft und kreischte, brummte und plapperte vor innerlichem Behagen.

Josef hörte es, ließ seine Schaufel im Boden stecken und guckte schalkhaft vorsichtig um die Ecke des Stalles.

Er sah, wie Maria dem Kindlein die Brust gab, und wie der Kleine saugend seine lieben Händchen über ihre zarte Brust gleiten ließ und in die Haare ihres gebeugten Kopfes.

Die junge Mutter nickte und erwiderte mit süßen Worten und spielte mit ihren feinen Fingern vor seinen lichtblauen Augen.

Josef kam herzugelaufen.

Wie erschrak Maria freudig, als sie das glückliche Gesicht Josefs über ihre Schultern zum Kinde hingebeugt sah, das nun mit seiner Mahlzeit fertig war und ihn mit vergnügten Augen von oben bis unten betrachtete.

»Gib mir es mal!« bat Josef. Der alte Mann nahm das Kind, ungeschickt aus Vorsicht, zu sich. Jesulein hielt mit seiner linken Hand Josefs rechten Zeigefinger umklammert, es schüttelte seine Hand und hüpfte und tanzte auf seinem Arm; es krähte und schrie und schlug mit seiner anderen Hand klatschend auf Josefs Gesicht.

Josef und Maria lachten.

Das Kindlein war nun zwei Monate alt, aber sein sprödes

und zartes Seelchen, das noch im Dämmer des Lebens halb versunken lag, zitterte schon beim Licht der erquicklichen jungen Sonne, die warm über sein Gesichtlein strahlte und süß in seinem Herzen summte. Das Seelchen wurde das Leben gewahr, es sprang auf in einem Schauer von erster Freude.

Beide neigten sich mit ihrem Gesicht zu dem des Kindes, riefen ihm tausend freundliche Worte zu und kitzelten es unter den Armen und auf der Brust.

»Ich könnte dich aufessen!« sagte Josef.

»O mein König und mein Himmel!« jauchzte Maria. Jesulein wurde durch all dies Gerufe und Gespiele übermütig; es stampfte und schlug und zupfte Josef so tüchtig am Bart, daß ihm die Tränen davon aus den Augen sprangen. Maria gab ihm ein Maßliebchen...

Aber auf einmal sahen sie einander mit lauschenden Augen an. Eine heftige Bestürzung ließ sie schweigen. Maria, die ganz rosig geworden war bis in ihre blonden Haare, erblaßte plötzlich, und Josef trat kalter Schweiß auf die Stirn.

Sie lauschten.

Ganz fern, hinter den blauen Hügeln, rauschte eine wachsende Musik mit vagem, rhythmischem, donnerähnlichem Gerassel, dessen Dröhnen ihnen bis in die Beine fuhr.

Maria nahm das Kind an sich. Josef wagte nicht zu sagen, was er dachte. Und beide standen, ungewiß, ob sie Angst zu haben brauchten, und schauten nach den braunen Kaninchenwäldchen, hinter denen der Lärm aufzusteigen schien... Er kam langsam, aber stetig näher; er wandelte leise sich windend hinter den Hügelhalden und verzog sich mehr nach rechts, aber er wuchs und schwoll zu einem deutlichen Liede von vielfältigem Posaunenschall, unterdröhnt und überbrummt von Pauken und von Gongen.

Die Menschen kamen aus den Häusern gelaufen und kletterten auf die Hügel.

»Sieh! sieh!« schrie Maria auf einmal. »Sieh, dahinten sind sie!« Mit zitterndem Finger zeigte sie nach Kreuzdeuts Hüttlein, wo auf dem Rücken des Hügels eine große Bewegung von Menschenhaufen und ein Glanz von Metallen erschien.

Und wie eine Tür, hinter der Musik erklingt, plötzlich aufgerissen wird, so fielen nun der Posaunenschall und das Paukengedröhn festlich in die Täler. Maria verstand und zitterte, und wie durch eine Eingebung stammelte sie zu Josef: »Sie kommen für unser Kind!«

Eine schwere Verlegenheit überfiel sie, eine große Freude erfüllte sie, und sie wußten nicht, was tun. Maria bebte und mußte sich auf den Stuhl niedersetzen. Sie sah Josef an, als wollte sie fragen, was sie anfangen sollte, aber Josef wußte sich selber keinen Rat; er stand da mit plumpen Holzschuhen an den Füßen, er war nur ein armer Mann, sie hatten ein Loch von einer Wohnung, und diese Könige würden hierherkommen!

Es war beinah unglaublich! Obgleich er wünschte, daß es nur ein Traum sein möchte, war er doch stolz um Marias und des Kindes willen, daß es die Wahrheit war.

»Josef, gib mir reine Windeln!« sagte Maria aufgeregt. »Zieh deinen Kittel an!«

Während sie beide hastig das Kind versorgten, das ein frisches Hemd und reine Tücher, sein Haar gekämmt und sein Gesichtlein gewaschen bekam, während Josef seinen blauen, steif gestärkten Kittel anzog und sich die Erde von den Holzschuhen klopfte, wimmelte es dahinten von Menschen und Tieren und Lichtern und Farben und kam das Heer den Hügel herabgezogen.

Die Pauken donnerten und rasselten nun, daß der Boden

davon erbebte, die Posaunen schallten und schmetterten wie brechendes Kristall, und hell trippelte dazwischen die Heiterkeit der Flöten, gedämpfter klang das Blasen der Hörner und sanfter das Summen der schwirrenden Rohrpfeifen.

Und als die Krieger zu Tal gekommen waren, tauchten immer noch neue Scharen hinter dem Kamm des Hügels auf.

Die Pflüge standen verlassen und die Schafherden den Schäferhunden anvertraut; auf allen Wegen und quer übers Feld liefen die Bewohner von Bethlehem und der anderen Gemeinden dem nahenden Völkerzug entgegen. Das Heer zog sich auseinander, da die Wege zu schmal waren, und kam in riesengroßen Haufen in der Richtung des Stalles herangerückt.

Pferde und Fußvolk, rauhe Kamele und Elefanten mit hocherhobenen Rüsseln, gelbe, braune und graue Gesichter, nackte Mohrenleiber, die wie Mahagoniholz glänzten, prächtig ausstaffierte Reiter und gepanzerte Krieger, es mischte sich alles farbig und leuchtend durcheinander. Es war ein Hin- und Hergetanze der zartesten, grellsten und buntesten Töne und Farben, *ein* Auffunkeln und Widerstrahlen von Metallen, Seiden und Juwelen, und über dem dichten Gewimmel entfaltete der sanfte Ostwind die durchsichtigen, regenbogigen Drachenfahnen und die buntschillernden Wimpel.

Und hinten tief in der Mitte, wo alle Musik sich zusammenscharte, wo es wogte und summte, zitterte und schallte, über einem Wald von kupferbenagelten Lanzen, schimmerten auf hohem Elefantenrücken die Türme einer goldenen Pagodenkapelle, worin apfelrot ein blasser König saß, und dahinter, jeder auf einem Kamel in einem Halbmond orientalischer Teppiche, saßen die beiden andern.

Die kardinalrote Sonne, die den immer noch herzulaufenden Menschen der Umgebung das Gesicht mit ihrem warmen Rot bestrahlte, jubelte wie trunken ihr Abendgold in die kupfernen Harnische und Piken, die erzenen Posaunen, die silbernen Schilde und Helme und ins blinkende Zaumzeug der Pferde.

Langsam und abgemessen, mit orientalischer Trägheit, wie nach dem Schritt der Elefantenfüße, bumste und ballerte der Donner der Hunderte von Pauken, und langgezogen und schleppend erklang das Geschmetter der gellenden Posaunen, während eintönig-süß immer wieder die Pfeifen und Muscheln sich mengten unter das Getröpfel der hellen Flöten.

So kamen unter dem Dröhnen der Erde näher und näher die farbigen Scharen heran, wie eine ungeheure schwerfällig-langsame, doch unabwendbare Gewalt.

Maria wurde ängstlich wegen der nahenden Riesenhaftigkeit dieses blinkenden Heeres mit dunklen Gesichtern. Ihr Herz klopfte schnell, und sie keuchte, wie nach einer weiten Reise.

Sie konnte nichts denken oder wollen, sondern blieb wie gelähmt auf ihrem Stuhl, das plappernde Kind auf dem Schoß. Josef lief ein und aus, band sich sein seidenes, gelbgeblümtes Tuch um den Hals und wischte sich den tropfenden Schweiß von der Stirne. Doch auf ein Zeichen voreilender Berittener machte in etwa hundert Meter Abstand plötzlich der Zug von Reitern und Fußvolk halt, verstummten die Pauken und verklangen die Posaunen.

Es ward nun eine seltsame Stille, in der rauhe, befehlende Stimmen hin und her riefen, in der beklemmend der Klang der Waffen und Rüstungen hell in dem sinkenden Abend sich regte und das Wiehern der Pferde ihre Ungeduld verriet.

Auf das gegebene Zeichen eines kamelberittenen Hauptmanns machten die vordersten Reiter den Weg frei, um Kreuzdeut, gefolgt von den mächtigen Fürsten, durchzulassen.

Kreuzdeut rief etwas zu dem König hinauf, der auf dem hohen Elefanten saß, und wies mit seinem Stock auf den Stall.

»Da ist es!« hörte Maria ihn rufen. Mit einem seligen Lächeln des Stolzes um seinen zahnlosen Mund schritt er vorauf und nickte von weitem der bleichen Maria und dem bewegten Josef zu.

Einen halben Pfeilschuß vom Hüttlein entfernt, machten die Tiere halt und knieten hin, um die Könige absteigen zu lassen.

Maria stand auf, glättete die Falten ihres Kleides und wartete; Josef trat neben sie. Und da waren sie! Kreuzdeut voran, dann die Könige, allesamt umhüllt von schweren Balsamdüften. Der erste in Rot, der zweite in Gold und der dritte, der schwarze, in Mondscheingrün.

»Seht«, sagte Kreuzdeut, sein Haupt entblößend, als sie zu Maria gekommen waren, »edle Herren, da ist das Kindlein, wonach ihr mich gefragt habt, und das sind seine Eltern!« Dabei trat er zur Seite, sah stolz ein wenig umher, lauschte und sah dann mit vorgestrecktem Kopf auf die Könige. Der rote König machte eine langsame, tiefe, steife Verbeugung und trat vor.

Er trug um die schmalen Schultern einen apfelroten Samtmantel, mit Gold bestickt und mit Hermelin besetzt; auf seinem fahlen, glattgeschorenen Vogelkopf mit großer Adlernase und Korinthenaugen saß ein tischgroßer roter Hut, über dem die Zacken einer schweren, goldenen Krone blitzten. In seinen weißbehandschuhten Händen, auf denen eigroße, zitronengelbe Steine funkelten, hielt er ein silbernes

Kästlein, so vollgefüllt mit goldenem Schmuck, daß der Deckel offen stand.

Und er sagte mit bewegter Frauenstimme in gebrochenem Flämisch: »Verstattet uns, Euch zu grüßen! Das Kind, das Ihr in Euren Armen tragt, verehrungswürdige Mutter, ist der neue König, dessen Stern wir erwarteten und im Osten auf unserer Reise hierher dann gottlob! auch entdeckt haben. Euer Kind ist der König des Himmels und der Erde und aller kommenden Geschlechter, und obwohl er auf Euren Armen sitzt in Gestalt eines lieben Kindleins, erfüllt er doch mit seinem Geist alle Dinge, die wir sehen und nicht sehn; er ist der Scheitel des Himmels und der Träger der Welten, er ist Gott!

Für uns geringen Knechte, die sich nur daran erfreuen können, ihrem Herrn zu dienen und für ihren Herrn zu leiden, ist es das höchste Glück unseres Lebens, hier niederknien zu dürfen vor seinen göttlichen Füßen und Ihm durch unsere dürftigen Worte und durch die Darbietung dieser geringen Gaben huldigen, Ihn verehren und anbeten zu dürfen. Empfanget, o begnadete Mutter dieses Kindes, die schlichten Geschenke hier, die nur als Sinnbilder betrachtet werden wollen, denn all unsere Länder, unsere Weisheit und unsere Schätze erreichen noch nicht den Wert eines Haares von Eurem göttlichen Kind.

Darum wollet diese winzigen Zeichen aus unseren Knechteshänden annehmen... Mein Name ist Balthasar, und mir ist die Gunst gegeben, über die Länder zu herrschen, wo die Gewürze wachsen. Ich habe ein Buch geschrieben über das Kommen Eures Kindes. Die Sterne haben es mir heimlich offenbart.«

Er gab Josef das Kästlein. Alsdann entblößte er sein weißhaariges Haupt, nahm die schwere Krone vom Hut und hielt sie über das unschuldige Köpflein des Kindes; er schloß eine Weile die Augen, murmelte etwas zwischen den Zähnen, und mit dem Lachen eines, der alles Glück erreicht hat, setzte er die Krone wieder auf seinen Hut. Josef biß sich die Lippen, um die Tränen zurückzuhalten, und sah dabei mit dankbarer Verwunderung dem schönen Vorgang zu. Maria konnte vor Rührung kein Wort sagen. Sie stand da wie ein Wachsbild, so still und so weiß; diese Verehrung der mächtigsten Könige der Welt mit ihren Heerscharen, die hier im Grase gleich Knechten knieten, vor ihrem eigenen Fleisch und Blut, es überflutete und überwältigte sie und schnürte ihr die Dankesworte ab.

Nun nahte der König in dem goldenen Mantel. »Dies ist Kaspar«, erklärte König Balthasar. »Er herrscht dort, wo der Euphrat das Land durchadert und wo das irdische Paradies einst seine Fülle von Düften und Glück ausbreitete. Man nennt ihn den Völkerschmelzer, weil er hundertundsechs Kriege geführt hat und zwölfhundert Stämme unter seinem edlen Zepter glücklich leben läßt. Hunderttausend Maulesel können all das Gold nicht tragen, das in seinen zwanzig rosamarmornen Palästen mit hängenden Gärten ruht. Er kann nur wenig Flämisch.«

Der kräftige, weißbärtige König, klein unter der riesigen, purpurnen, juwelenbeblümten Tiara, schlug seinen brokatgoldenen, mit lachsrsoter Seide gefütterten Mantel auseinander, ein Rock von Spitzen, fein wie Spinnengewebe, reichte bis zu seinen purpurnen Schuhen. Er schnippte nur eben mit dem Zeigefinger auf den Daumen, und ein schwarz-grauer kleiner Mohr mit rosigen Handflächen, einen Ring in der Nase und das Haar geduldig in hundert Flechten geknüpft, reichte ihm ein goldenes Weihrauchfaß. Der König neigte sich ernst und fromm vor Maria und Josef, kniete nieder und ließ mit kurzem Schwenken den blauen Weihrauch süß vor dem Kinde emporwolken.

Zu gleicher Zeit kam der König der Mohren, umhüllt von krachender, goldgrüner Seide, durch die das Himmelsblau seines Gewandes hindurchschimmerte.

Eine breite Kette von fingerdickem Gold und schwer von Rubinenglanz ließ auf seiner Brust eine Sonne von wasserhellen Diamanten erstrahlen.

Die gebogenen Spitzen seiner Schuhe waren von gebranntem Silber, und auf seinem schneeweißen Turban wehte ein Busch von radieschenroten Federn.

Es duftete nach Krauseminze und köstlichem Öl, und Balthasar wußte von ihm zu sagen, daß er Melchior hieß und über die waldreichen Länder der Elefanten und Tiger herrschte, daß er vor allem bekannt war als Dichter und geschickt die Harfe spielte. Sein Land war so groß, daß, wenn es am einen Ende Abend war, am anderen die Mittagssonne kochte.

Melchior lachte, daß die Zähne in seinem von Öl blinkenden, braunen Gesicht blitzten. Er war wie eine geborstene Kastanie. Er sagte etwas in seiner fremden Sprache und überreichte einen kunstvoll geschnitzten Elfenbeinkelch, worin die bernsteingelben Myrrhenkörner blinkten. Er küßte mit seinen weißen Zähnen das rosige Füßlein des Kindes und kniete dann nieder. Auch Balthasar setzte sich in betender Haltung neben Kaspar, und Kreuzdeut beugte ein Knie ins Gras und faltete seine schmutzigen Hände.

Nun war eine Stille bis weit in die Reihen der Menschen und Krieger. Der Lauf des Bächleins war im Schilfe hörbar, und irgendwo in einem Obstgarten versuchte eine Meise ein Lied zu flöten.

Der Hauch des Windes bewegte die Fahnen.

Mit dem Verschwinden der Sonne verfärbte das Himmelsrund sich zu Stahlblau, und im Osten, in purpurnem Dunst, kam ein blasser Stern zum Vorschein.

Maria saß da mit geschlossenen Augen, während das Kind mit einem Knopf ihres Mieders spielte. Josef, die Schätze der Könige in seinen Armen, bewunderte immer noch, rot von Glück, das herrliche Aussehen der Heere und Könige und betete.

Plötzlich erschien der Komet milchblaß im samtenen Blau des wachsenden Abends. Tausende Hände wiesen zur höchsten Höhe der Luft.

Auf einmal kam Bewegung unter das Soldatenvolk und die Leute aus der Umgegend. Die Soldaten, die nun schon so lange, Tag und Nacht, durch Kälte und Wind und Schnee marschiert waren und ihre herrlichen Länder voll Sonne und saftiger Frucht und schöner Frauen verlassen hatten, um ihre Fürsten zu dem neugeborenen König zu geleiten, brannten vor Begierde, auch das Wesen schauen zu dürfen, wovon sie sich Wunder erzählt hatten während der langen Wanderung und beim roten Schein der Wachfeuer.

Ihre steigende Neugierde wühlte unruhig in ihrem Leibe; und den Nacken müde vom Über-die-Köpfe-sehn-Wollen, die Füße steif vom Stehn auf den Zehen oder in den Steigbügeln, wurden sie so ungeduldig, daß sie die Zucht ihrer Obersten vergaßen. Der eine drängte sich etwas nach vorn, ein anderer wußte sich einige Meter weiterzuschieben, es entstand ein Gedränge und Gestoße, lautes Sprechen, das zu Geschrei wuchs, und großer Tumult von bewaffneten Menschen, und auf einmal schoß vor Ungeduld alles miteinander hastig nach vorn, und sogleich war der Stall ganz dicht von drängenden Männern umringt. Sie hingen in den Bäumen, stiegen auf das einbrechende Dach, standen einander auf den Schultern und kletterten auf Elefanten- und Kamelrücken.

Als nun die Soldaten selber die Ordnung durchbrachen, machten die Dorfleute sich das zunutze, um auch von nahebei die Könige und das Kind zu sehen, und neben einem schwarzen Hauptmann stand eine blühende Bäuerin, oder junge Mädel hielten sich an den Schultern dieser wilden Männer fest, um besser auf ihren Zehen stehn zu können.

Die Könige, gestört in ihrer stillen, frommen Anbetung, sahen zornig auf. Balthasar erhob sich und begann einem kopflosen Obersten böse Worte zuzuschreien, aber die Worte blieben ihm in der Kehle stecken. Er begriff ihrer aller Wunsch. Er strich sich das Kinn und dachte, die Brauen hochziehend, darüber nach, wie er diese tausend Menschen schnell befriedigen könnte. Ein guter Gedanke zuckte in ihm auf. Er gebot mit seiner Hand Ruhe und wendete sich zu Maria. Diese war aufgestanden, erschreckt durch den plötzlichen Andrang, und hatte das Kind fest in ihre Arme genommen, um es nötigenfalls gegen jede Gewalt zu beschirmen. Auch Josef sah in tiefem Ernst auf diese drängenden Kriegerhaufen.

»Habt keine Angst!« sagte Balthasar, lächelnd wegen ihrer eitlen Besorgnis. »Ihr seht doch, wie diese braven Leute danach verlangen, Euer Kind, unser aller König, zu sehen; verstattet mir, Euch zu fragen, ob ich es ihnen zeigen darf?« Maria verstand ihn nicht recht, aber da er seine Arme ausstreckte, gab sie ihm das Kind.

Er trat nun auf eine gefällte Ulme und hob das kleine Wesen, so hoch er nur konnte, über seinen Kopf zu dem Volke hin.

Ein Schauer lief durch diese Tausende von Menschen, als sie in den weißen Königshänden ein zappelndes, rosiges Kindlein mit bloßen Füßen und hängenden Windeln sahen.

In einer gewaltigen Stille von Verwunderung, Staunen und Verehrung erhob ein Krieger seine Posaune und blies;

und wie auf Verabredung schmetterten nun auf einmal alle Posaunen los, dröhnten donnernd die Pauken und summten wie Millionen Bienen die Muscheln, die Gonge und die Flöten.

Es war ein Gejauchze und Fahnenschwenken, und die plötzlich hervorbrechende Huldigung vor dem neugeborenen König der Welt jubelte herrlich, schwellend-singend, mächtig ansteigend, begeistert, wie ein Orkan von Freude über das schöne flandrische Land.

Während die Krieger nun verstreut umherliefen, die einen in Bethlehem, wo sie nicht genug Bier fanden, die anderen auf den Höhen, wo sie sich Speck mit Eiern und Milch vorsetzen ließen, wieder andere bei den hundert mit Ochsen bespannten Wagen, wo sie ihren Pferden und Reittieren Futter geben konnten, saßen die drei Könige nebeneinander auf dem Baumstamm und plauderten vertraulich mit Maria, Josef und Kreuzdeut, wie gute alte Kameraden. Der halbe Mond, der den ganzen Tag der Sonne gefolgt war, bekam in der dunkelnden Luft einen gelben Goldfischschein und gab den Dingen einen zarten Schatten.

Die Ferne verfloß in Purpur, und Sterne leuchteten auf. Der Abend kam voller Güte. Dunkel und riesengleich sah Maria die Gestalten der drei Könige gegen den lichten Abendhimmel gezeichnet. Sie sah, wie der Glanz und die Farbe ihres Schmuckes und ihrer Kleider fahl wurden, aber auf den Glatzkopf Kaspars, dessen Tiara zu seinen Füßen stand, legte der Mond einen sanften Schimmer. Die süßen Balsamdüfte wallten üppig aus ihren Kleidern. Neben ihr stand Josef mit gefalteten Händen, und Kreuzdeut lehnte, in langen Zügen rauchend, am Türpfosten, während Maria dunkelblau vor dem weißgekalkten Giebelchen ruhte. Das Kind lag, in den schottischen Schal gewickelt, schlafend in ihrem Schoß, und bleich waren ihre langen Hände und ihr schlichtes Antlitz, worin die olivgrünen Augen dunkel träumten.

Und in der abendlichen Stille, die alle Dinge umschlich, lauschten sie demütig auf Balthasar, der behaglich seine Reise erzählte, unterbrochen durch kindliche Fragen Kreuzdeuts und verwundertes, leises Rufen von Josef.

Und so kam es, daß auch Maria, durch Fragen bestürmt, das Wunder der Verkündigung und der Geburt erzählte. Groß wurden die Augen der mächtigen Fürsten, und mit offenem Munde hörten sie die schönen, übernatürlichen Ereignisse an.

Als sie schwieg und der Friede der Felder ihre Herzen zum Reden brachte, knieten die Weisen aus dem Morgenlande vor ihren Füßen nieder und küßten in hoher Anbetung den Saum ihres Kleides.

Als sie davonzogen nach ihrem Morgenland, in Mondschein und Fackellicht, und jeder König ein Stück Windel von dem Kinde als eine heilige Reliquie sorgfältig bei sich trug, traten sie, ohne es zu wollen, all die hohe seelische Freude Marias entzwei und stießen ihr einen Dolch ins Herz, indem sie sagten: »Nun wollen wir noch zu Herodes gehn und ihm melden, wo sich Euer Kind befindet, damit er nach seinem Versprechen dieser Tage auch das Kind besuchen und anbeten kommt.«

Maria hatte nichts zu sagen gewagt, und nun saß sie da, das Herz von Schrecken umkrampft.

»Ach, Josef«, seufzte sie, »wären wir nur weit, weit weg!«

Kreuzdeut schüttelte seinen Kopf und sagte unheilverkündend: »Herodes ist zu allem imstande!«

Josef wollte beruhigen, aber die Angst machte, daß ihm die Worte bebten.

Es herrschte eine beklemmende Stille.

In den Häusern wurden nach und nach die Lichter ausgelöscht, die Sterne flimmerten klarer und einsamer in der Nacht; und wie etwas, das sich verzehrt und dahingeht, erhob der Nebelschweif des Kometen seine Blässe in die Luft.

Dann und wann wehte bei einem fröstelnden Windstoß noch verloren Posaunenschall zu ihnen hin.

»Ich geh schlafen«, sagte Kreuzdeut etwas gequält, »bis morgen!«

»Wie Gott will«, sagten die beiden in einem Seufzer.

Und noch in derselben Nacht, nachdem Josef in seinem Traum einen großen Engel gesehen hatte, der verzweifelt, gebietend sagte: »Flieht! denn Herodes wird das Kind suchen, um es zu töten!«, als der Mond, rotgebrannt, sich auf die schlafenden Hügel legte, zogen sie weg mit dem nötigsten Gerät, Maria und das Kind auf dem geduldigen Eselein und Josef voranziehend, immerfort betend, in der Richtung des Polarsternes.

Felix Timmermans

Worüber das Christkind lächeln mußte

Als Josef mit Maria von Nazareth her unterwegs war, um in Bethlehem anzugeben, daß er von David abstamme, was die Obrigkeit so gut wie unsereins hätte wissen können, weil es ja längst geschrieben stand, – um jene Zeit also kam der Engel Gabriel heimlich noch einmal vom Himmel herab, um im Stalle nach dem Rechten zu sehen. Es war ja sogar für einen Erzengel in seiner Erleuchtung schwer zu begreifen, warum es nun der allererbärmlichste Stall sein mußte, in dem der Herr zur Welt kommen sollte, und seine Wiege nichts weiter als eine Futterkrippe. Aber Gabriel wollte wenigstens noch den Winden gebieten, daß sie nicht gar zu grob durch die Ritzen pfiffen, und die Wolken am Himmel sollten nicht gleich wieder in Rührung zerfließen und das Kind mit ihren Tränen überschütten, und was das Licht in der Laterne betraf, so mußte man ihm noch einmal einschärfen, nur bescheiden zu leuchten und nicht etwa zu blenden und zu glänzen wie der Weihnachtsstern.

Der Erzengel stöberte auch alles kleine Getier aus dem Stall, die Ameisen und Spinnen und die Mäuse, es war nicht auszudenken, was geschehen konnte, wenn sich die Mutter Maria vielleicht vorzeitig über eine Maus entsetzte! Nur Esel und Ochs durften bleiben, der Esel, weil man ihn später ohnehin für die Flucht nach Ägypten zur Hand haben mußte, und der Ochs, weil er so riesengroß und so faul war, daß ihn alle Heerscharen des Himmels nicht hätten von der Stelle bringen können.

Zuletzt verteilte Gabriel noch eine Schar Engelchen im Stall herum auf den Dachsparren, es waren solche von der kleinen Art, die fast nur aus Kopf und Flügeln bestehen. Sie sollten ja auch bloß still sitzen und achthaben und sogleich Bescheid geben, wenn dem Kinde in seiner nackten Armut etwas Böses drohte. Noch ein Blick in die Runde, dann hob der Mächtige seine Schwingen und rauschte davon.

Gut so. Aber nicht ganz gut, denn es saß noch ein Floh auf dem Boden der Krippe in der Streu und schlief. Dieses winzige Scheusal war dem Engel Gabriel entgangen, versteht sich, wann hatte auch ein Erzengel je mit Flöhen zu tun!

Als nun das Wunder geschehen war, und das Kind lag leibhaftig auf dem Stroh, so voller Liebreiz und so rührend arm, da hielten es die Engel unterm Dach nicht mehr aus vor Entzücken, sie umschwirrten die Krippe wie ein Flug Tauben. Etliche fächelten dem Knaben balsamische Düfte zu und die anderen zupften und zogen das Stroh zurecht, damit ihn ja kein Hälmchen drücken oder zwicken möchte.

Bei diesem Geraschel erwachte aber der Floh in der Streu. Es wurde ihm gleich himmelangst, weil er dachte, es sei jemand hinter ihm her, wie gewöhnlich. Er fuhr in der Krippe herum und versuchte alle seine Künste und schließlich, in der äußersten Not, schlüpfte er dem göttlichen Kinde ins Ohr.

»Vergib mir!« flüsterte der atemlose Floh, »aber ich kann nicht anders, sie bringen mich um, wenn sie mich erwischen. Ich verschwinde gleich wieder, göttliche Gnaden, laß mich nur sehen, wie!«

Er äugte also umher und hatte auch gleich seinen Plan. »Höre zu«, sagte er, »wenn ich alle Kraft zusammennehme, und wenn du still hältst, dann könnte ich vielleicht die Glatze des Heiligen Josef erreichen, und von dort weg kriege ich das Fensterkreuz und die Tür ...«

»Spring nur!« sagte das Jesuskind unhörbar, »ich halte stille!«

Und da sprang der Floh. Aber es ließ sich nicht vermeiden, daß er das Kind ein wenig kitzelte, als er sich zurechtrückte und die Beine unter den Bauch zog.

In diesem Augenblick rüttelte die Mutter Gottes ihren Gemahl aus dem Schlaf.

»Ach, sieh doch!« sagte Maria selig, »es lächelt schon!«

Karl Heinrich Waggerl

Der störrische Esel und die süße Distel

Als der Heilige Josef im Traum erfuhr, daß er mit seiner Familie vor der Bosheit des Herodes fliehen müsse, in dieser bösen Stunde weckte der Engel auch den Esel im Stall.

»Steh auf!« sagte er von oben herab, »du darfst die Jungfrau Maria mit dem Herrn nach Ägypten tragen.«

Dem Esel gefiel das gar nicht. Er war kein sehr frommer Esel, sondern eher ein wenig störrisch im Gemüt. »Kannst du das nicht selber besorgen?« fragte er verdrossen. »Du hast doch Flügel, und ich muß alles auf dem Buckel schleppen! Und warum denn gleich nach Ägypten, so himmelweit!«

»Sicher ist sicher!« sagte der Engel, und das war einer von den Sprüchen, die selbst einem Esel einleuchten müssen.

Als er nun aus dem Stall trottete und zu sehen bekam, welch eine Fracht der Hl. Josef für ihn zusammengetragen hatte, das Bettzeug für die Wöchnerin und einen Pack Windeln für das Kind, das Kistchen mit dem Gold der Könige und zwei Säcke mit Weihrauch und Myrrhe, einen Laib Käse und eine Stange Rauchfleisch von den Hirten, den Wasserschlauch, und schließlich Maria selbst mit dem Knaben, auch beide wohlgenährt, da fing er gleich wieder an, vor sich hinzumaulen. Es verstand ihn ja niemand außer dem Jesuskind.

»Immer dasselbe«, sagte er, »bei solchen Bettelleuten! Mit nichts sind sie hergekommen, und schon haben sie eine Fuhre für zwei Paar Ochsen beisammen. Ich bin doch kein Heuwagen«, sagte der Esel, und so sah er auch wirklich aus, als ihn Josef am Halfter nahm, es waren kaum noch die Hufe zu sehen.

Der Esel wölbte den Rücken, um die Last zurechtzuschieben, und dann wagte er einen Schritt, vorsichtig, weil er dachte, daß der Turm über ihm zusammenbrechen müsse, sobald er einen Fuß voransetze. Aber seltsam, plötzlich fühlte er sich wunderbar leicht auf den Beinen, als ob er selber getragen würde, er tänzelte geradezu über Stock und Stein in der Finsternis.

Nicht lange, und es ärgerte ihn auch das wieder. »Will man mir einen Spott antun?« brummte er. »Bin ich etwa nicht der einzige Esel in Bethlehem, der vier Gerstensäcke auf einmal tragen kann?«

In seinem Zorn stemmte er plötzlich die Beine in den Sand und ging keinen Schritt mehr von der Stelle.

»Wenn er mich jetzt auch noch schlägt«, dachte der Esel erbittert, »dann hat er seinen ganzen Kram im Graben liegen!«

Allein, Josef schlug ihn nicht. Er griff unter das Bettzeug und suchte nach den Ohren des Esels, um ihn dazwischen zu krauen. »Lauf noch ein wenig«, sagte der Heilige Josef sanft, »wir rasten bald!«

Daraufhin seufzte der Esel und setzte sich wieder in Trab. »So einer ist nun ein großer Heiliger«, dachte er, »und weiß nicht einmal, wie man einen Esel antreibt!«

Mittlerweile war es Tag geworden und die Sonne brannte heiß. Josef fand ein Gesträuch, das dürr und dornig in der Wüste stand, in seinem dürftigen Schatten wollte er Maria ruhen lassen. Er lud ab und schlug Feuer, um eine Suppe zu kochen, der Esel sah es voll Mißtrauen. Er wartete auf sein eigenes Futter, aber nur, damit er es verschmähen konnte. »Eher fresse ich meinen Schwanz«, murmelte er, »als euer staubiges Heu!«

Es gab jedoch gar kein Heu, nicht einmal ein Maul voll Stroh, der Heilige Josef in seiner Sorge um Weib und Kind hatte es rein vergessen. Sofort fiel den Esel ein unbändiger

Hunger an. Er ließ seine Eingeweide so laut knurren, daß Josef entsetzt um sich blickte, weil er meinte, ein Löwe säße im Busch.

Inzwischen war auch die Suppe gar geworden und alle aßen davon, Maria aß und Josef löffelte den Rest hinterher und auch das Kind trank an der Brust seiner Mutter, und nur der Esel stand da und hatte kein einziges Hälmchen zu kauen. Es wuchs da überhaupt nichts, nur etliche Disteln im Geröll.

»Gnädiger Herr!« sagte der Esel erbost und richtete eine lange Rede an das Jesuskind, eine Eselsrede zwar, aber ausgekocht scharfsinnig und ungemein deutlich in allem, worüber die leidende Kreatur vor Gott zu klagen hat. »I-A!« schrie er am Schluß, das heißt: »so wahr ich ein Esel bin!«

Das Kind hörte alles aufmerksam an. Als der Esel fertig war, beugte es sich herab und brach einen Distelstengel, den bot es ihm an.

»Gut!« sagte der Esel, bis ins Innerste beleidigt. »So fresse ich eben eine Distel! Aber in deiner Weisheit wirst du voraussehen, was dann geschieht. Die Stacheln werden mir den Bauch zerstechen, so daß ich sterben muß, und dann seht zu, wie ihr nach Ägypten kommt!«

Wütend biß er in das harte Kraut, und sogleich blieb ihm das Maul offen stehen. Denn die Distel schmeckte durchaus nicht, wie er es erwartet hatte, sondern nach süßestem Honigklee, nach würzigstem Gemüse. Niemand kann sich etwas derart Köstliches vorstellen, er wäre denn ein Esel. Für diesmal vergaß der Graue seinen ganzen Groll. Er legte seine langen Ohren andächtig über sich zusammen, was bei einem Esel so viel bedeutet, wie wenn unsereins die Hände faltet.

Karl Heinrich Waggerl

Der Weg ist weit, weit!

Es ist viele, viele, viele Jahre her – damals, das Jesuskind ist gerade ein Jahr alt – da hat es Unruhe und Revolution gegeben und ich weiß nicht was. In der Stadt, wo Sankt Josef und die Gottesmutter leben, klopft es am Abend an die Tür. Klopft und klopft. Sagt Maria zu Josef: »Schau hinaus, wer da ist!«

Josef geht und schaut: Das steht ein Hirt und sagt: »Laß mich schnell hinein, damit mich niemand sieht!«

Er geht hinein und man fragt: »Nun, was denn so spät?« – Sagt der Hirt: »O böse, böse, böse, alles Böse auf Fremde! Morgen nacht werden alle umgebracht. Schnell, schnell, schnell, kommt mit! Ich werde euch führen, wo euch niemand erwischt.«

Sankt Josef und die Gottesmutter nehmen das Jesuskind und was sie haben, und dann – scht, scht... – ganz leise schleichen sie fort, aus der Stadt hinaus.

Zu einem Stall führt sie der Hirt. Und dort ist noch ein Hirt und noch ein Hirt, ein ganz alter. Und der Alte sagt: »Den Tag über könnt ihr hier im Stall bleiben, aber ganz leise, leise! Nicht hinausschauen! Und am Abend, wenn es ganz finster ist, müßt ihr fort, ganz weit weg! Sonst: krcht!« [Geste des Kehledurchschneidens.]

Gut; sie sind einen ganzen Tag im finsteren Stall geblieben. Am Abend ist der alte Hirt gekommen und auch der junge. Hier: Sie bringen einen Esel und eine Ziege.

»Da ist ein Esel für die junge Frau und das Kind! Da ist eine Ziege, die gibt Milch für das Kind. Da ist ein Sack mit Maisfladen. So, der Weg ist weit, weit!«

Der junge Hirt führt sie bis zum Wald, wo ein Steig in die Berge hinaufführt.

Dort bleibt er stehen und sagt: »Da geht hinauf, leise,

leise – und nicht stehenbleiben! Die Männer sind böse, böse, böse. – Gute Reise!«

Josef führt den Esel, auf dem Maria mit dem Kind sitzt; die Ziege läuft hinterher. Der Weg ist schlecht, schlecht. Und dann ist es finster, ganz finster: Man sieht überhaupt nichts. Man sieht keinen Weg, nichts.

Da schau! Da steht doch jemand im Finstern...

Josef sagt: »Wer ist da? Wer bist du?« – Sagt der: »Leise, leise sprechen! Ich bin der Engel Gabriel. Ich werde euch über das Gebirge führen.« – »Ja«, sagt Sankt Josef, »gut, aber ich sehe nichts, ich sehe nichts, gar nichts.« – »Gut«, sagt der Engel Gabriel, »ich werde Licht machen. Ein Licht nur für euch! Die Bösen werden es nicht sehen können.« – »Gut, gut, gut!«

Der Engel, was macht er? Er zündet einen Finger an. An der einen Hand hat er sechs Finger: eins, zwei, drei, vier, fünf, sechs.« [Geste des Erzählers.] – »Den da zündet er an.«

Der Finger brennt wie eine Fackel. Man sieht gut und kann gut gehen. Auch der Esel sieht gut und die Ziege sieht gut. Nur die Bösen sehen nichts, gar nichts.

Der Weg ist steil; man geht und geht und geht. Als es hell wird, ist man oben auf dem Gebirge. Dort sagt der Engel: »Halt! Josef müde, Maria müde, Jesuskind müde, Esel müde, Ziege müde. Hier könnt ihr schlafen. Ich bin nicht müde und werde wachen, aufpassen.«

Und er hilft Josef, er hilft Maria ein Lager bereiten, dem Kind zu essen geben, den Esel füttern, die Ziege anbinden. Dann schlafen alle, nur der Engel Gabriel schläft nicht. Er schaut und paßt auf.

Am Abend, als es finster wird, weckt der Engel alle, alle auf: »So, jetzt müssen wir laufen! Schnell laufen und leise laufen!«

Und er hilft alles verpacken, zündet seinen Finger an und leuchtet den Berg hinunter. Ja!

So laufen sie die ganze Nacht, am Tage schlafen sie und laufen wieder in der Nacht. Eine Nacht, zwei Nächte, viele Nächte...

Dann auf einmal kommen sie an einen großen Fluß, der heißt Nil, und dort ist eine große Stadt.

Sagt Sankt Josef: »Hier könnten wir bleiben, hier könnte ich arbeiten.«

Sagt der Engel Gabriel: »Nein, hier können wir nur ganz kurz bleiben. Die Soldaten werden auch hierher kommen und viel kaputt machen. Viele, viele böse Menschen!«

Sagt Sankt Josef: »Aber der Esel ist fast krank und die Ziege hat wunde Füße, sie kann kaum mehr laufen und er auch nicht.«

Der Engel: »Verkauf du den Esel! Ich besorge ein Boot. Wir werden den Fluß hinauffahren und die Ziege mitnehmen. Das ist bequem für die Muttergottes und das Jesuskind. Ich werde ein schönes, schönes Boot bringen.« –

»Gut«, sagt Josef, »das wird besser sein als die ewige Lauferei.«

Josef hat seinen Esel auf dem Markt verkauft. Er hat nicht viel Geld bekommen, denn das Tier ist müde und abgetrieben.

Als er zurückkommt ans Ufer, wo er Frau und Kind gelassen hat, ist schon der Engel da. Er hat ein schönes, großes Boot besorgt mit einem Dach aus Palmwedeln. Und Essen hat er auch gebracht: Brot, Früchte, Gemüse.

»Wir werden Fische fangen und leben wie im Paradies«, sagt der Engel. – »Fische fangen?« sagt Josef. »Wie macht man das? Ich habe noch nie Fische gefangen.« – »Du wirst sehen! Du brauchst nur ins Wasser hineinzugreifen!« sagt Gabriel.

»Ach was?« denkt Sankt Josef. »Meint er das wirklich oder will er sich mit mir einen Spaß machen?«

Aber er hat vorsichtig ins Wasser hineingefaßt, langsam, langsam. Und da: Er hat einen Fisch in der Hand! – »Gut, gut!« sagt er. »Das Fischen ist ja leicht, ganz leicht!«

Das Boot aber ist ganz von selber gefahren, ganz allein; man hat nicht rudern müssen, man hat keine Segel gebraucht. Ganz von allein ist es stromaufwärts gefahren… als zöge jemand.

Am Abend hat man eine Bucht gesehen. Da sagt Gabriel: »Hier werden wir über Nacht bleiben.« – »Hier?« sagt Sankt Josef. »Du, Lieber, schau doch einmal, was für ein Haufen Krokodile da sind!« – »Keine Angst! Wartet nur hier!«

Und der Engel Gabriel ist aus dem Boot ins Wasser gestiegen und hat es aufs Ufer geschoben; dann ist er zu den Krokodilen hinüber gegangen. Dort hat er »kscht« gemacht und gesagt: »Geht fort! Hier können wir euch heute nacht nicht brauchen. Morgen könnt ihr meinetwegen wieder hierher kommen.«

Und die Krokodile laufen ins Wasser und schwimmen weg, weit weg.

Josef aber hat ein Feuer angezündet und die Fische gebraten; die Ziege haben sie an einen Baum gebunden und dann haben sie geschlafen. Und so haben sie es auch weiter gemacht, viele, viele Tage und viele, viele Nächte.

Und dort, wo der Fluß aus den Bergen kommt, hat Gabriel das Boot angehalten und hat gesagt: »Hier könnt ihr bleiben. Hier sind gute Menschen. – Du kannst eine Hütte bauen, Josef, und du kannst auch für andere Menschen Hütten bauen, das verstehst du ja gut, so gut.«

Und so sind sie dort geblieben: die Gottesmutter, das Jesuskind und Sankt Josef.

Viele, viele Jahre sind sie dort geblieben, bis eines Tages der Engel Gabriel kommt und sagt: »Also jetzt könnt ihr wieder heim. Die Bösen sind tot – nicht alle, aber viele.«

Aber das ist wieder eine andere Geschichte.

Ein Märchen aus Curaçao

Die Jungfrau Maria und die Sämänner

Als die Jungfrau Maria mit ihrem Kind und dem heiligen Joseph nach Ägypten floh, kam sie an einem Feld vorbei, auf dem säten Männer.

»Was sät ihr?« fragte sie.

»Wir säen Steine«, antworteten sie zum Spott.

»Dann soll eure Ernte auch Stein sein.«

Und kurz darauf war das ganze Feld mit Steinen besät.

Ein Stück Weges weiter traf sie wieder auf Männer, die säten.

»Was sät ihr?« fragte die Jungfrau Maria sie.

»Wir säen Weizen«, antworteten sie freundlich.

»Dann sollt ihr Weizen ernten, sobald ihr gesät habt.«

Und so geschah es. Kaum hatten die Männer die letzten Samenkörner ausgestreut, da stand schon der Weizen auf dem Felde und wartete auf die Sense, und sie fingen an zu mähen. Eine so reiche Ernte, wie es sie nie gegeben hatte!

Während sie so arbeiteten, kamen auf schnellen Pferden die Juden vorbei, die verfolgten die Heilige Familie. Als die die erste Gruppe der Männer sahen, fragten sie sie, ob sie eine Frau mit einem Kind und einem Mann und einem Esel hätten vorbeigehen sehen. Ja, die seien vor wenigen Stunden vorbeigezogen und konnten noch nicht weit sein. Ein Stück weiter trafen sie die anderen Männer, die singend den Weizen mähten. Die Juden richteten an sie die gleiche Frage.

»Ja, die sind hier vorbeigezogen, als wir den Weizen säten.«

»Dann ist es schon lange her, und es können nicht die sein, die wir suchen.«

Sie kehrten also mit verhängten Zügeln um. Auf diese

Weise wurden die Jungfrau Maria, das Jesuskind und der heilige Joseph vor ihren Verfolgern gerettet.

Ein Märchen aus Portugal

Die Flucht

Josef drehte die Laterne aus.

Der Morgen brach an. Das Licht siebte hartnäckig durch den eiskalten Nebel, der wie ein wasserloses Meer über der Welt lag und alle Sicht und allen Laut verborgen und ertränkt hielt.

Und sie waren noch immer im Walde.

Gestern abend hatten sie ihn betreten. Bei dem armseligen Licht der Hornlaterne waren sie dann weitergeschritten, und nun der Morgen von neuem die Erde überzog, war immer noch nichts als Wald und Bäume. Es nahm kein Ende. Immer Bäume und nochmals Bäume, die überall totenstill aus dem schweren Nebel hervorspukten und sogleich wieder darin verschwanden.

Josef rieb sich das Eis aus dem Bart und sprach zu Maria, die, auf dem guten Esel sitzend, das Gesicht ihres schlafenden Kindes behauchte:

»Es wird ein neuer Tag... Wo sollen wir uns heute verstecken?«

»Ich weiß es nicht«, seufzte Maria, »laß uns nur weitergehn, bis wir aus dem Walde heraus sind.«

Sie gingen weiter und schwiegen.

Doch nach und nach verdünnte und verflüchtigte sich der Nebel, und auf einmal, unerwartet, wo die Wolkenbank zu Ende war, standen sie im Licht der frühen Sonne. Und Josef und Maria sahen verwundert rings um sich her die Schönheit, die sie umschloß und überwältigte.

Der Frost hatte die Nebel zu Eis gemacht. Der Reif hatte seine jungfräuliche Reinheit um alle Dinge gewoben.

Die schwarzen, feuchten Bäume, sie waren von Kopf zu Fuß in Weiß gezaubert; jeder Ast, jeder Zweig, das Gras und das Moos, der Efeu und das Schilf, was es auch sei, es stand alles von oben bis unten schneeweiß behaart, kristallbesternt, glitzernd benadelt und silbern beflaumt.

Über diese ganze heilige weiße Pracht sang die ferne Sonne eine spärliche goldene Klarheit, die einen zaghaften perlmutternen Schatten gab.

In dieser verfließenden, goldumsummten, weißen Waldesstille gingen Maria und Josef mit ihrem Kind, und der Esel. Das ernste Blau ihrer Mäntel wurde gemildert durch die Tüpfchen des Reifes, und der Kopf des Esels war lustig silberübersprüht.

Das Licht und all dies zart-farbige Weiß hellten eine Weile ihr angstvolles Herz auf, und die dunkle, beschwerliche Waldesnacht war schon wieder vergessen.

»Wir sind aus dem Wald heraus!« jauchzte Josef. Er zeigte auf das blaßbereifte Feld, das sich hinter den letzten Bäumen lichtweit ausbreitete, unter einer weichblauen Luft mit verschwommen rosigem Horizont.

Und munter schritten sie dahin, auf das beeiste Dach eines einsamen, langen, flachen Hofes zu, der halb hinter einer Wolke von weißen Bäumen versteckt lag...

Eine große alte Frau, mit schmalen Schultern und breiten Hüften, das Haar sauber zur Seite gekämmt, trat, die mageren Hände über dem Leib gefaltet, in die niedrige Türöffnung, als sie die beiden auf dem schmalen Pfad herannahen sah. Und je näher sie kamen, um so mehr verschwand die zögernde Freude auf ihrem knochigen Gesicht.

Während Maria auf dem Esel sitzen blieb, erzählte Josef, den Hut in der Hand, daß Herodes nach ihnen suchte, um das Kind zu töten. Das sei der Grund, warum sie wie Räuber und Diebe sich nur bei Nacht auf die Landstraße wagten und sich bei Tage irgendwo in einem Winkel verborgen hielten, oder bei gastfreien Menschen, wie Gott es fügte.

So wären sie nun tagelang durch Flecken und Dörfer gezogen, voller Furcht und Angst, und jetzt wollen sie fragen, ob nicht in der Scheune ein Plätzchen wäre, nur eine Schürze groß, wo sie bleiben könnten, bis es Abend würde, um dann wieder weiterzuziehn, zum Meer, das sie in sichere Gegenden bringen würde.

Der alten Frau trat der Kummer auf die schmalen Lippen. Sie hatte großes Mitleid mit diesen umherirrenden Leuten, doch sie zauderte, sie dachte an den rachsüchtigen Herodes, der auch sie gewiß treffen würde, wenn er erführe, daß sie diese Leute beherbergte. Aber als sie Maria sah, so bleich und so müde, und doch so geduldig, schon Mutter und fast noch ein Kind, da dachte sie an ihre einzige Tochter, die schon früh betrogen ward und vor Scham und Angst mit dem Knecht geflüchtet war und seitdem nichts mehr von sich hatte hören lassen. Sie wußte, was sie zu tun hatte. »Kommt herein und trinkt Kaffee!«

Es war schon spät am Morgen. Noch saß Maria, den Kopf hintenüber und das Kind im Schoß, auf einem Stuhl an der Wärme des Herdes und schlief.

Ihr Kopf blühte blaß auf aus dem Herddunkel, die gespannte Kehle war noch blasser von den vielen zartblauen Adern.

Josef schlief mit dem Kopf auf der Tischdecke.

Die Frau saß in ihrem dicken, olivgrünen Tuchkleid aufgerichtet beim Fenster und strickte an einem radieschenroten Strumpf. Sie hatte eine Brille aufgesetzt, um die Maschen zu zählen, aber sie sah darüber hin und wandte kein Auge von Maria.

Es war ruhig und still in der niedrigen Stube, die einen matten Widerschein der weißen Landschaft trug. Um den großen Tisch herum ringelte sich auf den roten Steinen ein Kränzlein weißen Sandes; das Kupfer stand anmutig gegen die bläulichen Wände, und hinter dem runden Fensterchen der Standuhr ticktackte der schwere Pendel langsam hin und her.

Und die alte Frau legte die Stricknadeln hin, sie dachte an die junge Mutter, die so viel litt für ihr Kind, und sie dachte an ihre eigene Tochter, die in der Fremde umherirrte mit ihrem Kleinen.

Diese Tochter war der Kummer ihrer alten Tage, nicht weil sie in Schande geraten war, das hatte sie schon längst vergessen und vergeben, sondern weil sie nicht hier war und nicht zurückkam in dieses Haus, wo alles sie erwartete.

Tag für Tag saß die alte Frau in der eitel hoffenden Erwartung, sie dahinten auf dem Pfade kommen zu sehn, so wie sie Maria hatte kommen sehn.

Jede Stunde murmelten ihre Lippen neue Gebete, und in der Stille, wenn sie sich allein wußte, strickte sie wollene Strümpfe für das Kind, dessen Großmutter sie war. Das Bett der Tochter blieb fertig für sie gemacht, und jeden Montag bürstete sie nach alter Gewohnheit ihre Sonntagskleider. Aber sie kam nicht.

Und nun an diesem Morgen hatte ihr Herz gehüpft vor Freude, als sie eine junge Frau auf einem Esel, geführt von einem alten Mann, ihrem Hause sich nähern sah.

Aber es waren ach! fremde Leute, die wie Hunde gehetzt wurden.

Wann, o wann, würde sie für ihre Tochter und das Kind auch einmal weiße Butterbrote schneiden können, so wie sie es für diese bettelarmen Menschen heute morgen getan?

Als Maria wach wurde, saß die alte Frau da und weinte in ihre mageren Hände. Maria war davon betroffen, sie ging hastig zu der Frau, löste liebreich die Hände von den weinenden Augen und fragte: »Ist es meine Schuld, daß Ihr weint?«

»Ach«, seufzte die Alte, indem sie Maria durch die dicken Tränen wehmütig ansah, »es ist nichts, es ist ein alter Kummer, der wieder aufkommt, wenn ich Euch sehe.«

Maria schwieg zartfühlend. Die Frau schüttelte hoffnungslos den Kopf, biß sich auf die Lippen und wollte die Nadeln wieder aufnehmen, aber als sie sah, wie teilnehmend und voller Mitleid Maria sie anstarrte, da stand sie auf, ergriff Marias Hand, und all ihr hinabgewürgter Kummer und all ihre Liebe lösten sich und wallten empor in schluchzenden Worten.

»Ach, man mag und man soll niemals darüber sprechen, und den Steinen möchte man es erzählen! Ich hab ein einziges Kind, sie sieht aus wie Ihr, aber mit dunklem Haar und schwarzen Augen. Sie wird nun achtzehn Jahre sein und...« In diesem Augenblick sah sie auf dem schnurgeraden Pfad einen großen Bauern breitbeinig herankommen. »Da ist mein Mann!« sagte sie hastig, »der will nicht, daß ich davon spreche!«

Sie wischte sich mit den Fingern die Tränen aus den Augen. »Sieht man, daß ich geweint habe?« fragte sie furchtsam und lief zum Herd, wo sie aufgeregt im Feuer zu stochern begann.

Und ängstlich werdend blieb Maria stehn.

Mit einem »Brr« kam der vierschrötige Bauer hereingestapft. Unter der gerunzelten Stirn hervor betrachtete er Maria und Josef, der eben seinen rotgeschlafenen Kopf erhob.

Die alte Frau, die ihm zugekehrt stand, fühlte in ihrem Rücken, daß er sie fragend ansah.

Schüchtern wie ein Kind, ohne zu wagen, ihm ins Auge zu blicken, sagte sie ihm, was Josef erzählt hatte.

Der Bauer klopfte unterdessen mit seinen harten Fingerspitzen auf den Tisch, und Verwunderung und Argwohn zogen ihm die langhaarigen Brauen über die Augenhöhlen und falteten seinen breiten Mund zu einer Tüte.

»Menschenkinder«, sagte er darauf zu Josef und Maria, »wenn es wahr ist, daß ihr von Bethlehem kommt, so könnt ihr Gott danken! Denn Herodes hat dort alle Kinder ermorden lassen!«

Maria schloß die Augen vor Entsetzen, die alte Frau schlug vor Schreck die Hände ineinander, und Josef stand auf, am ganzen Leibe zitternd.

Aber bevor sie ihr Staunen äußern konnten, sagte der Bauer kühl und unwillig: »Aber nun müßt ihr weg von hier. Ich hab keine Lust, mir euertwegen meinen Pachthof in Brand stecken zu lassen.« Das kam heraus wie ein Messer.

Die alte Frau sah in flehend und zugleich um Verzeihung bittend an.

Heisere Schluchzer glucksten in Marias Kehle; sie konnte nicht weinen.

Die Stille lastete, aber der Bauer zog sich gleichgültig die Schuhe aus.

»Komm«, sagte Josef gelassen, »Maria, komm!«

Sie haben nicht gewartet, bis die Lampe angezündet wurde, und sie sind sogleich weitergegangen, Maria mit dem Kinde auf dem Esel und Josef vorneweg, auf den Mispelstock gestützt...

Als sie schon tief in dem weißbeeisten Land waren, sah sich Maria noch einmal um nach dem einsamen Gehöft, und als sie in der Türöffnung noch die alte Frau gewahrte, die dastand und ihnen nachstarrte, mit über dem Leib gefaltenen Händen, da brach ihr das Herz, und die Tränen flossen strömend über die Blässe ihrer Wangen.

Die alte Frau, die ihren Kummer hinunterschlucken mußte, das Glück, daß ihr Kind dieser grausigen Morderei entronnen war, und dann der Tod all jener Kinder, von denen sie so manches auf dem Arm oder an der Brust seiner Mutter gesehn hatte...

Es überwältigte und zerbrach sie: »O Josef«, schluchzte sie auf seinen Schultern, »warum müssen auch andere Menschen leiden um unseres Kindes willen? ... Warum darf nicht ich allein, die ich doch seine Mutter bin, alles Leid für ihn tragen?«

»Später, später!« sagte Josef.

Am folgenden Tag war Sonntag.

Sie saßen in einem Hohlweg versteckt, um auszuruhn.

Maria gab ihrem Kind die Brust, und Josef hockte über einem schwelenden Aschenhäufchen, auf dem Pellkartoffeln zum Schmoren lagen.

Es war der Seewind, der über die Erde lief!

Bisweilen schwirrte er in den steifen Ästen der krummen Weide oben auf dem Weg oder fuhr mit seinem Atem in die Asche, die dann rot aufglühte. So wurden die Kartoffeln fertig, und mit einer Scheibe Speck und einer Prise Salz genossen sie sie. Josef sah, daß Maria das Essen kaum anrührte.

»Maria«, drängte er sie, »du issest noch weniger als ein Vögelchen, du wirst dich krank machen. Du brauchst nun keine Angst mehr zu haben; Herodes glaubt, es sei alles gut...«

»Ach Josef«, sagte sie verzweifelnd, »er muß es doch einmal erfahren!«

»Ach was!« lachte Josef, ruhig wie ein Fisch, »er wird uns hier nicht suchen! Und wenn Gott will, so sind wir heute noch am Meer. Komm, komm!« Und er reichte ihr eine gepellte, in Salz gestippte Kartoffel.

»Jetzt nicht, Josef; wahrhaftig, ich könnte es nicht, aber sobald ich die Last von der Seele los bin. Laß uns nur weitergehn, wenn dir die Füße nicht zu sehr schmerzen.«

Er schüttelte mitleidsvoll den Kopf.

»Es ist doch wohl das beste, wir wollen nur weitergehn«, sagte er, bereitwillig nachgebend.

Er stopfte das Essen in ein zugeknotetes Handtuch, wikkelte sich neue Tücher um seine Füße, die voller Blasen waren, zog seine Stiefel wieder an und holte den Esel aus dem Schilf eines Grabens. Als Maria sich auf den Esel gesetzt hatte, das Kind unter ihrem Mantel, zogen sie weiter ins Land hinein.

Es war der Seewind, der über die Erde lief.

Es war der Seewind, denn der Himmel stand still, bedeckt mit langen, trägen, dunkelblauen Wolken, die der Landschaft diese eintönigen Abendfarben gaben und nicht regnen konnten. Aber es war eine Freude für das Auge, wenn bisweilen durch ein spärliches, blaßblaues Wolkenspältlein ein Sonnenarm ferne Häuserchen streichelte oder schwarze Bäume matt erhellte.

»Ja, wir kommen gleich noch ans Meer!« sagte Josef vergnügt. »Sieh, das Land ist hier schon ganz anders!«

Er spürte das Meer an der offenen Luft, an den närrisch nach Osten gekrümmten Baumreihen; er merkte es an der Ebenmäßigkeit und der Weite und der Flachheit des Landes. Er fühlte dahinter den Raum, die grenzenlosen Fernen.

Ein breiter, schlammiger Weg, mit zitternden Wassertümpelchen hie und da, lief flach, sanft sich windend, vor ihnen aus. Man sah nur wenig Menschen, die ganz fern waren und ganz klein.

Die Bäume hörten langsam auf, bis auf einige spärliche Weiden oder einen krummen Apfelbaum. Flacher und flacher wurde das Land; die wenigen weißgiebeligen Häuser standen fast in ihrer ganzen Höhe gegen die düsterblaue Luft abgezeichnet.

Josef spähte gespannt in die Ferne, um das endliche Ziel ihrer Wanderung zu entdecken.

Dahinten, ganz fern, hing ein Sonnenklecks über dem eintönig gefärbten Land, er erhellte flüchtig den Scheitel eines stumpfen Kirchturms, den man vorher nicht geahnt hatte, wanderte langsam weiter, weckte einen frischen, grünen Fleck, auf dem Kühe weideten, und blieb lässig liegen auf einer goldblonden Wallung hoher Dünen.

»Sieh dahinten die Dünen schon! die Dünen!« rief Josef in höchster Freude. »Wir sind da, Maria! Wir sind da! Komm nun etwas schneller!«

Und Josef ließ den Esel traben und lief selbst ziehend voraus, den Schmerz vergessend, der ihn hinken machte. Von dem Ruck wurde das Kind wach und begann zu schreien und mit den Händchen zu fuchteln.

»Komm nur, komm nur!« rief Josef kindlich ausgelassen, »es wird bald vorübergehn!«

Maria stieß einen lauten Seufzer der Erleichterung aus und drückte voller Freude, von ihrer Angst erlöst zu sein, stürmische Küsse auf das betränte Kindergesicht.

Der Weg lief neben einer großen Koppel her, auf der ein Pferd mit einem Füllen beim Grasen war. Pferd und Füllen sahen zu dem Esel auf, und die beiden rasten ihnen entgegen, daß die Erdklumpen in die Luft flogen, und als sie an den Zaun gekommen waren, liefen sie noch in derselben Richtung mit, in der der Esel lief. Josef hatte seine Freude daran. Die Stute wieherte, das Füllen schlug mit den Hinterbeinen aus, und wo die Weide zu Ende war, blieben sie mit einem Ruck stehen und sahen, wie ärgerlich darüber, daß das Spiel so schnell aus war, der flüchtenden Familie nach. Die Dünen wurden höher und höher.

Der gute Josef ward von Herzen fröhlich, da ihre Reise nun fast zu Ende war.

Als er sich mit der Zunge über die Lippen rieb, schmeckte er Salz.

»Ich spüre das Meer!« rief er.

»Hast du jemals das Meer gesehn?« fragte er Maria. Als sie verneinend den Kopf schüttelte, sagte er kindlich: »Da wirst du einen Schreck kriegen! Groß, groß! Größer als die ganze Welt, und nichts als Wasser, immer nur Wasser!«

»Und ist das nicht gefährlich, Josef?«

»Wenns Wetter milde ist, nicht.«

Sie erklommen die Dünen. Josef zog den Esel vorwärts, der es mühsam hatte in diesem lockeren, nachgebenden Sande und in den stacheligen Kräutern.

»Ich höre das Meer!« rief Josef. »Sieh, sieh! Da ist es!« Dabei mußte er seinen Hut tiefer auf den Kopf drücken, sonst wäre er weggeflogen.

Sie waren oben. Ein heftiger Wind klatschte in ihren Kleidern, und da lag es, das große, unendliche Meer, gleichmäßig, dunkelblau wie ein Abendhimmel, mit scharf abgezeichnetem Horizont gegen weiße Blumenkohlwolken, und auf den flachen Strand legte es einen rauschenden Kamm von schneeweißem Schaum. So war das Meer.

Der Sonntag machte es einsam.

Ein Sonnenfleck schwebte gelbgrün über dem dunklen Wasser und lief über einen großen, weißen Dreimaster, der danach wieder dunkel und unscheinbar war gegen die weißen Horizontwolken.

Es flogen viele Möwen in der Luft, wie Flocken, mit denen der Wind spielte.

Die Einsamkeit des Meeres überraschte sie. Josef wunderte sich, daß keine Schiffe bereitlagen.

»Müssen wir da hinüber?« fragte Maria ängstlich.

»O nein, wir müssen über die Schelde; das ist dahinten weit nach Norden zu.« Er wies in die Richtung der in der Ferne verschwindenden Dünenkette. »Da ist es nicht so breit, da sieht man bei klarem Wetter das andere Ufer.«

»Und ist das noch weit? Werden wir da heute noch hinkommen?«

»O ja«, behauptete Josef. »Aber es wird nicht nötig sein, so weit zu gehn, wir werden vorher wohl einen Schiffer finden, der uns aufnimmt.«

Sie sahen sich erst noch einmal um nach Flandern. Es lag da unter ihnen, weit und mächtig unter der blauen Dunkelheit des bedeckten Himmels; aber hier und dort, Stunden und Stunden weit, schossen die Pfeile der Sonne ein wenig frischen Glanz hinunter, und sie sahen große Felder, viele Windmühlen, lachend helle Häuslein und winzige Dörfer, und ganz in der Ferne, wie in kupfernem Licht, die Türme und Dächer von Brügge.

»Das schöne Flandern!« sagte Josef gerührt.

Dort hinten, Tage und Nächte hinter jenen Flächen und Wäldern, hätten sie so überglücklich und schlicht leben können, jeder an seinem geringen Tagewerk und fröhlich in der Nähe ihres Kindes. Man hätte dort unter einem Dach gesessen, hätte die Gemütlichkeit der Abendlampe gekannt und das Ausruhen am Mittag an der offenen Haustür.

Sie verlangten doch so wenig, und selbst das wurde ihnen verweigert.

Oh, es hätte so ganz anders gehn können!

Und nun mußten sie fort, aufgescheucht zu fremden Stätten. Sie waren so allein, so gering und verlassen, und die Welt war so groß und das Leben so hart!

Mit einem Schluchzer in der Kehle sagte Josef: »Es läßt sich doch nichts dran ändern, komm!«

Sie gingen zum Wasser hinab und dann auf dem mit rosa und grauen Muscheln bestreuten Sand, zwischen den hohen Dünen und der graublauen See, die ihre weißschäumenden Wellen ewig hin und her zog.

Der salzige Wind pustete flappernd um sie her, sich ein- und ausrollend wie Schleierfahnen. Möwen hingen im Winde über ihrem Kopf, und der Dreimaster blieb unbeweglich auf der weiten, eintönigen Wasserfläche stehn. Und immer nur Dünen und immer nur Meer!

Nachdem sie sehr lange gegangen waren, gewahrten sie in dem weißwattigen Schaumatem, der über der Brandung hing, ein kreideweißes Kirchtürmchen.

»'s ist nicht mehr weit«, ermutigte Josef Maria, »dahinten wohnen gewiß Fischer.«

Aber sie wußten nicht, wie sehr die Entfernung am Meere trügt. Es dauerte und dauerte immer noch, und wenn ein seltener Sonnenstrahl bisweilen über sie hinglitt, sahen sie ihren Schatten zu ihrer rechten Seite lang sich dehnen.

»Es wird schnell Abend werden«, sagte Josef unruhig.

Er hinkte und mußte sich schwer auf den Mispelstock stützen. Er fühlte, daß etwas naß in seinen Schuhen klebte, er wußte, daß es Blut war, sagte aber nichts.

Sie waren eben noch so froh gewesen, als sie das Meer gewahr wurden!

Doch diese lange, eintönige Wanderung neben dem sonntäglich verlassenen Wasser, diese Einsamkeit auf dem Strand, dieser kreideweiße Turm, der immer gleich entfernt blieb, und dann der Abend, der hereinbrach, das erschlaffte ihr Herz wie Segel, denen der Wind entfällt, und sie sagten nichts mehr. Endlich sahen sie auf dem Strand zwei Fischkutter liegen.

Josef hoffte dort jemand zu finden, doch als sie hinzukamen und er gerufen und mit seinem Stock an die hohlen, von der Salzlake abgefressenen Boote geklopft hatte, fand er, daß keine Menschen darauf waren.

Sie gingen entmutigt weiter. Das Kirchlein war verschwunden, aber wo die Dünen einen Augenblick aufhörten, um einen Weg hindurchzulassen, der ins Land hineinlief, sahen sie es gerade vor ihnen aufragen über niedrigen, sauberen Schifferhütten.

Sie wollten nun ins Dorf hineingehen, um nach einem Fischer zu suchen, aber da oben auf den Dünen saß ein verliebtes Paar, das die Einsamkeit suchte, Arm in Arm.

Josef wagte sie erst nicht recht anzurufen, doch er ermannte sich und fragte, ob nicht im Dorfe jemand wäre, der sie nach Holland übersetzen könnte.

Der Bursche rief in seiner westflämischen Sprache zurück, daß sie weitergehen müßten, bis dahin, wo die Dünen aufhörten und wo sie bei schwarzen Pfählen ein Häuslein auf dem Deich sehen würden; dort wohnte der Fährmann.

Josef und Maria dankten ihm mit bescheidenem Kopfnicken; und mit einem Herzen so hohl wie ein ausgesogenes Ei trotteten sie weiter neben dem ewig rauschenden, unendlichen Sonntagsmeer.

Der Abend lag über dem Meer und über Flandern. Ein blutroter Riß stand hinter der schwarzgrünen Wasserkimme in der tintenblauen Luft; dort war die Sonne untergegangen. Es war schwüler geworden, die Möwen waren schlafen gegangen.

Der junge Fährmann saß mutterseelenallein in der dunklen Türöffnung und genoß seinen sonntäglichen Frieden auf einer eintönig süßen Harmonika. Es waren schleppende Gassenhauer, und der wehende Meereswind breitete sie aus bis ganz weit ins Land hinein.

Überall herrschte die tiefste Stille, als ob der ganze Sonntag dasäße und lauschte.

Die Füße an seinen langen Beinen klopften im Takte mit, seine dicken Lippen begleiteten das Lied mit leisem Flöten, und seine Stirn, auf der eine schöne, nasse Haarlocke klebte, war vor Anspannung in drei Falten hochgezogen.

Er saß dort gemütlich in seinem einsamen Häuschen. Unter ihm platschte das dunkle Wasser gegen die schwärzeren Pfähle, hinter denen ein dickbäuchiges Segelschiffchen ruhig sich schaukelte.

Das Meer rauschte und wiederholte ihm sein ewiges Lied, das er nicht mehr hörte, und der Schaum der heranspülenden Wellen verging in dem Abend.

Alle Dinge verloren die Farbe, es blieb nur noch der rote Spalt brennend im Westen, und das eintönig schleppende Hin und Her der Harmonika wurde über die Maßen traurig.

Der Fährmann fühlte es selbst, es wurde ihm weh davon ums Herz, er verlor sich und schmolz in seinem Liede und hatte in seiner Kehle schon den Genuß von Tränen. Aber da sah er spukhaft undeutlich gegen den verdunkelten Sandboden einen hinkenden Mann, der einen Esel zog, auf dem eine Frau saß mit einem stöhnenden Kinde.

Er wurde plötzlich verlegen, schluckte den Schluchzer in seiner Kehle hinunter, hörte auf zu spielen und wartete. Er ließ sie herankommen.

Mit keuchender Stimme fragte der müde alte Mann: »Könntet Ihr uns heute abend nicht übersetzen?«

Der Fährmann stieß einen großen Seufzer aus. Es war ihm nun gerade so selig zumute, weil er in dem sinkenden Sonntag sich einmal ausleben durfte im klangreichen Seufzen seiner Harmonika. Er kraute sich ein wenig im Haar und sagte gutmütig abwehrend, noch ganz unter dem Eindruck des wehmütigen Gesanges: »Es ist schon spät am Tag... und ich bin allein zu Haus; Frau und Kinder sind ins Dorf... Könntet ihr nicht bis morgen warten?«

Josef biß sich auf die Lippen, sein Herz war zum Überlaufen voll. Nun er Maria immer und immer wieder frischen Mut eingeflößt, nun er all seine alten Glieder abgerackert hatte, um ihren Wunsch zu erfüllen, nun sollten sie wieder eine Nacht voll Angst und schwerer Gedanken verbringen müssen; das war nicht mehr zu ertragen. Er sah mit großer Sorge, daß Maria durch all die großen und kleinen Enttäuschungen, Fehlschläge und immer erneuten Beängstigungen nur noch aus Haut und Knochen bestand.

Darum war er nun zäh in seinem Entschluß und wollte sich nicht von seinem Vorhaben abbringen lassen, und mit Worten, die naß von Tränen waren, flehte Josef den gutmütig-unentschlossenen Fährmann an: »Nicht für mich bitte ich Euch, ich tu es um dieser jungen Frau, die schon Mutter ist, und um dieses hilflosen Kindleins willen. Ich kann Euch nicht alles sagen, was an Kummer uns drückt, aber wir sind vier Tage und fünf Nächte unterwegs, um bis hier zu kommen. Kein einziges Mal hat ihr armer Leib die Wohltat eines Bettes gekannt, wir haben sozusagen im Stehen geschlafen und haben gegessen, was die Menschen verschmähten.

Es ist ärgerlich, daß es Abend ist, aber Ihr solltet sehn, wie ausgemergelt sie ist von Kummer und Sorge. Kommt, liebster Mann«, Josef ergriff die harten Hände des Fährmanns, »Ihr habt ein gutes Herz, ich hör es an Eurer Stimme. Helft ihr, gebt ihr Ruhe und laßt sie keine Nacht mehr von ihrem Glück getrennt sein... Seht, hier sind die geringen Spargroschen, die wir noch übrig behalten haben, gern geb ich sie Euch, aber bringt uns heute noch über das Wasser!«

Josef zitterten die Hände. Die Ursache ihrer Flucht verschwieg er, da er aus Erfahrung wußte, daß sich der Fährmann aus Angst vor Herodes dann sicher geweigert hätte.

»Nein, nein«, sagte der Fährmann, den leichten Geldbeutel zurückweisend, »Ihr braucht mir nicht mehr zu bezahlen als andere, drei Heller für den Kopf. Es ist schade, daß Ihr nicht bis morgen warten könnt.«

Der Fährmann war wirklich davon angetan, er konnte nicht nein sagen, aber er glaubte doch, daß er es mit schuldbeladenen Menschen zu tun hatte, da sie so wenig Aufklärung gaben. Er wollte sie das eine und andere fragen, aber »pah«, dachte er bei sich, »das geht mich nichts an«, und laut sagte er zu ihnen: »Geht nur diesen Weg hinunter, ich komme gleich.«

Sie gingen zum Anleger, an dem das Boot lag, und warteten dort.

Josef war nun sehr aufgeräumt und plötzlich ein anderer Mensch; er nahm Marias Hände und sagte heiter zu ihr: »Gleich sind wir auf dem Wasser, dann kann uns niemand mehr etwas anhaben! Siehst du wohl, daß wir hingekommen sind?«

Er sah im Weiß ihrer Augen, wie glücklich sie war.

Der Fährmann kam mit einer Laterne und einem Sack. Er half ihnen über das schmale, wippende Brett ins Schifflein, was für den Esel große Vorsicht erforderte.

Als sie sich auf die Bank gesetzt hatten, Maria mit ihrem trinkenden Kind, und Josef den Esel streichelnd, der sich schon zu seinen Füßen hingelegt hatte, sah der Schiffer im Licht seiner Laterne ihre guten Gesichter, und auf einmal wurde der Mann weich, beschleunigte seine Vorbereitungen und sagte: »Wir werden bald drüben sein, seid nur ruhig, liebe Leute!«

Er zog die Laterne am Mast hoch, entfaltete die Segel, in die sogleich der Wind fuhr, wodurch sich das Schiff auf die Seite legte, und stieß vom Ufer ab. Gegen die helldunkle Abendluft ging eine Frau, ein Kind auf dem Arm und ein zweites an der Hand, auf das Fährhaus zu.

»He!« rief der Schiffer, »Frau! Die Leute habens eilig; mach das Essen nur etwas später fertig!«

»Schön!« rief die Frau zurück.

Und das größere Kind rief mit heller Stimme: »Darf ich aufbleiben, bis du zurückkommst, Vater?«

»Ja, das darfst du«, rief der Schiffer, der nun ans Steuer ging und ein kurzes Pfeifchen zu rauchen begann.

In dem Haus wurde die trauliche Lampe angezündet.

»Die haben ein Haus«, seufzte Maria.

»Ja«, seufzte Josef zurück, »aber wir werden bald auch eines haben.«

Es wurde still. Die See schnalzte und klatschte schwerfällig gegen den Schiffsrumpf, der sanfte Wind schauerte über das Wasser.

Das gelbe Fenster wurde kleiner, es war nun Wasser und Dunkelheit, was sie umgab.

»Was hast du?« fragte Josef Maria, als er sie schluchzen hörte. Er legte seine Hand auf ihre Schulter.

»Nichts, nichts«, stotterte Maria, »aber ich kann es noch kaum glauben!« Und reichliche, dicke Tränen flossen auf ihr Kind, das sie in ihrem Schoße wiegte.

»Ja, ja«, sagte Josef, »die schönen Tage werden nun anbrechen!«

Er genoß voll Marias Freude mit. Er erschrak oft davon, wie sie beide, zwei verschiedene Menschen, manchmal *ein*

Gefühl haben konnten, als ob sie nur *ein* Herz besäßen. Aber nun, ohne daß er es wollte und imstande war, es zurückzuhalten, wallte ein Gefühl von großer Verlassenheit in ihm auf, weil er von Flandern, seinem schönen, guten Flandern, scheiden mußte. Gott weiß, für wie lange! Vielleicht für immer!

Es zerriß etwas in ihm, er fühlte sich auf einmal sehr arm werden, es war, als ob sein Herz da drüben geblieben wäre. Er schauderte, und Gruben kamen in seine Backen, aber er wollte nicht weinen, er kämpfte dagegen an, er fand es auch so kindisch, und er biß sich auf die Lippen und hielt seine Augen starr geöffnet, um die Tränen zurückzuhalten, aber es war zu mächtig, und er weinte sich Hände und Gesicht naß.

Der Fährmann sagte von seinem Steuer her, um die Stille zu verscheuchen: »Es wird heute abend noch regnen.«

Niemand antwortete, und die Stille blieb doch über ihnen...

So schwanden und schmolzen sie in den Abend hinein, der nun Land und Meer völlig verhüllte.

Felix Timmermans

Es begab sich aber zu der Zeit

Es begab sich aber zu der Zeit, daß ein Gebot von dem Kaiser Augustus ausging, daß alle Welt geschätzt würde. Und diese Schätzung war die allererste und geschah zur Zeit, da Kyrenius Landpfleger in Syrien war. Und jedermann ging, daß er sich schätzen ließe, ein jeglicher in seine Stadt.

Da machte sich auf auch Joseph aus Galilea aus der Stadt Nazareth in das jüdische Land zur Stadt David, die da heißt Bethlehem, darum daß er von dem Hause und Geschlechte David war, auf daß er sich schätzen ließe mit Maria seinem vertraueten Weibe, die war schwanger. Und als sie daselbst waren, kam die Zeit, daß sie gebären sollte. Und sie gebar ihren ersten Sohn und wickelt ihn in Windeln und legt ihn in eine Krippe, denn sie hatten sonst keinen Raum in der Herberge.

Und es waren Hirten in der selbigen Gegend auf dem Felde bei den Hürden, die hüteten des Nachts ihre Herde. Und siehe, des Herrn Engel trat zu ihnen, und die Klarheit des Herrn leuchtet um sie, und sie fürchten sich sehr. Und der Engel sprach zu ihnen: Fürchtet euch nicht, siehe, ich verkündige euch große Freude, die allem Volk widerfahren wird, denn euch ist heute der Heiland geboren, welcher ist

Christus der Herr, in der Stadt David. Und das habt zum Zeichen, ihr werdet finden das Kind in Windeln gewickelt und in einer Krippe liegen. Und alsbald ward da bei dem Engel die Menge der himmlischen Heerscharen, die lobten Gott und sprachen: Ehre sei Gott in der Höhe und Friede auf Erden und den Menschen ein Wohlgefallen.

Und da die Engel von ihnen gen Himmel fuhren, sprachen die Hirten unternander: Laßt uns nun gehen gen Bethlehem und die Geschichte sehen, die da geschehen ist, die uns der Herr kundgetan hat. Und sie kamen eilend und fanden beide, Maria und Joseph, dazu das Kind in der Krippen liegen. Da sie es aber gesehen hatten, breiteten sie das Wort aus, welches zu ihnen von diesem Kind gesagt war. Und alle, für die es kam, wunderten sich der Rede, die ihnen die Hirten gesagt hatten. Maria aber behielt alle diese Worte und bewegte sie in ihrem Herzen. Und die Hirten kehrten wieder um, priesen und lobten Gott um alles, das sie gehört und gesehen hatten, wie denn zu ihnen gesagt war.

Lukas 2, 1-16

Da Jesus geboren war

Da Jesus geboren war zu Bethlehem im jüdischen Lande zur Zeit des Königs Herodes, siehe da kamen die Weisen vom Morgenland gen Jerusalem und sprachen: Wo ist der neugeborne König der Juden? Wir haben seinen Stern gesehen im Morgenland und sind gekommen ihn anzubeten.

Da das der König Herodes hörte, erschrak er und mit ihm das ganze Jerusalem und ließ versammeln alle Hohepriester und Schriftgelehrten unter dem Volk und erforschte von ihnen, wo Christus sollte geboren werden? Und sie sagten ihm: Zu Bethlehem im jüdischen Lande, denn also steht geschrieben durch den Propheten: Und du Bethlehem im jüdischen Lande bist mitnichten die kleinste unter den Fürsten Juda. Denn aus dir soll mir kommen der Herzog, der über mein Volk Israel ein Herr sei.

Da berief Herodes die Weisen heimlich und erlernet mit Fleiß von ihnen, wann der Stern erschienen wäre? Und wies sie gen Bethlehem und sprach: Ziehet hin und forschet fleißig nach dem Kindlein, und wenn ihrs findet, sagt mirs wieder, daß ich auch komme und es anbete.

Als sie nun den König gehört hatten, zogen sie hin. Und siehe, der Stern den sie im Morgenland gesehen hatten, ging vor ihnen hin, bis daß er kam und stand oben über, da das Kindlein war. Da sie den Stern sahen, wurden sie hoch erfreut und gingen in das Haus und fanden das Kindlein mit Maria seiner Mutter und fielen nieder und beten es an und taten ihre Schätze auf und schenkten ihm Gold, Weihrauch und Myrrhe. Und Gott befahl ihnen im Traum, daß sie sich nicht sollten wieder zu Herodes lenken und zogen durch einen andern Weg wieder in ihr Land.

Da sie aber hinweg gezogen waren, siehe da erschien der Engel des Herrn dem Joseph im Traum und sprach: Stehe auf und nimm das Kindlein und seine Mutter zu dir und flieh ins Ägyptenland und bleib allda, bis ich dir sage. Denn es ist für handen, daß Herodes das Kindlein suche, dasselbe umzubringen. Und er stand auf und nahm das Kindlein und seine Mutter zu sich bei der Nacht und entwich ins Ägyptenland und blieb allda, bis nach dem Tod von Herodes. Auf daß erfüllt würde, das der Herr durch den Propheten gesagt hat, der da spricht: Aus Ägypten hab ich meinen Sohn gerufen.

Matthäus 2, 1-16

Nachbemerkung

Was sich zu der Zeit begab, da ein Gebot von dem Kaiser Augustus ausging, daß alle Welt geschätzet würde, das ist seither nicht allein durch die Bibelworte überliefert. Die Weihnachtsgeschichte hat in mythischen, in märchenhaften Ausformungen Anlaß gegeben zu allerlei Volks- und Kunstmärchen. In seiner ganzen Vielfalt erzählerischer Phantasie spiegelt sich das schönste der christlichen Feste in diesen Texten. Die achtundzwanzig Märchen zur Weihnachtszeit jedenfalls, die zum Lesen wie zum Vorlesen für die Adventszeit bis zum Heiligen Abend gedacht sind, laden dazu ein, sich von Äußerlichkeiten abzuwenden und zu besinnen auf das Ursprüngliche, das Wunderbare, das Märchenhafte dieses Festes.

Wer sehnt sich nicht nach dieser wundervoll weihnachtlichen Stimmung wie aus frühen Kindertagen? Und sollte man sich danach nicht auch zum Geschichtenerzählen verführen lassen, so wie die Großmutter Marucci, die Nonna, in Emmy Ball-Hennings *Märchen am Kamin*? Ein wesentlicher Zweck dieser Sammlung wäre dann erfüllt. Denn die Märchen, ob Volks- oder Kunstmärchen, ragen aus der Vergangenheit in die Gegenwart, sie wollen weitergegeben werden – ein Märchenbrunnen, aus dem auch die Zukunft reichlich schöpfen kann. Behandeln wir ihn also pfleglich!

Emmy Ball-Hennings italienisches Märchen von *König Salomos Zepter und der Krone der Königin von Saba*, mit dem unsre Sammlung eingeleitet wird, gibt eine eindrucksvolle Kostprobe aus diesem weihnachtlichen Märchenbrunnen. *Der Puck*, der Eishockeyspielern jeden Alters das Herz höher schlagen läßt, wenn er sich blitzartig auf das Tor zubewegt, ist für Hermann Burger Anlaß für ein eigenwilliges

Eismärchen aus der Knabenzeit. Zwei Märchen aus Rußland und Bulgarien erzählen vom Frost und wie der Winter entstand. Und Hans Christian Andersens *Schneemann*, der so kräftig knackt, weil es so herrlich kalt ist, verliebt sich kreuzunglücklich in einen Ofen. Was ihm widerfährt, das erzählt der Autor ebenso zauberhaft wie in seinem Märchen vom *Tannenbaum* und den sieben Geschichten von der *Schneekönigin*.

Wer sich in der ersten Adventswoche mit den winterlichen Märchen rund um den Schnee in die liebe Weihnachtszeit eingestimmt hat, der sieht sich vorbereitet für die zweite, ereignisreiche Adventswoche: Sankt Nikolaus steht ins Haus – in welche Notlage er gerät, erzählt der flämische Schriftsteller Felix Timmermans. In einem Märchen aus Mallorca bedroht der Teufel die Heilige Jungfrau Maria, als sie noch ein kleines Mädchen war, und Andersens trauriges Märchen vom *Kleinen Mädchen mit den Schwefelhölzern* mahnt uns gerade in diesen Festzeiten, die Armen, die Hungernden, die Obdachlosen zu bedenken. Was aber hat es mit der Magd Hildur auf sich, die auf einem Bauernhof arbeitet, auf dem an jedem Weihnachtsmorgen ein Knecht tot in seiner Kammer liegt? Das Märchen aus Island gibt eine überraschende Antwort. Und die *Legende von der Christrose*? Selma Lagerlöf weiß von der Blume zu erzählen, die ihre weißen Blüten und grünen Stengel zur Weihnachtszeit aus dem Erdreich sprießen läßt, als könnte sie nie und nimmer vergessen, daß sie einmal in dem großen Weihnachtslustgarten gewachsen ist. Von zwei ungleichen Brüdern und einer Zaubermühle handelt das norwegische Märchen *Die Mühle auf dem Meeresgrund*. Marie Luise Kaschnitz besucht eine Krippenausstellung in Rom, und die beinahe lebensgroßen Figuren werden beim Erzählen plötzlich lebendig wie vor langer, langer Zeit.

Der dritte Advent ist gekommen – wieder eine Woche voller Märchen: Ernst Penzoldt läßt einen kleinen Jungen ins Bücherland reisen. Märchen aus dem Elsaß, aus Bjelorußland und aus Arabien zeugen von der erzählerischen Vielfalt um die Weihnachtsgeschichte. *Gottesfriede* heißt eine kaum bekannte märchenhafte Erzählung von Selma Lagerlöf. Auf wundersame Weise wird der Bauer Ingmar Ingmarson in der Heiligen Nacht von einem Bären vor dem Tod in der Kälte gerettet, er aber stört mit einer bösen Tat den Weihnachtsfrieden.

Weihnachten naht mit der vierten Adventswoche: Die Heiligen Drei Könige Kaspar, Balthasar und Melchior führen den Leser in Felix Timmermans Geschichte nach Bethlehem zu Maria und Joseph und dem Jesuskind. Von dort weiß Karl Heinrich Waggerl zu erzählen, worüber das Christkind lächeln mußte und was es mit dem störrischen Esel und der süßen Distel auf sich hat. Zwei Märchen schließlich, eines aus Curaçao und eines aus Portugal, handeln von der Flucht der Heiligen Familie nach Ägypten, von der auch Timmermans in seiner gleichnamigen Geschichte berichtet. Und am Heiligen Abend ist es Zeit für die Weihnachtsgeschichte aus Lukas 2 und Matthäus 2.

Franz-Heinrich Hackel

Autoren- und Quellenverzeichnis

Andersen, Hans Christian

Der Schneemann, S. 52-58; Die Schneekönigin, S. 59-98; Der Tannenbaum, S. 99-110; Das kleine Mädchen mit den Schwefelhölzern, S. 129-132; aus: Märchen. In zwei Bänden. Unter Benutzung der von Andersen besorgten deutschen Ausgabe, neu übersetzt von Mathilde Mann. Insel-Verlag Leipzig 1909, Band 2, S. 240-246; Band 1, S. 42-78; S. 1-11; S. 312-315

Ball-Hennings, Emmy

Märchen am Kamin, S. 11-33; aus: Märchen am Kamin. Insel Verlag Frankfurt am Main 1986 (insel taschenbuch 945), S. 9-31

Barüske, Heinz (Hg.)

Hildur, die Königin der Elben, S. 133-141; aus: Isländische Märchen. Insel Verlag Frankfurt am Main und Leipzig 1994, S. 108-116

Burger, Hermann

Der Puck. Ein Eismärchen, S. 34-46; aus: Blankenburg. Erzählungen. © 1986 S. Fischer Verlag GmbH, Frankfurt am Main, S. 7-19

Eichendorff, Joseph von

Weihnachten, S. 223; aus: Gedichte. In chronologischer Folge, herausgegeben von Hartwig Schultz. Insel Verlag Frankfurt am Main 1988 (insel taschenbuch 1060), S. 168-169

Hube, Hans-Jürgen (Hg.)

Die Mühle auf dem Meeresgrunde, S. 163-168; aus: Norwegische Märchen. Übersetzt von Friedrich Bresemann und Hans-Jürgen Hube. Insel Verlag Frankfurt am Main und Leipzig 1992, S. 82-87
Die verzauberte Kröte, S. 194-206; aus: Schwedische Märchen. Aus dem Schwedischen übertragen, Auswahl, Nachbemerkung und Anmerkungen von Hans-Jürgen Hube. Insel Verlag Frankfurt am Main und Leipzig 1992, S. 115-127

Karlinger, Felix

Und der Himmel erglänzte wie ein gewaltiges Feuer (aus dem Bjelorussischen), S. 184-185; Die Sprache des Himmels (aus dem Arabischen), S. 186-188; Der Weg ist weit, weit! (aus dem Curaçao), S. 257-261; aus: Heilige Ereignisse – Heilige Zeiten. Weihnachtserzählungen aus der mündlichen Überlieferung. Selbstverlag des Österreichischen Museums für Volkskunde, Wien 1988 (Raabser Märchen-Reihe 8), S. 49-50; S. 58-59; S. 68-71

Karlinger, Felix und Ehrgott, Ulrike (Hg.)

Von der Heiligen Jungfrau Maria, S. 126-128; aus: Märchen aus Mallorca. Copyright © 1968 by Eugen Diederichs Verlag GmbH & Co. KG, München (Diederichs Märchen der Weltliteratur. Begründet von Friedrich von der Leyen. Herausgegeben von Hans-Jörg Uther), S. 240-242

Kaschnitz, Marie Luise

Wenn's wieder geschähe – wie vor langer Zeit, S. 169-128; aus: Gesammelte Werke in sieben Bänden, herausgegeben von Christian Büttrich und Norbert Miller. Vierter Band: Die Erzählungen. Insel Verlag Frankfurt am Main 1983, S. 163-167

Lagerlöf, Selma

Die Legende von der Christrose, S. 142-162; aus: Die Legende von der Christrose. Mit Zeichnungen von Petra Clemen. Berechtigte Übersetzung aus dem Schwedischen von Pauline Klaiber-Gottschau. © 1952 by Nymphenburger Verlagsbuchhandlung in der F. A. Herbig Verlagsbuchhandlung GmbH, München, S. 5-39

Gottesfriede, S. 207-221; aus: Gottesfriede. Aus dem Schwedischen übersetzt von Carola von Crailsheim. © 1962 by Nymphenburger Verlagsbuchhandlung in der F. A. Herbig Verlagsbuchhandlung GmbH, München, S. 7-44

Lukas-Evangelium

Und es begab sich aber, S. 282-283; aus: D. Martin Luther, Biblia. Das ist die ganze Heilige Schrift, Wittenberg 1545, Lukas 2, 2-16

Matthäus-Evangelium

Da Jesus geboren war, S. 284-285; aus: D. Martin Luther, op. cit., Matthäus 2, 1-16

Harri Meier und Dieter Woll (Hg.)

Die Jungfrau Maria und die Sämänner, S. 262-263; aus: Portugiesische Märchen. Copyright © 1975 by Eugen Diederichs Verlag GmbH & Co. KG, München (Diederichs Märchen der Weltliteratur. Begründet von Friedrich von der Leyen. Herausgegeben von Hans-Jörg Uther), S. 227

Ognjanowa, Elena (Hg.)
Wie der Winter entstand, S. 47-48; aus: Bulgarische Märchen. Aus dem Bulgarischen übertragen von Elena Cramer, Monika Krause, Dorothea Loepke, Rolf Pankrath und Gabriele Walter. Insel Verlag Frankfurt am Main und Leipzig 1992, S. 44-45

Penzoldt, Ernst
Die Reise ins Bücherland, S. 177-181; aus: Die Reise ins Bücherland und andere Märchen. Erzählt und illustriert von Ernst Penzoldt. Insel Verlag Frankfurt am Main 1988 (insel taschenbuch 2026), S. 11-36

Rilke, Rainer Maria
Advent, S. 9; aus: Sämtliche Werke in sechs Bänden. Herausgegeben vom Rilke-Archiv in Verbindung mit Ruth Sieber-Rilke. Besorgt durch Ernst Zinn. Erster Band: Gedichte. Erster Teil. Insel-Verlag Wiesbaden 1955, S. 101

Schild, Ulla (Hg.)
Die Tannen der Heiligen Aurelia, S. 182-183; Das Licht der Heiligen Drei Könige, S. 189-193; aus: Sagen und Märchen aus dem Elsaß. Copyright © 1991 by Eugen Diederichs Verlag, München, S. 240-242; S. 226-232

Storm, Theodor
Knecht Ruprecht, S. 111-112; Weihnachtslied, S. 175; aus: Unter dem Tannenbaum. Geschichten und Gedichte. Mit den Illustrationen der Erstausgabe von Otto Speckter und Ludwig Pietsch. Herausgegeben von Gottfried Honnefelder. Insel Verlag Frankfurt am Main 1987 (insel taschenbuch 1042), S. 33-34; S. 10

Timmermans, Felix
Sankt Nikolaus in Not, S. 113-125; aus: Das Licht in der Laterne. Erzählungen. Mit Zeichnungen des Autors. Insel Verlag Frankfurt am Main 1990 (insel taschenbuch 1289), S. 9-23
Die Heiligen Drei Könige, S. 225-250; Die Flucht, S. 264-281; aus: Romane und Erzählungen. Jubiläumsausgabe in vier Bänden. Vierter Band: Der Heilige der kleinen Dinge und andere Erzählungen. Aus dem Flämischen von Friedrich Markus Huebner, Karl Jakobs, Anton Kippenberg, Peter Mertens und Anna Valeton-Hoos. Insel Verlag Frankfurt am Main 1986, S. 107-133; S. 155-172

Waggerl, Karl Heinrich
Worüber das Christkind lächeln mußte, S. 251-253; Der störrische Esel und die süße Distel, S. 254-256; aus: Und es begab sich... Otto Müller Verlag Salzburg, 47. Auflage 1991 (Sämtliche Werke II. Band. Otto Müller Verlag Salzburg, 1970) S. 451-452; S. 456-458

NF 41/1/7.00

Adalbert Stifter. Der heilige Abend. Mit farbigen Illustrationen von Monika Wurmdobler. it 699. 76 Seiten

Theodor Storm. Knecht Ruprecht. Illustriert von Rolf Köhler. Mit einem Nachwort von Nadja Enzmann und Karl Kröhnke. it 2261. 56 Seiten

Theodor Storm. Unter dem Tannenbaum. Geschichten und Gedichte. Mit den Illustrationen der Erstausgabe von Otto Speckter und Ludwig Pietsch. Herausgegeben von Gottfried Honnefelder. Großdruck. it 2318. 180 Seiten

Felix Timmermans. Das Jesuskind in Flandern. it 937. 192 Seiten

Felix Timmermans. Der Heilige der kleinen Dinge. Erzählungen. Übersetzt von Peter Mertens, Karl Jacobs und Friedrich Markus Huebner. Mit Zeichnungen des Autors. it 1364. 196 Seiten

Felix Timmermans. Sankt Nikolaus in Not. Übersetzt von Anna Valeton-Hoos. Mit Bildern von Else Wenz-Viëtor. it 2023. 32 Seiten

Drei Weihnachtsbücher in Geschenkkassette

- Das Weihnachtsbuch. Mit alten und neuen Geschichten, Gedichten und Liedern. it 46. 297 Seiten

- Das Weihnachtsbuch der Lieder. Mit alten und neuen Liedern zum Singen und Spielen. Mit zahlreichen Bildern. it 157. 208 Seiten

- Das Weihnachtsbuch für Kinder. Mit Geschichten, Gedichten und Bildern. it 156. 292 Seiten

NF 41/2/7.00

»Weihnachtszeit«
Anthologien
im insel taschenbuch

Alle Jahre wieder. Ein Weihnachtsbuch. it 1362. 447 Seiten

Fröhlicher Advent. Geschichten, Gedichte, Lieder und Bilder. Herausgegeben von Franz-Heinrich Hackel. it 2356. 242 Seiten

Geschichten vom Nikolaus. Gesammelt von Felix Karlinger. it 1769. 146 Seiten

Märchen zur Weihnacht. Ein Hausbuch für groß und klein. Herausgegeben von Franz-Heinrich Hackel. it 1649. 292 Seiten

Die schönsten Weihnachtsgedichte. Herausgegeben von Gesine Dammel. it 2580. 128 Seiten

Weihnachten. Erzählungen aus alter und neuer Zeit. Ausgewählt von Gottfried Natalis. Mit zahlreichen Abbildungen und Initialen. it 946. 463 Seiten

Weihnachten, wie es war. Alte Erzählungen und Bilder. Ausgewählt von Gottfried Natalis. Mit farbigen Abbildungen. it 2352. 282 Seiten

Weihnachtserzählungen des 20. Jahrhunderts. Ausgewählt von Gottfried Natalis. it 1648. 218 Seiten

Das Weihnachtsbuch. Mit alten und neuen Geschichten. Ausgewählt von Elisabeth Borchers. it 46. 297 Seiten

NF 21/1/4.00

Das Weihnachtsbuch für Kinder. Mit Geschichten, Gedichten und Bildern. Ausgewählt von Elisabeth Borchers. it 156. 292 Seiten

Wundersame Geschichten von Engeln. Gesammelt von Felix Karlinger. it 1226. 134 Seiten

NF 21/2/4.00

Märchen und illustrierte Bücher im insel taschenbuch Eine Auswahl

Indianermärchen. Nach amerikanischen und deutschen Quellen herausgegeben und erläutert von Hugo Kunike. it 764. 144 Seiten

Irische Elfenmärchen. In der Übertragung der Brüder Grimm. it 988. 276 Seiten

Märchen der Romantik. Herausgegeben von Maria Dessauer. Mit zeitgenössischen Illustrationen. Zwei Bände. it 285. 789 Seiten

Russische Märchen. Nacherzählt von Elisabeth Borchers. Mit Illustrationen von Ivan Bilibin. it 1608. 126 Seiten

Die Erzählungen aus den Tausendundein Nächten. Vollständige deutsche Ausgabe. Übertragen von Enno Littmann. Einleitung von Hugo von Hofmannsthal. Mit farbigen Miniaturen in Schmuckkassette. 12 Bände. it 224. 4924 Seiten

Erzählungen aus Tausendundein Tag. Vermehrt um andere morgenländische Geschichten. Herausgegeben von Paul Ernst. Übersetzt von Paul Greve. Zwei Bände. it 1001. 1505 Seiten

Hans Christian Andersen. Märchen. Übersetzt von Eva-Maria Blühm. Mit Illustrationen von Vilhelm Pedersen und Lorenz Frølich. Drei Bände. it 133. 1129 Seiten

NF 22/1/4.00

Hans Christian Andersen. Die Schneekönigin. Übersetzt von Eva-Maria Blühm. Mit farbigen Illustrationen von Birgit Ackermann. it 2578. 112 Seiten

Hans Christian Andersen. Die schönsten Märchen. Übersetzt von Mathilde Mann. Ausgewählt von Ulrich Sonnenberg. it 2561. 272 Seiten

Clemens Brentano. Rheinmärchen. In der von Guido Görres herausgegebenen Fassung von 1846. Mit Illustrationen von Edward Steinle. it 804. 388 Seiten

Gottfried August Bürger. Münchhausen. Neu illustriert von Uta Bettzieche. it 2115. 200 Seiten

Lewis Caroll. Alices Abenteuer. Alice im Wunderland. Alice hinter den Spiegeln. Übersetzt von Christian Enzensberger. Mit Illustrationen von John Tenniel. it 2161. 284 Seiten. Zwei Bände in Kassette

Daniel Defoe. Robinson Crusoe. Übersetzt von Hannelore Novak. Mit Illustrationen von Ludwig Richter. it 41. 404 Seiten

Charles Dickens
- David Copperfield. Mit Illustrationen von Phiz. it 468. 1245 Seiten

- Eine Geschichte aus zwei Städten. Mit Illustrationen von Phiz und einem Nachwort von Harald Keller. it 1033. 506 Seiten

- Harte Zeiten. Übersetzt von Paul Heichen. Mit Illustrationen von F. Walker und Maurice Greiffenhagen. it 955. 434 Seiten

NF 22/2/4.00

- Nikolaus Nickleby. Mit Illustrationen von Phiz. it 1304. 1022 Seiten

- Oliver Twist. Übersetzt von Reinhard Kilbel. Mit Illustrationen von George Cruikshank. it 242. 607 Seiten

- Die Pickwickier. Mit Illustrationen von Robert Seymour, Robert William Buss und Phiz. it 896. 1006 Seiten

- Weihnachtserzählungen. Mit Illustrationen von Leech, Stanfield, Stone u.a. it 358. 504 Seiten

Almut Gernhardt/Robert Gernhardt. Ein gutes Schwein bleibt nicht allein. 7 Geschichten von Robert Gernhardt und 66 Bilder von Almut Gernhardt. it 2012. 72 Seiten

Almut Gernhardt/Robert Gernhardt. Was für ein Tag. Eine Geschichte von Robert Gernhardt mit Bildern von Almut Gernhardt. it 544. 40 Seiten

Jacob Grimm/Wilhelm Grimm. Grimms Märchen und Sagen. Mit Illustrationen von Otto Ubbelohde. Fünf Bände in Kassette. it 2151. 1688 Seiten

Deutsche Sagen. Herausgegeben von den Brüdern Grimm. Mit Illustrationen von Otto Ubbelohde. Zwei Bände im Schuber. it 481. 704 Seiten

Kinder- und Hausmärchen, gesammelt durch die Brüder Grimm. In drei Bänden. Mit Zeichnungen von Otto Ubbelohde und einem Vorwort von Ingeborg Weber-Kellermann. it 829. 991 Seiten

NF 22/3/4.00

Hermann Hesse. Kindheit des Zauberers. Ein autobiographisches Märchen. Handgeschrieben und illustriert von Peter Weiss. it 67. 124 Seiten

Hermann Hesse. Vogel. Ein Märchen. Mit Illustrationen von Gunter Böhmer. it 2399. 60 Seiten

Hermann Hesse. Die Märchen. it 2349. 428 Seiten

Bohumil Hrabal. Die Katze Autitschko. Erzählung. Übersetzt von Karl-Heinz Jähn. Mit Illustrationen von Hans-Jörg Brehm. it 2656. 144 Seiten

NF 22/4/4.00

»Liebe«

Anthologien
im insel taschenbuch

An mein Kind. Gedichte an Töchter und Söhne. it 2227. 146 Seiten

Liebe Mutter. Eine Sammlung von Elisabeth Borchers it 230. 327 Seiten

Casanova-Geschichten. Ausgewählt von Erich Kleßmann. it 2117. 361 Seiten

Die Kunst der Verführung. Herausgegeben von Birgit Haustedt. Mit zahlreichen Abbildungen. it 1837. 279 Seiten

Der Kuß. Von der schönsten Sache der Welt. Herausgegeben von Doris Maurer. it 2168. 190 Seiten

Liebe und Eros. Spurensuche für Liebende. Herausgegeben von Bernhard Kytzler. it 1613. 260 Seiten

Matrosen sind der Liebe Schwingen. Homosexuelle Poesie von der Antike bis zur Gegenwart. Herausgegeben von Joachim Campe. it 1599. 188 Seiten

Ovid. Liebeskunst. Mit Abbildungen nach etruskischen Wandmalereien. it 164. 113 Seiten

Über die Liebe. Gedichte und Interpretationen aus der »Frankfurter Anthologie«. Herausgegeben von Marcel Reich-Ranicki. it 794. 346 Seiten

NF 19/1/4.00

»Liebe« [illegible]
[illegible]
[illegible]

[illegible] Fischer [illegible]
[illegible] Seiten

[illegible] Mutter [illegible] von [illegible]
[illegible] Seiten

[illegible] Geschichten [illegible] von [illegible]
[illegible]

Die Romantiker [illegible] von [illegible]
[illegible] Mit Abbildungen [illegible] Seiten

[illegible] die Welt [illegible]
[illegible] Seiten

[illegible] Seiten

[illegible] und der [illegible]
[illegible]
[illegible] Seiten

[illegible] Mit Abbildungen [illegible]
[illegible]

[illegible] Mit [illegible]
[illegible] Seiten